充子さんの雑記帳

永遠の18歳とそれを支えた
400人のボランティア記録

箱石 充子

第1章

充子さんの生い立ち

1940年1月28日、東京新宿区（旧淀橋区下落合辺り）で、理容師夫婦の長女として生まれました。

生後１年ではしかを患って肺炎を併発。40℃の高熱が１週間続き、熱が引いたら脳性麻痺になっていました。

1. 私の子供の頃

1944年、4歳の時、父が徴兵されました。

父が戦争に行く日、私は母よりも半年ほど先に、東京から馬頭（現栃木県那珂川町）の母の実家に一人疎開しました。

祖父が「赤ん坊の弟と体の不自由な私を連れて空襲の中を逃げ回っているとみんな死んでしまうから早く疎開しよう。おいで」と言って私を負ぶって連れて来たそうです。

今でも鮮明に覚えているのが、跡取りである伯母の家の縁側に祖父が私を下ろした時に、伯母が「こんな弱い子を預かって来てどうするの？　私達も精一杯なんだよ」と言ったことです。祖父は「弱い子と赤ん坊を残されて逃げ回るシツイ（母）のことを考えてみろ！」と言って「隠居（離れ）は行くべな」と言って私を連れて行きました。

私は4歳で小さかったから、当時は意味が分からなかったけれど、良くないことを言われたと子供心に分かりました。

その頃の田舎は、障がい者をまわりで見かけることがなかったため、脳性麻痺の私は毎日のように近所の子供達のいじめにあいました。祖父母が畑の隅に敷いた筵の上に私を置いて畑仕事をしているあいだに子供達がやって来て、畑の土を頭からかけたり、棒でつっついたり、虫を服の中に入れたり……。そして私が泣き出すと、蜘蛛の子を散らすように逃げ去って行くという日々の繰り返しでした。

私はそれを祖父母に言い出せずに、母が東京から訪ねて来るたび、ただ母にしがみついて泣くことしかできませんでした。それを見た祖父母からは、「みつこはお母さんが来ると甘えて泣いてばかりいるから、お母さんは来ない方がいいだろう」と言われる始末でした。

母は父との理容室を続けるため、生後10ヶ月の弟と東京に残っていたのです。半年後、母と弟が疎開して来ました。母と弟が疎開して1週間後に、店に爆弾が落ちてしまいました。

1955年、父の死亡認定という公報が来ました。父と母が一緒に過ごした時間は、5年半でした。母は親子心中を図ろうとしましたが弟が「嫌だ！」と泣いて、同じ敷地内にあった本家の伯母夫婦が止めに入ってくれました。

1956年、母が理容店を開業しました。

祖父母の家から500m離れたところにある小さな古家を買って改装し、理容店を始めました。店の前には小学校があり、いろんな先生方がお客さんとしてよく来ていました。

2. 当時の障害児に対する教育

学齢期になっても、役所からは何の通知もありませんでした。

就学免除という制度があって、障がい者には学歴が不要と言われたことから、無理して学校へ来なくて良いということでした。

私は毎日、母に学校へ行きたいと言って

泣きました。そこで教頭先生にお願いしたところ、先生の目の届かないところでいじめられた時止めることができないからと、その場で断られました。いじめられることは覚悟の上でお願いしたので、せめてみんなで話し合って欲しかったです。当時は同じく女性も学歴不要と言われていました。

私には教育を受けるべき時期に、教育を受ける機会が与えられなかったのです。当時は障がい児が自由に教育を受けられないということが問題にもされませんでした。

私は、本が読みたいあまりに母に買ってもらった"いろはがるた"で文字を覚えました。漢字の読みは、ふりがなのついた絵本を見て読めるようになりました。数字の数え方を覚えようと、かくれんぼ遊びをしている子供達の仲間に入れてもらい、鬼のとなりで鬼が数を数えているのを聞いていました。たし算・ひき算は、少しずつためた小遣いをつかって、そのおつりを勘定して学びました。だれからも教わることなく、日常の生活の中で必要に応じて学んでいきました。

現在の障がい児教育は、養護学校のような教育を受ける場は与えられたものの、子供の頃から障がい者と健常者が分断された学校教育では、それぞれが大人になってから相互に理解しあえる状況が困難ではないかと思われます。大切なことは、弱い者もそうでない者も一緒になってお互いの立場を認め合うことなのです。

3. だんだん気付いてきたこと

子供の頃には気付かなかったのですが、次第に大きくなるにつれて、自分が他の子とは違うんだ、自分は障がい者なんだということが嫌でも思い知らされるようになりました。外へ出ると、子供だけでなく、大人達までが私を冷たい目でジロジロと見るのです。あざ笑う人、私の真似をする子供さえいました。

15歳くらいまでは悔しさと恥ずかしさとで毎晩のように泣きました。母も弟も私をかばいながら3人で泣いたことがよくありました。

それから私は、よく考えてみることにしました。もし自分が障がい者ではなかったらどんな態度をとっていただろうかと。そしてやはり自分も同じことをするのではないかと思ったのです。

私は泣かなくなりました。そしていつしか「なにくそ！こんなことで負けてたまるか。私もいつか必ずみんなを見返せるような生き方をしてみせる！」という思いが大きくなっていったのです。

4. 家族の説得

私が"自立"を考えるようになったのは18歳の頃からでした。

とにかく何か自分にできる仕事を見つけなければと思った私は、まず施設に入って技術を習得しようと考え、家族に内緒で福祉事務所に相談をしました。

なぜ手に職をつけようと思ったのかというと、当時、障がい者年金が1か月1500円だったため、それだけでは一人暮らしはできっこない。それで何か覚えないと！と思ったからです。

2年が過ぎ、施設の入所が内定したので、思い切って母に打ち明けると、「重度障がいのおまえに施設の生活なんて無理だ」と言って猛反対されました。でも私は、「このまま何も知らないで家にいたのでは、弟にお嫁さんができた時うまくやっていけない」と母に説得したのです。

20歳の時に千葉県（九十九里）の施設に入所できました。施設は長生郡長生村の一画に授産施設といっても半分保護施設。2月14日に入所しましたが、いくら暖かな地方とはいえ、2月なのでまだまだ寒い。暖房はというと、そこは農家の空き家をそのまま使っていたので大部屋が板と畳の間で、板の間が10畳くらいと、畳の間が10畳と6畳の2つ、それが全部突き抜けてあって畳の間が作業場でした。そこに大きなストーブが1つだけ置いてあり、天然ガスなのでお金があまりかからないようでした。

ホーム長は左手に麻痺がある障がい者でした。居室は8畳が8部屋、そこへ5人ずつ（本当は4人部屋）でした。暖房は無く、冬は寒くて夏は暑かったです。冬の夜は足が冷たくて眠れない。それを話したら同室の2つ年上のKさんが「足を布団に入れて。あっためてあげるから」と言って毎晩温めてくれました。みんな可愛がってくれて、私は「はこちゃん」と呼ばれていました。

習い事をする部屋（小さな6畳1間）は4人当たれるくらいの大きな火鉢が1つあって、9時から17時までそこで15人くらい習い事をしていました。

こうして私は、11年にわたる施設生活を送りました。その間、私は編み物の本科の免状を取得することができました。はじめは針に糸を通すことができず、1週間かけてやっとできるようになり、1枚の手ぬぐいを仕上げるのに6か月かかりました。しかし5年がかりで大人と子供のカーディガンを3枚仕上げるまでになりました。

5. “自立”ということについて

1971年、31歳の時に、施設を退所することにしました。

実家へ戻り青い芝の会の活動を始めました。施設でできた友達から雑誌を借りて「青い芝の会」という脳性麻痺の団体を知ったのです。

栃木県馬頭町の実家からバスで2時間半かけて宇都宮市へ行き、そこからまたバスで40分かけて小山市までの道のりを、青い芝の会の活動のため1日置きか2日置きに出かけて行きました。活動が毎日ある時は、会長の家か宇都宮大学の寮に泊めてもらいました。

寮に泊めてもらえたのは、青い芝の会に参加されていた学生さんがいたためで、女子寮で入浴させてもらったり泊まらせてもらって、色々お話をして交流を深めました。

その後様々な障がい者活動を経て、障がい者の自立はなにも収入を得るためだけにあるのではないと気付いた私は、とうとう私なりの“自立”を実現する決心をしました。青い芝の会の活動を行うためにも、宇都宮を拠点にしようと思いました。私が48歳の時です。

私が一人暮らしをすることに、母や弟が賛成するはずがありませんでした。
「みつこを守るのは家族の責任だ」。結局、親戚じゅうの反対にあい、私は孤立無援の状態だったのです。

それでも私は引き下がりませんでした。
「（もうこれ以上年をとっては、体力も気力もなくなってしまうから）出るなら今しかない。出ることもせずにいつまでも悩んでいるより、一人立ちしてみて失敗すれば自分でも納得がいくから。後悔だけはしたくない」。

家族への説得は3か月続きました。しまいには2日2晩寝ずの説得を私が受けたこともあります。そしてついに母は「(施設に入る時も言うことを聞かずに出ていったおまえだから) 頑張れるだけ頑張って、どうしてもダメだったら戻ってきなさい。ここはおまえの家なんだから」と言ってくれました。そしていよいよ私の"自立"が始まったのです。

6. 一人暮らしを始める

当時は賃貸住宅は障がい者や高齢者は一人暮らしだと借りられませんでした。今は元に戻す前提で改修可能ですが、当時は改修そのものができなかったのです。

やはりアパートを借りることから難航していると話していたら、栃木県青い芝の会の会長さんに一人のボランティアさんを紹介されました。その方は東京で同じ様にアパートを借りられない障がい者の方のために48件もの不動産屋さんと交渉した経験のある方でした。

その方に付き添ってもらい、いざ不動産屋さんに向かったところ……、なんと1件目の不動産屋さんが、当時私が参加していた筋ジストロフィーの女性が立ち上げた「傘の会」の活動をご存知で、障がい者の一人暮らしに理解をいただき契約することができました。

契約には身元保証人が必要だったのですが、それまで行ったこともなかった宇都宮の教会の牧師さんに相談したら身元保証人になってくださいました。

また、一人暮らしを始めるにあたって、生活のお手伝いをしてくれる人を探しに大学や教会など人が集まる所に行って、時間に余裕がある人を探して声をかけました。

初めて呼びかけたのは、大学の正門にいた一人の女子学生でした。

私　：ビールを飲みたいんだけど、こっちに来たばかりでお店があるところが分からないので買って来てくれませんか？

学生：今人を待っているので用事が済んでからで良いですか？

私　：何時頃なら良いですか？

学生：午後3時頃なら

私　：3時頃ここにお迎えに来ますから、私の家まで来てもらえますか？

学生：良いですよ。

彼女とは今も毎年連絡を取り合っています。

その頃、市役所から派遣されるヘルパーさんを週2回1時間ずつお願いすることができました。

布団を干してもらって干しっぱなしで帰ってもらう。そして大学へ行き「布団が干してあるので取り込んでもらえますか？」と頼みました。

ある時、転んで眼鏡を壊してしまったのですが、眼鏡屋さんが分かりません。そこで、大学へ行って手話サークルの場所を教えてもらい、眼鏡屋さんも行きたかったけれど、それ以上に市役所へ行きたかったので「2人来て欲しい。男の子でも女の子でも良いから」と頼みました。

市役所へ何を言いに行ったかというと、生活保護は取れたが住宅費については出すとも出さないとも言ってこなかったので、住宅費を支給してもらえるように交渉に行きたかったのです。同行してくれた学生さんには「あなた方は黙っていて。私が交渉するから」と言いました。頭数を揃えたかったので２人頼んだのです。

その時の学生Ｙさんに眼鏡屋さんへの同行もお願いしたところ快諾してくれたので、後日Ｙさんが車で眼鏡屋さんへ連れて行ってくれました。

Ｙさんが店員さんと一生懸命交渉してくれましたが、私は彼女に「私が話すからあなたは黙っていて！」と言いました。そして「この方（Ｙさん）は私のボランティアで眼鏡を買うのは私。私に説明して欲しい」と店員に伝えました。

私は脳性麻痺なので言語障がいがある。こういう人もいるということを分かってもらうために、あえてどこに行っても何でも自分で話をしました。

7.“自立”ということについて

自立には様々な形があります。特に障がい者の場合は、収入を得るばかりが自立なのではなく、本人が何らかの形で“自立”するということが大切なのだと思います。例えば次のようなものが考えられます。

・親と一緒にいても、親に対してはっきりと自分のことが主張できる。

・介護者を自分一人で見つけて、外に自由に買い物に出かける。

・自分一人ではできないことをはっきりと見出して周囲に協力を呼び掛ける。

私はよく小さい子供に「どうしておばちゃん歩けないの？」と聞かれることがあります。そんな時、私は子供に向かってきちんと説明するようにしています。「おばちゃんはね、小さい時にお熱を出して歩けなくなっちゃったの。だからボクもパパやママの言うことをよく聞いて病気をしないようにしようね」。

障がい者にとって大切なことは、“障がい者としてどうあるべきか”ということだと思います。

宇都宮大学の学生さんと継続的にお付き合いするようになったのは３年後くらいからでした。ボランティアに来てくれた学生さんがまた新たな学生さんを連れて来てくれ、徐々にメンバーが増えていきました。毎日夕方6時くらいになると食事を作りに来てくれて、お風呂にも入れてくれました。教会で出会った方達も手伝ってくれるようになりました。

毎年20人くらいの学生さんが私のグループ「箱クラブ」に入ってくれました。中には災害ボランティアネットワークに入っている人がいて、その学生さんを通して私に会いに来てくれました。
ある時、災害ボランティアネットワークの忘年会に誘われたので行ってみたら大勢の人がいて、私を3階の会場まで車椅子を担いで連れて行ってくれました。その時の団体が大きくなってNPO法人化され、今ではとちぎボランティアネットワークという大きな団体となっています。

2005年、自立生活センターとヘルパー派遣事業を立ち上げました。

私を助けてくれるお友達の一人に精神保健福祉士の資格を持った方がいて「2人で何か作りたいね。居場所みたいなものか、施設ではなくいつも誰かがそこにいて困った時に遊びに行けるところか、同じ障がいを持った人達で助け合えるところ」と話していて、「どうしよう？」となった時にボランティアネットワークの事務局長に相談したところ、「箱石さんならできるよ。やりなよ、やりなよ！！」と言われました。最初は事務局長に手伝ってもらいながら3人で相談を始めました。

その後、手伝ってくれる看護師さんが2人加わり、また自宅のお隣さんに呼びかけて加わり、事務局長に紹介された頸椎損傷の男性が加わり……そんな感じでメンバーが増えて、障がい者への介護事業所（24時間派遣）と自立生活センターとちぎを立ち上げることができました。

8.私の“自立”

私が介護者と出かけた先で、私が話しかける相手はたいてい介護者に向かって返事をします。私は「この人は私の介護者です。話しをする時は私と話をしてください。」と言うようにしています。

また、言語障がいがあるため、自分の言いたいことが相手によく通じないことがあります。そんな時は、「私は言語障がいがあるので、もし聞き取りにくいところがありましたら何回でも聞き返してください。何回でも言いますから」と伝えておくと、相手は私の意思が十分理解できるまで聞いてくれます。

電動車椅子でスーパーに買い物に行き、品物に手が届かなかったり、高い所の商品が見えなかったりして困る時は、そばにいる買い物客に「豚肉の脂の少ない方を取ってください」とか、「商品が見えないのですが、何があるのか教えてください」などと頼んでいます。

「何か取りましょうか」と向こうから声をかけてくれる場合もあります。その時もし間に合っていても「結構です」とは絶対に言いません。「ありがとうございます。自分で取りましたので、欲しいものが取れない時にはお願いします」と言うようにしています。相手のご厚意を大切にした応対をいつも心掛けるようにしています。

私がこのようなことをするのは、他の障がい者の人々にも等しく介護の手が差しのべられるよう、全ての健全者が介護者であるという意識を持ってもらうためでもあります。

私はできるだけ多くの所へ出かけ、多くの人と知り合い、話をしたいと考えています。出かけられるところへはどこへでも出かけます。私という存在を相手に認めてもらうために。これからも一人の障がい者として、また、一人の人間として、堂々としたたかに生きていくつもりです。

障がい者の皆さんも、できるだけ自分の体を外へ出して生きていきましょう。

第2章

雑　記　帳

1冊目 1994.6.9-1994.11.9

1994.6.9

前から言っていた雑記帳を購入してきました。まずは箱石充子さんより「みんな、何でもかんでも思ったことを自由に書いてね。何かの役に立てばいいのかなあと･･･。これからもこのノートを筆頭に数えきれないくらいの雑記帳が生まれるといいね。みんな、がんばれー!! おわり。」by Box stoneということで、お言葉ありがとうございました。

ホント、ここに来てくれる人全員が（それこそ初めて来てくれた人もたまたま付いてきちゃったお友達もみーんな）好き勝手に利用してくれることを望んでおります。これは記念すべき『第一号』です！

内容は･･･何でもいいんです。今日のメニューはこんなだったよとか、新しいお料理を覚えたとか、宇大の○×先生の講義は退屈だとか、昨日はコンパでハメをはずしすぎたとか、雨が降っててここまで来るの大変だったとか、箱石さんちは私の部屋よりきれいだとか、今日はなぜかhighだとか･･･生きるってなんだろうとかーーーホントに何でもいいんです。思ったこと、感じたことを好きなように書いて下さい。

書くのはあなた、読むのは“私たち”です。何かすばらしい利用法を発見した方は、どうぞ教えて下さい。

ということで、わーい記念すべき第一号の第一ページにこんなに書いてしまったわ。私の名前は鈴木陽子です、これからもちょくちょくこの紙上に顔を出しますのでどうぞよろしく。

1994.6.12

今日は車で仙台へ日帰り旅行へ行って来ました。箱石さんに土産があったので遊びに来ました。

佐々木

1994.6.13

宇都宮ヘルパーの妻木まゆみです。箱石さんの家はこれから半年間お邪魔させて頂きます。今日は箱石さんいわく“本場の紅茶”をごちそうになりました。中川さんオリジナルのジャーの台にはビックリ!! 上手くできてるー！ 愛がこもってるー！ ということでまた。

今日は箱石さんにマカロニサラダをおしえてもらいました。これからも、いろいろなことをおしえてください。家ではなにもしていません。PS.字がまちがえてるかもしれません。いつもそうです。

一江

今日は充子さんにほうれんそうのゴマあえを教えてもらいました。先生のおかげでおいしくできてうれしかったです。今日は昨日遅く寝たのでいねむりがかりしてて反省をしています。明日はがんばるぞ

小泉

1994.6.14

今日は、箱石さんに、お米のとぎかたをおしえてもらいました。

反省しなくちゃならないことがありました。まえのことだけど、お金をむだづかいしてしまいました今年の春に小説をゴミの日にすててしまいました。ものすごーくこうかいしてしまいました。おわり。

一江

1994.6.16

今日は箱石さんの家でせんたくものやいろいろとやりました。

私は、これでも16歳です。せが小さいのでいつも、小中学生みたいといわれます。今年で、17歳です。

一江

1994.6.18

初登場の瀬在優子です。今日は約一ヶ月ぶりにお酒を飲んだぞっ。もちろん箱石さんからのお誘いさっ。ひさかたぶりのお酒（GIN LIME＋レモンスカッシュ）はめちゃくちゃおいしい♡ glass一杯で少し足にじ〜〜〜ん。もう今日はこのままつっぱしるぞーーーっっ!!

P.S. ごめんなさーい。飲んじゃって薬のオブラート包みはできそうにないですー。誰かお願いします…

P.S. II 箱石さん、本当にご迷惑をおかけしました。

1994.6.19

こんにちはっ。いつの間にか雑記帳ができていたのですねー。読んでいて楽しくなってしまって、つい書いてしまいました。今日は、英検のテストだったのに、受けられなかったのが、今、とってもくやしいです（理由は聞かないで）。でも、勉強たいしてやっていなかったからいいや…（なら書くなって）。今日の夕ごはんで、ひじきの煮ものをいただいたのですが、これがとってもvery goodなおいしさで感動するほどでした。箱石さんに聞いたところ瀬在ちゃん作だそうで…（瀬在ちゃん、すばらしくおいしかったよっ）。私も今度箱石さんにたのんで教わることにしました。そのときは、箱石さん、ご指導のほど、よろしくお願いします。ところで今日は寒いです。また冬が来てしまったのでは、というくらい寒いです。今年の夏もまた、“夏服に全部そでを通す”という目標を達せずに終わってしまうのだろうか…と不安になった大久保夕子でした。

1994.6.21

今日は、箱石さんと中川さんとかずおさんと、日光猿軍団と、東武ワールドスクウェアにいかせてもらいました。はじめていったのでものすごーくたのしかったです。あと、入場券をはらってもらってしまいました。中川さんありがとうございます。あと、おひる代をまたまたはらってもらいました。おひる、ごちそうさまでした。ありがとうございました。今度ももしいけたら、またいきたいです。

一江

箱石さん、おみやげ、ありがとうございました。あずかった人の分もちゃんと渡してきます。私はパンダちゃんのボールペンがあけられなかった…。きっとみんなもあけ方がわからないのではないかと思うけれど、すぐにわかったのだろうか？自分で渡す人にもぜひ挑戦してもらおうと思う。あけ方がわかったときはちょっと恥ずかしかったです。

梁島

1994.6.24

午後九時にいています（ありがとう、充子さん）。今日は学科の連中と飲んでいて恥ずかしながら今のハイジは赤顔。でも、頭は平気さっ。

そうそう、利恵ちゃんと同じ日、ハイジは外でテニスをしました。んもー腰痛くって…。20歳になったことで、“年くったのかなー”と実感してしまいました。そいじゃ See you next Sunday.

P.S.　利恵ちゃん、市体で予約取れたら卓球できるみたいよ。あと、産業道路にあるALEX（ゲーセン）に卓球台があるよ。

From pretty ハイジ

1994.6.25

明日は手話会の新歓ハイクだっ。だから今日は頑張って箱石さんの「瀬在ちゃん、飲もっか」攻撃に耐えたぞ。えっへん。こいちゃんの八宝菜ごちそー様！　おいしかったぁ。明日はハイジが私の煮物を食べることでしょう。箱石さんのおみやげ鉛筆、私はえんぴつけずりを持ってないのでカッターで削ろう。…ぶさいくになりそう。…またつまらないことを書いてしまった。

瀬在

1994.6.26

再びハイジです。今日は親子どんぶりを作りました。何をかくそう、私、にわとりsanの敵なんだ。鳥肉好きだし卵好きだし、うちのなべしきもカスターセットも私の心の友、ぬいぐるみのがいちもにわとり。“にわとりさん、ごめんね”と思いながらもホクホク顔で夕飯を食べちゃいました。瀬在chanの煮物、うまかったー。そうそう、卒業partyの写真見せてもらいました。久々の恭子san smile. なつかしいなぁ。元気かなぁ…なんて、ふと会いたくなりました。それじゃ、このへんで、充子さんは明日馬頭へ帰ります。お気をつけて。また七月に会いませう。

ハイジ

今日は自転車のタイヤがパンクしてしまいました。とてもショックです。箱石さん、今日は夕食ごちそうさまでした。ハイジちゃん、夕食とてもおいしかったです。今日は、ひさしぶりに夜の8時30分まで、箱石さんの家にいました。箱石さん、7月20日までは私は家でひま人しています。箱石さんが帰ってくるのを、とてもたのしみにまっています。

一江

皆さん、お久しぶりでーす。今日も箱石さんの“瀬在ちゃん、飲もっか”攻撃に負けてしまった。and 箱石さんちに来る皆さんに一つの注意を。午後9時20分、ゴキ発見！玄関ののれん付近にて見失いました。みんな、くれぐれも気を付けて下さい。

P.S. マメは very sweet and う〜ん、tastes good!

1994.7.19

久しぶりにこのノートを書いてます。そういえば、私も17日、用事があるっていうのに、箱石さんの“甘いとうもろこしあるよ。今日じゃなきゃ甘くなくなっちゃうよ”

攻撃に負け、箱石さん家に行き、“飲もう!!”攻撃に負け、さんざん飲み食いして帰ったような気がする。でもこういう遠慮のない行為が箱石さんには喜ばれるのよね、箱石さん（なんてずうずうしいやつ）。でも箱石さん家は人を引きつける何かがある。今日も、今日提出のレポートがあるというのに気づいたら午後11時。まあ、朝学校はやく行って、昨日遅く先生のポストに入れたふりして(午後4時には帰るからその後レポートを出す人はポストに入れといてという先生の発言があったので)、レポートをポストに入れよう。

大久保夕子

1994.7.22

今、箱石さんはお風呂に入っています。ひまなのでノート書いてます。

最近毎日のように箱石さん家に来ているよーな気がする。夏休みはヒマ人なので、これからも毎日のように来るだろう。お相手してね、箱石さん。

そして私は今日も飲む…（明日は学科の女子コンだから、私は何日連続して飲むことになるのだろう…考えるのはやめよう)。

のんべえの大久保夕子でした。

1994.7.24

昨日は私が花火大会に行きたいがために、箱石さんは忙しい夕方（夜？）を送った。今日は頭を洗わないはずだったのにお湯をかけてしまった（結局洗った)。このごろハイテンションで…というより頭がハイでどーかしそー。でも今日は飲みこーげきに耐えたぞ。負けないうちに帰らなきゃ。

夕子

1994.7.25

久しぶりに雑記帳をみて、箱石さんとふきだしてしまいました。みんな、おもしろいんだもの。提案なんですが、ノートの最初にみんなの名前とあだなと、できれば写真をつけて欲しい。名前が覚えられないのです。

妻木

1994.7.29

と思ったら7月30日午前零時になっていた。

27日、久しぶりに恭子さんに会った。髪を切ってヨコハマの花のOLって感じがしました。でも、相変わらずで、楽しい人だった（寮の話はたいへんおもしろかったですよっ)。大学でのふまじめさを箱石さんに話したら、“そーゆー人いーよ”と言ってくれた。5年生になるかもしれない、と言ったら、うけていた。思わず、“こんな人生でいいかな”と思ってしまったが、やっぱりいけない。がんばらねば。

夕子

1994.8.30

久し振りの箱石さん宅です。考えてみたら箱石さんとの再会は1ヶ月ぶりなんだナ。感動の対面だ。というわけで思わず泊まってしまいました。箱石さん、パジャマまで貸して頂いてありがとう。今日は暑い。宇大生の皆さんは楽しい楽しい夏休みも終わっていよいよテストですね。がんばって下さい。

陽子

初めまして。私はタマちゃんこと玉井宣江です。よっちゃん（ハイジ）の友だちで、山口から遊びにきました。私は保育者を目指してるんだけど、今夏休みで、もうすぐ、九月五日から幼稚園で実習があるので、それまでに学校の宿題を済まさなくてはなりません…どーしよぉと言いながら、今、ここ宇都宮にいます。宇都宮に来たのは初めて。箱石さんに会ったのも、もちろん初めて。お会いできてうれしかったです。いちご一会ですもの（漢字を忘れてしまった）。また遊びに来れたらいいなあ。

タマ

1994.9.2

レポートがとりあえずひと山終わった。でもあと3山も控えてるのだ。でもやっぱり箱石さんと飲んでるのだ。今日作ったなすの煮物と、なすとみょうがのおみそ汁は我ながら上出来だった。えへん！ そういえばこの間バスマット（おふろの外にしくやつ）がなくて箱石さんじゃないけど転んじゃってとっても痛かった。箱石さんの気持ちがとても良く分かった。皆は箱石さんの気持ちを味わいたいからって転ばないようにして下さいね。

夕子

1994.9.5

皆さんのご苦労お察しします。

確かに箱石さんは「ビール飲む？」と誘うのがうまい!! でも私はその誘惑に負けずに帰ります。明日一コマからだもん。

実は昨日専門の保体科のダンス発表会で「忍者」になって走り回ったのです。身体中アザだらけ。今朝はつらかった。夏休みのなまけグセが抜けなくてたいへんです。

来週からのテスト、頑張りましょう!!

あい

1994.9.7

今日はみそ汁がしょっぱくなっちゃった。Andみょうが入れるのをすっかり忘れちゃった。納得いかない。箱石さん、ごめんね。でもおいしいって言ってくれる箱石さんて、ものすごくいい人か、とんでもない大うそつきのどっちかだな。

最近かずえちゃんに本当にお世話になっている私です。ありがとね、かずえちゃん。かずえちゃんはさをり（織物）のプロです。

夕子ちゃん、箱石さんから静岡茶パイをいただいたよ。でも、今ごはん食べたばっかりでお腹いっぱいだからあとでたべよー。これから茶パイを食べる人はみんな感想を書くんだよ！（と、書いているそばから箱石さんに『食べてから書きなさいよー』と言われてしまった。わかってるわよ。ちゃんと書こうと思ってるのにぃ）。

あ～やっぱりお腹いっぱいで食べられなかった。夕子ちゃん、家に持って帰るね。ごちそうさま。

陽子

P.S. 9日におね坊恭子が来ます（今回は寝坊しないってさ）。

1994.9.10

お寝坊恭子は、またお寝坊してしまいました。ごめん、陽子ちゃん。昨日、宇都宮に着いて、侑秀のうちに行ってました。

今、ハイジがかとり線香に火をつけているところです。さっきまでせざいちゃんもいて、みんなでそうめんとケーキとコーヒーをいただいてました。雨が降り始めて大慌てで帰ったせざいちゃん。車に乗ってる間に、雨、やんじゃったのではないかしら。おふとん、ぬれちゃったかしら。大丈夫だった？

今、かずえちゃんもやってきました。

久し振りの我が家？は、すっかり世代交替が行われていて、頼もしく、楽しいかぎりです。箱石さん、よかったネ♡

ここにいると、どうもコーポGM（私が学生時代に住んでたところ）に帰るような気になってしまうわ。押し入れを開けた瞬間、とても強烈にそういう気持ちになりました。

やっぱりここは、私にとって第2の故郷なのさ。

きっと文字どおり、確実にそうなんでしょう。これからもネ。

箱石さんにさっきおばさまから贈られてきたばかりの"牛肉しいたけ"をおみやげにいただいて、私はそろそろおいとまします（この牛肉しいたけ、紀ノ国屋のフクロに厳重に包まれていたシロモノ）。

次回、宇都宮に来るのは10月の15日の真夜中。友だちの結婚式のときになります。寄れたら寄るね！　ちょっと難しいカナ？

さて、暑いなか試験とかレポートとかタイヘンだけど、みんながんばってね♡　私もハマでがんわるわ!!

恭子

こんにちは。台風が来て明日は雨が降るそうで。明日は私の誕生日。今日は最後の19歳です。別にタバコもお酒も吸わない、飲まないからいいけど、車での日、事故を起こして実名がTVに出ないようにしなくては。箱石さんにバッグのプレゼントをいただきました。本当にありがとう！　大切に使います。

小泉

1994.9.20

ちょくちょく来てるのに書くのは久し振りのハイジです。

今日は十五夜。いい月夜です。家教が急に中止になって再び来邸した私は、充子さんと"月夜をお散歩"としゃれこんでみました。んーーー、やっぱり秋ねえ…ということで日頃使わない感覚が生まれて来て、1句つくってみました。

十五夜に　娘と歩く　車いす

充子

十五夜に　母と二人　戯れり

ハイジ

どーです!?　でもね、でもね、せっかく生まれた詩情が帰ったとたん、もーーーみっちゃんたら、唄心（こっちのうたごころ＝カラオケ）に急変!!　まず一曲目は細川たかしの"佐渡の恋唄"、そして美空ひばりの"川の流れのように"。"さどぉーーーえーーー"とみっちゃんの唄声がこだましています。まっ、TAPEを提供した私も私ですけどね。ここで、みっちゃん、もう一句。

十五夜の　月夜にうまい　大福かな

字あまり　充子

ということで、やっぱり充子さんは花よりダンゴ。今から2人でお茶に大福といきますかっ。

ゲラゲラ笑う充子さんはおいといて…、現実に戻ったハイジ。そーよ、明日は試験なのよ。やばい。バカやってる場合じゃありません。じゃ、今日はこのへんで…。

P.S. よしえちゃん、初めまして。私もよしえです。よしえちゃん、いい名前ね。会ったことないけど、きっとかわいい子でしょうネ。会えるのを楽しみにしています。

From　ハイジ

1994.9.21

昨日は満月きれいだったね。

只今、箱石さんはパズルに奮闘中です。けっこうハマるよ、これ。私は4つクリアーした。まだ四つ。さあ、あなたはいくつ完成できるかな？　Let`s challenge!

それからおみやげありがとうございます。私は黒いおはしです。大切に使うねー。

そうだ、遅ればせながら、こいちゃんandかずえちゃん。ハピ　ハピ　バースデーおめでとう。

みんな試験だー、レポートだぁで大忙しの今日この頃でしょうけれど、あふれるPOWERでのりこえよう！　私も今、結婚式（My friendの）のために140人分のさをりを織っているところです。かずえちゃんにもお手伝いしてもらってとっても助かってるよ！　がんばろうね。

P.S.箱石さん“Tシャツ”完成。これはビギナー向きだな。私は偶然“スパナ2”をつくったぞ。

青年の翼の研修班の皆さんはここがすっかり気に入った様子です。もちろんここの女主人も。「こんな近くにこういう付き合いのできる場所があるなんて陽子ちゃんがうらやましい」って言ってたよ。

この次はアメリカのみやげ話でもしに集まろうかと言っております。ひまな方はいらして下さいな。

“Tシャツ”完成。充子＆陽子の共同作品だぞお。一生けんめい箱石さんが作ったやつに私がちょいと手を加えての完成である。エンピツ完成「これは簡単」（充子）。記念碑完成、調子いいぞ。

1994.9.22

9月21日の陽子さんの記事を読んでいたら、箱石さんがいきなり私の目の前にジャラジャラーーァとパズルを出してきました。何!?　これは私に対する挑戦!?　悪いですが、私は“パズルのかっちー”と呼ばれてるのだ（寝不足のため何を書いてるか分からない私でした）。

かっちー

1994.9.23

今日、早速、パズルをやらせてもらっています。完成したのは、Tシャツ1，Tシャツ2とえんぴつができた。だけど、えんぴつ、できなかった時はものすごーく難しく感じた。できた時はなんか本当にかんたんだった。今ものすごーくわかんないのは、ハト1。できないよー、本当にむずかしいよー。

P.S.その1　箱石さん、遅ればせながら、おはしのお土産ありがとうございます。大切に使わせてもらいます。

P.S.その2　パズル、マットもできないで家に帰ることになってしまった、うう、くやしいよ…。

1994.9.28

今日は母親を連れて充子さんちに来ました。けんちん汁を持ってやってきました。母親は充子さんと話したいとずっと言っていたのでうれしそうでした。やはり同年代だから話も合うみたいです。これからもいろんな人を充子さんちに連れてこようと思います。

ところで昨日は屋台でラーメンを食べました。新しい経験なのでとてもうれしい。そこでは酔ったおじさん四人が貴花田が横綱になれないよりもジャイアンツが優勝しない方が経済的に悪い!!!と、とても怒っていた。ほー、そうなのかぁ。

小泉

1994.9.30

酔ってまーす。こんな時間に飲み食いしていいのかしら…おなかいっぱいで苦しい。渡辺ん家に夜中電話をかけたら、箱石さんが留守録に“来れたらおいで”と入れたのでまんまと来た。箱石さんはご機嫌になってるけど､私は夜中（一時三十分だよ!）にピンポーンが鳴ったとき、どろぼーor変質者かと思ってどきどきしてしまった。来るなら来ると電話してから来いっ！

P.S.　一江ちゃんのぼけというのは、コーヒーメーカーを取ってきてという箱石さんの言葉をうけて、コーヒーメーカーにかぶさっているぬのを持ってきた不思議な行為のことさっ。「コーヒー飲もう」とさんざん言っててその行為はないでしょー。

ゆうこ

1994.10.1

“よしえ”って書いてあるから、よしえが書きます。

今日からもう10月。月日がたつのは本当に早いっ。10月開業予定だった“ハイジタクシー”。開業の目ドが立ちました。じゃじゃーん、武内タクシー、10月4日OPEN! こう御期待。ってことです。三日に免許センターに行くんで、まっ、それ以降に。“えーーー!?　ハイジの運転、こわーーい”なんて言ってるアナタ。んもーー分かってらっしゃらないワ。私のspecialなハンドルさばき。とりあえず、よーーく分かってらっしゃる充子さんは、“私が第一号に乗るからーー”と、開業前からもう予約済。繁盛しそうです。

P.S.　三年生の皆様、教育実習、頑張って下さいネ。大変でしょうヶド。そうそう、かっちーさん、小学生と間違われないように。“あれっ、かわい先生は!?”なんて、小学生の中にいたりして。えっ!?　それは、わたしっ!?　はい、失礼しました。

From ハイジ

1994.10.2

こんにちは、はじめまして。かんちゃんこと上林美弥です。よろしく。宇都宮大学のM2で、ただ今、就職活動中なのです。あぁ、緊張のあまり何も書けない。そうさ私は小心者なのさ。小心者のくせに、はじめて来た人の家で、ごはんをばくばく食べて、パズルをしまくって、お家の御主人とため口をきくような、そんな人間なのさ、はっはっはっ。皆さん誤解（陽子いはく五階）。しないでね。という訳でまたね。さようなら。

by 上林

1994.10.4

初登場の堀川裕美です。何回かおじゃましていますが、箱石さんとのおしゃべりはとても楽しいし、参考になることも多いです。ノートに登場する方は何人かしか知りませんが、みなさんよろしくお願いいたします。

1994.10.5

初めまして。ハイジの友だちの松嶋順子です。

今日はじめて箱石さんの家にきました。私のアパートととても近いので、びっくりです。二分位なのです。今日はおでんを食べました。食後のデザートもあるらしい…ふふ。それと、さっそく、みつこさんの“飲もっ”攻撃にあってしまった。
　ちなみに私は宇大の社文二年です。
　またハイジと箱石さん宅に遊びにきます。皆さんよろしくおねがいします。

じゅんこ

かいた人、ハイジ。
　今日は、My Lover 純子を連れて来ました。純子はMy Loverなのよ。それを、それを…みっちゃんたら、横取りする気なのォ。だって、さっき、“ハイジと一緒じゃなくても遊びにおいで”って、“ハイジはいらない”って意味の発言をなさったんだもの…。うー、うー、うー、私の純子を返して!
　そう、皆さん、待望の武内タクシー、ついに開業。今日のお客は、一江ちゃん。ちゃんとおうちまで送るのだ。うおー、腕がなる。あと、十月二十五日に馬頭のお客様から予約一件。いそがしくなりそうです。皆さんも、私をつかまえることができた日は使ってくれてもよくてよ。お——っホッホッホッ。

1994.10.6

　とうとうさをりのプレゼント135名分が完成し、ついさきほど友人（花嫁）の家へ納品して参りました。いたく喜んで頂けたので、スタッフ一同がんばったかいがあったね（←この“スタッフ”の中にはかずえちゃんもincluded—含まれて—いるのだよ)。現物をお見せできないのが残念です。このブライダル企画が生産ルートにのればいいねー、かずえちゃん。そうすれば私たちもちょっとした“職人さん”さー。オーホッホッホッ。
　ところで私はmy hairをcutしてもらったのだけれど、なんだか中学の頃に逆戻りしてしまった感が否めない。カットしてくれたお兄さんはNice Guyだったし、切ってもらった当初は私もけっこう気に入ってたんだけれど、家教の子とお母さんと二人そろって「まぁ、かわいらしー」って…。あの言い方はどう考えても「中坊のように」かわいいという形容詞が含まれているに違いないのだ。それに侑秀と箱石さんまでもが…。いいのだ、いいのだ。私と、あのお兄さんだけが良しと思っていれば私はそれで満足なのさ。ふふふ〜ん。
　それから、それから、武内タクシー大盛況、おめでとう!　なんだかみなぎるパワーがひしひしと伝わってくるんだけど、くれぐれも自分を過大評価しすぎないように気をつけるんだよ。ま、私はハイジを信じているけれどーー。でも、あの文章を読んでいるとなんだか笑わずにいられないのは私だけでしょうか。おもしろすぎるよ、ハイジは。でも、なにゆえ免許とりたての身、注意しすぎても足りないくらいと思って…ね。
　あー、すごくいっぱい書いちゃったぁ。箱石さんは私がこれを書き終えるまで、ベッドに行かずにテーブルで待っていてくれているというのに。
P.S. こいちゃん、ありがとう。大変だったでしょう。試験中だというのに骨折ってくれてほんとにご苦労様でした。というわけで、ほんの気持ち…というか努力賞を受け取って下さいね。さっそくAmericaへ持って行っちゃおかなーー。いえーい、一ページも書いたぞ。あ、ごめん、箱石さん、はやくねようね。

陽子

1994.10.8

　今日は2回目の登場にして、箱石さんと

お酒を飲みました。でも、お酒を飲んだ後に薬を飲んで平気なのかナ？　ちょっと心配…。

by 上林

1994.10.9

今日は二回目の登場です。箱石さんにみそラーメンを作ってあげたけど、お口にあうかどうかちょっと心配だった。それに、料理だけではなく、いろいろなことで失敗ばかりかもしれないが、とにかくがんばってやっていきたいと思います。こちらのみなさま、どうぞよろしくお願い致します（あいさつ遅くなってもうしわけございませんでした）。私は台湾の台北市から来た陳侑秀です。いま宇都宮大学院で教育心理を勉強しています（実は、ほとんど遊んでいる。勉強しているなんてうそだ）。いろいろわからないところがまだたくさんあるので（とくに日本語）、みなさんどうぞ遠慮なくご指導よろしくお願い致します。
P.S. このペンは書きにくかった。
息子のトトちゃんも連れて来た。箱石さんはすごく喜んだ。が、トトちゃんは人見知りしやすいので、しらん顔をしていた。

1994.10.10

はじめまして、ウェンディといいます。今日は第一回目の登場です。箱石さんと会うことができて、とても嬉しかったです。これからも続けて来たいと思います。

WENDY

1994.10.12

どーもー。初めまして。今年宇大を卒業した島浩子です。今日は、箱石さん、陽子ちゃん、かずえちゃんとフランス料理を食べに行ってきました。その帰りにちゃっかり遊びに来ちゃいました。雑記帳を読んでたら、懐かしい面々が…。みんな元気そうで良かったー。
あっ、初めての方も、プータローおぴろこですが、どーぞよろしくお願いします。
今日のところは、このくらいにして、またお会いしましょう。では。
P.S. インクが出ないよー。見づらくてごめんなさい。今日のフランス料理が出る前に、箱石さんがおなかすかし過ぎて爆笑してしまった。おかしかった。

今日はネ、箱石さんと浩子さんと陽子さんとフランス料理を食べに行ったのだ。
そうそう、さっき陽子さんとしゃべっていたらとちゅうで終わっちゃいましたネ。さっきのおしゃベりの続きを書きましょう。この雑記帳に、来年はあまり箱石さんのお宅にこられないかもしれないって書きましたよネ。ただ来年は、大学へいくための勉強が忙しくこられないってことです。だから来年ぜったい箱石さんの家にこられなくなるとは思っていません。もし来年、箱石さんのお宅へいけなくなったら、私もやだよー。来年はなるべくは今のように毎日箱石さんのお宅へ行きます。勉強道具をもって行きます。あとはネ箱石さんは10月18日に馬頭へ帰っちゃうから私は友達に手紙でも書いて、暇つぶしでもしてよー、あとちゃんと勉強もして。

一江

ただいまーー。今（午後9時30分）デートから戻って来ました。なんか“どこ行こっかー”って競輪場通りの方行って、清住通り通って、んで、どっかわかんないけどぐるぐるまわって、結局桜通り沿いのお好み焼き屋で食べて来ました。いやー、長いDriveでしたね、充子さん。やっぱり、計画立てて乗らなきゃダメね。そうそう、今日行ったお好み焼き屋、"PePe"ってところなんだけど、そんなに人が入ってなかったけど、けっこううまかった。私はやっぱり、みっちゃんのビールジョッキーをぐぐぐっと傾けてニコッと笑った姿が印象的だったのである。陽子さん、浮気相手はハイジなんで、許してあげて下さいネ。充子さん、また私と浮気してね。午後10時45分。

From う～おなかくるしいハイジ

1994.10.13

今日は、久しぶりに、ふとん入れをした。

いつもこの雑記帳とはニラめっこしている私だ。

箱石さんは、午後はおひるねをしていました。私はというと、のんびりと箱石さんの家でTVを見ながらジュースを飲んでいます。

一江

堀川、2回目の登場です。これから家庭教師に行くのでゆっくりいっしょに夕食を食べられません。箱石さん、ごめんね。また今度、食べましょうね。ではまた…。

今日ははじめてひとりだちしました。おふろだけだったのにきゅうきょ、夕食までごちそうになってしまった。堀川さん、からあげおいしかったです。ごちそうさま。

おふろもどうなることかと思ったけど、まずまずでした。箱石さんに99点もらっちゃった。あと一点はそのうちに…。

おふろのあと、二人でみつ豆をたべました。豆がやたら多くて二十コくらいあって、全部みつこさんがたべたのよ。「豆は体にいいから明日は元気百倍!」といっていました。

みつこさんは明日4時起きらしい。今日はゆっくり休んでくださいね。それでは…。

純子

1994.10.16

今日は、恭子さんがいる日だったのではやめに行ったのはいいけど、箱石さんと恭子さんは、まだ眠っていたのに、私は2人をおこしてしまった。箱石さんと恭子さん、10時頃おこしちゃってごめんなさい。せっかくまだ寝てたのにネ。それとネ、箱石さんのお宅に来たとたんに、一緒に寝ようと言う声が聞こえてきたのでおもわず一緒にベッドの中に入って寝てしまった。11時から12時ごろまで(はずかしい)。今日は、恭子さんの友達の結婚式だそうだ(私も会ったことあるよ)。私もいつかは友達に結婚式によばれるさ。まだまだのことだ。今日、恭子さんが着ていった洋服、とてもきれいだった。

一江

今年の春、宇大教育心理を卒業した飯塚純江デス。

今日はノンちゃんの結婚式でした。とってもとっても美しくてきれいで、かわいくて、もーーーーーっお、おめでとーー!!って感じでした。さをり織りのランチョンマットもいただきました。あれを135枚も作ったなんて、すごいですね。びっくりです。やっぱり陽子ちゃんてば普通の女の子とはちがうね。

話は変わって、箱石さんには以前二、三度お会いしたことがありますが、おうちにおじゃまするのは初めてです。なんとなく居心地の良い所で、色んな人が寄ってくる訳が分かります。

私の勤め先は鹿沼で、毎日15分に宇都宮駅に到着いたします。平日（金曜はのぞく）はその後ホントに暇なので、そんな時間でよければまた遊びに来させて下さい。箱石さん、よろしく。

今度、侑秀、ハイジ、佐々木くん（ジジィ）、陽子ちゃんが来る時に私も呼んでね。久しぶりに会いたいし（ハイジ、とっても元気そうだね。よかった、よかった。私のこと覚えてくれてます？　彼氏できたみたいでよかった、よかった。あ?!　彼女かな?)。

今、箱石さんとひろこちゃんと明ちゃんと、恭子ちゃんとテレビ見てるところです。さっき結婚式のビデオを見終わりました。やっぱり、きれいだった。ノンちゃん。先生（しんろう）はうれしくってうれしくってたまらないという感じだったし。幸せいっぱいだったね。やっぱり私もひろーえん（漢字が書けない）やろーかなぁ。とか言いながら、彼氏にフラれた際には、箱石さんちに泣きに来るからその時はどうぞよろしく。

1ページ書こうと思ったけど。だんだん字もきたなくなってきた所で失礼いたします。今度私ともデートしてね、ハイジ。
P.S. 陽子ちゃん、結婚式ではすっごく目立ってましたよ!

すみえでした。

はじめまして。安達明です。私も今年の春、宇大の教育心理を卒業しました。

今日は、箱石さんと初対面だったのに仲良くしてもらって嬉しかったです。これからも機会があればおじゃましに来ますので、みなさん、よろしくお願いします。

1994.10.17

今日はあいちゃんからの突然のバトンタッチです。ひまだったから丁度よかった。箱石さんは寝不足で、今日は早く寝たいそうです。それでは、おやすみなさい。

りか

1994.10.28

11月5日に箱石さんは星野富弘さんの美術館に行くそうです（いいなー）。で、我が栃木県（鹿沼）にも川上澄生美術館という素敵な美術館があるので誰か箱石さんを連れてってあげて下さい。車があれば私が連れて行きたい。あー、私って文才がないわ。こんな文しか書けない…

by 上林

1994.10.30

今日は作新の学園祭で、充子さんと私と私の友柿沼さん3人で行ってきました。ハイジの声はずばらしくきれいだったよ。将来なるだろうけど、本物のアナウンサーみたいだった。甘くて澄んでいてよく通る声。いっぺんでファンになりました。あとバンドを見にいったのですが、充子さんが楽しいと言って踊ったり手拍子をしたりして、うるさいぐらいの音の中楽しんでくれたのにはびっくり。きっと充子さんはそのうち演歌だけでなくロックにも目覚めるに違いない。7時30分ごろまで見て帰ってきて天龍で夕食を食べて9時ごろ帰ってきました。今日、驚いたことは、作新大学に心やさしい人が多いということ。

車イスを押していると段差のあるような所で、「手伝いましょうか」と声を何人もの人がかけてくれました。やっぱり人間ていいなと、心に安らぎを覚えた瞬間でした。

小泉

1994.10.31

今日、初めて来ました。充子さんに何度も何度も“おばあちゃんじゃないヨ!! 24歳なんだから…”と、おこられてしまいました。10回“おばあちゃん”と呼んだら、ボクは充子さんの“彼氏”になると約束しました。……だから、あと7回、いや…あと6回?言ったら、実家の親に紹介するつもりです。……という事は、あと2、3日後には紹介する事に……。本当に楽しい充子さんでした。

岩本宏行（ヒロ）

Hai! 皆様、元気でやっていますか。私はいつも元気でやっています。今日も充子さんとヒロと3人で楽しい一時を過ごしました。今日は材料不足なので究極の酢豚をつくれなくて残念でしたが、その代わりになすの炒めものを作りました。かっち、励ましてくれてありがとうございました。今度ねっ、今度、ちゃんと作るからね。一江ちゃん、もしよかったら、一緒に美術館に行こうね。それでは、今日はこのへんで。ああ、そう、そう、今日は充子さんと一緒にいっぱい歌を歌いました。声はとてもきれいでした。ええー、私ではないよ、充子さんの声が……。初めて来てくれたヒロも充子さんとすっかり仲よくなりまして、本当にうれしかったです。お2人様ありがとうございました。それでは、おやすみなさい。

P.S. 一江ちゃん、今度英語の勉強をやろうね。

ウェンディ

1994.11.5

ふーーー…。ようやく着きました。渋滞して、美術館から、約4時間もかかってしまいました。星野さんの作品は本当にすばらしかったです。絵といい、そこに書かれた詩（文）といい、心が暖まらずにはいられませんでした。しかも、こんなにきれいに絵を描くなんて……、口に筆をくわえて…。“よし!! がんばるぞ!!”という気持ちになり、励まされました。又、充子さんも初めて会えた一江ちゃんもウェンディーも、又、仲間達も皆、楽しく、行って来る事が出来て本当によかった。もう一度、行きたいですネ…。

ヒロ

楽しかった。今日、箱石さん、一江ちゃん、ヒロと仲間達と一緒に星野富弘美術館に行ってきて、とっても楽しかった。本当に励まされた。チャンスがあれば、又、行きたいと思う。一江ちゃんが輝いている顔で夢を語ってくれる姿を見て、すごく嬉しくなった。頑張ってくださいね。

箱石さんにも色々教えていただいて、とても勉強になった。これからも、もっと素直に生きて行きたいと思う。

ヒロにも、お礼を言いたいと思う。長い一日、安全運転をしてくれて、ありがとう。充子さんにもすごくやさしくしてくれて、ありがとう。これからもよろしくね。

今日は本当に素晴らしい一日だった。心が

暖かくなった。今度又一緒にどこかへ行こうね。

充子さん、お疲れさまでした。今晩、早目にねてね。そうしないとお化けが出てくるよ。ウフフ…。

ウェンディ

1994.11.9

皆様お久しぶりです。といっても私のこと知らない人が多いかな。実習に一ヶ月いっている間に、こんなに色々な人が来たなんて。ノート読むのに苦労しました。ぼうだいな量なんだもの。皆様に一目お会いできたらなと思います。

ところでこの一ヶ月と九日の間色々ありました。外見もメンタル的にも。でも実習を乗りこえた今、こわいものなしって感じです。今日は、久々に箱石さんと水入らずでお話しして心がホッとしました。やっぱり箱石さん家は私の心のオアシスです。

大久保夕子

陽子さんがいなくってさみしかったよ。私と鈴木くんと鈴木くんのお母様と、後、午後の人だけ。ただいまー、今、さをりから帰ってきました。そうそう今日のさをりの人すくなかったよ。今日も、六メーターのさをりができあがりました。なんか箱石さんやウェンディや山本さんに、すごーーいと言われた。thank you。うれしいよ。今日出来上がった奴で、ベストを作ろうかなと思っています。講習会が楽しみ、ウフフ。

話しかわります。そうそう、箱石さんと英会話をやることになった。きゅうに箱石さんが私に英会話のしょうぶしようと言いだした。私、まけたら、どうしよう。私は箱石さんにまけない。See you?

P.S. 家でちゃんとふくしゅうしよう。

ちょっと書かせてもらいます。ずうずうしい私だれでしょう。ちょっとみなさん聞いて下さいよ。箱石さんてすごいですよー。さっそく今日、英語を教えてもらっています、岩本さんに。箱石さんて、すごい暗記力がある。私は、ものすごーくビックリしています。

P.S. 箱石さん、おやくそくのとおり英語プリントをもっていきます。忘れずに。

P.S. 明日、箱石さんのお母さんがくるそうだ。会って見たい。

P.S. 陽子さん、きのう自転車であちこちぶつけてごめんなさい。ケガしなかった。

一江

充子さんは本当に立派です。今まで一度も学校に行ったこともなく、まして英語なんて全然習った事がないにもかかわらず、一から、いや、Aから“やろう!!”と思うなんて…。ホント驚いてしまいます。でも全然苦痛そうでなく、楽しく、ニコニコしながら勉強している充子さんは本当に幸せそうでした。自分までうれしくなって来てしまいました。今日のレッスンは、・Hi! How are you? I'm fine. This is～　That is～　I am～　You are～…etc

と沢山やりました。一応、復習する事になってるので、充子さんの所に来て下さってた方は大変でも、以上の英語を使う様にお願いします。そうそう、今日の夕飯は、ウェンディによる「酢豚」の料理でした。これが冗談抜きで、非常～～ォ～～ォッッ…ォ～～…にっハッハッ…ヘッヘ～。何だっけ？　っえ？　あっ!!　そうそう、非常に充子さんは立派です!!だっけ??　……分かったヨ!!　ウエンディー！　皆の前で声を大にして言ってあげるヨ！　いや、言わせていただくヨ…。今日の「スバタ」は、この世の料理と思えない程の、今までもちろん食べた事がない様な…えっ？　何､何？　何～!!“ヒロのしょうが焼き（11月16日）”？　え～？　いっいっいつの間に……。皆様、申し訳ございません。11月16日以降の充子さんの身体は保証できません。……無念。っと言う事で本当においしかった!!です。うらやましいでしょう……へっへっへっ。それでは最後に充子さん、今日、僕が感動した言葉を一つ“何でも挑戦するんだ!!　それが生きている証しだもんネ！　ハッハッハッ!!”。Thank you,Mitsukoさん…と一江chan…そして料理名人Wendy

ヒデ…じゃなくてヒロ

充子さんの所に来る度に心が暖かくなり、人生の勉強をいっぱいさせていただいた。ありがとうね、みっちゃん。今日、充子さんが生徒で、ヒロと一緒に楽しく英語をやっているのをみて、すごくうれしかった。“ヒロ先生”によるとみっちゃんは素直ですばらしい生徒だった??!?　ほんとうかなあー。半信半疑だけど、あのみっちゃんが??　素直??　でも、冗談抜きで、本当に学ぶのが早かった。応用力も抜群！　私までいきなりに英語を投げかけられて、ビックリに、又、ビックリ!!　本当にうまかったよ。これから、ここにいらっしゃる皆様も頑張らないと、ついていけなくなるおそれが……。

陽子さんといろいろ話しもしたいですね。今度、チャンスがあったら、是非話しをしましょうね。

一江ちゃん、そのさをりは本当によくできたと思うよ。えらいね、本当にとても器用だと思うよ。頑張ってね。英語の方も楽しく頑張りましょうね。

今度（11月16日）、ヒロのしょうが焼きは楽しみだなあ。どういうものができあがるんだろうね。不安というか楽しみというか、充子様のおなかの調子だとか、食べたあとの結果だとか～ああ…やっぱり、ヒロを信じるしかないか。

それでは、今日はこのへんで。みっちゃん、すばらしいひとときをすごさせていただいて、ありがとうございました。おやすみなさい。

WENDY～with Love

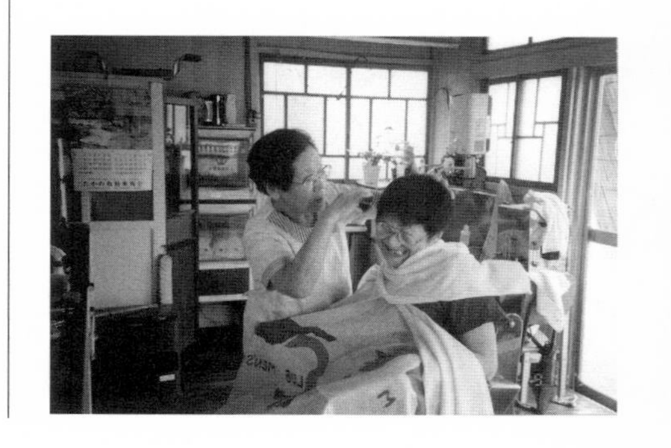

1994.11.10

わぁい。1番のりだー!! 嬉しいな。念のため初めて読む方のために自己紹介を致しますね。私は宇都宮大学を今年の3月に卒業した、鈴木陽子と申します。箱石家の通称長女でございますので、お見知りおきを。こんな素敵なNote-bookを持ってきてくれたWendyをさしおいて、一番のりに書いちゃってごめんねー。

なんだか夕子ちゃんは私からのブツをわざわざとりにきておいてっちゃうなんて、さすが夕子ちゃん!ってかんじだね。まぁ、そんなことはいいとして、そろそろ家教に行くとするか。

陽子

1994.11.12

やったぁ! スピーチコンテスト、無事に終わった! 充子さんや、うちの“お母様”や、教会の先生と先輩たち、応援に来てくださって、大変力を感じた。素晴らしいスピーチコンテストだった。充子さんと初めて会う私の優しいお母ちゃんはもうすっかり充子さんと仲よくなり、本当にうれしくてありがたく思っている。ありがとうね、ママ。応援に来てくれた充子さんにもthank you very much. ああ! 疲れた。帰ってねようか。それでは。お休みなさい。今度は、水曜日に会おうね、みっちゃん。

Wendy

東京からの応援団長義子ママより

はじめてお会いしました。でも何だか十二年前からの知り合いのよう……。Wendyの応援団としても、迷コンビで客席から拍手しました。終わって、ホッ、ホッ。充子さん、娘のことをたのむよ!! 教育してやってね。

P.S. 充子さんと沢山おはなしして本当に勉強になりました。自分の仕事の上でも役に立てます。ありがとう!!

義子

1994.11.13

“ノートかくの久し振り”って思ったらなんとNew Note Bookになってる。びっくしーーーー。Wendy、かわいいノート、どうもありがとう。中学時代にやってた交換日記を思いだしたりした。

そう、この前ね、うちの充子ままがハイジ邸に遊びに来てくれました。部屋2階なんだけど、母をおぶって階段のぼって。背中からみっちゃんのぬくもりが…なーんてね。うちの仲間たち（ぬいぐるみ）とも御対面。“どうもこんばんは、箱石充子です”とぬいぐるみにも自己紹介をかかさないみっちゃんであった。ちなみにうちには、にわとりのがいち、かめのよっちゃん、あらいぐまのう——名前がない…の3名＆車にだちょう（みっちゃん曰く“あひるだよォ”）のゆうくんといっちゃんの2名がいるのだ。充子さん談“初めて娘の家に行ってうれしかった”。また遊びに来てね。みっちゃんは今からカラオケ大会に行きます。ハイジ書の、ちょっと太めの眉で、とってもチャーミングなみつこさんです。え!?父兄参観じゃないよ。

From ハイジ

1994.11.14

今日はとっても寒かった。手袋一つ、箱石さん家へすっとんできたら、家の中はポカポカで天国!! うちは小さなこたつと小さな電気ストーブで、とても寒い×××。家教の子の家でもあたたかくてねむりそうになり、小4の男の子におこられてしまった××。

でも、おでん、おなべのおいしい季節!皆さん、食べ過ぎ＆運動不足＆デブデブには要注意!!（経験者は語る）

また、たくさんのお友達が増えたようでお会いできるのを楽しみにしています。私は毎週のようにグライダーでとんでいます。この間はこんなことやこんなこともしたんだよ!!

教育養護1年　上方愛

1994.11.15

紙上2度目の登場でございます。昨日中川さんに会った。といっても、ちょっとここを通りかかったので私が箱石邸に乱入したら、中川さんが台所でザクザクとキャベツを切っていたのだけれど。相変わらずの中川さんでしたが、私はお会いできて嬉しかったよ、ベイビー。なんだか胸さわぎが止まらない日でした。

そういえば宇大生はそろそろ学祭の準備で大忙しの毎日ですね。我が手話会もラストスパートにかけて頑張っているかしら。みなさんも是非是非見に来て下さい。私は土曜日のさをりの講習会を抜け出して見に行こうと思ってます。

最近Englishに精を出す箱石さんとかずえちゃん。みんな暇を見て教えてあげようね。最近ユーミンの“中央フリーウェイ”を英語で歌えるようになってちょーしこいている。

P.S. 夕子ちゃん、土・日と来れるって?がんばれよ!!

1994.11.16

今日は寒いですネ！ 朝なんか、3回か4回も起きて“もう少し…”と言って、寝てしまいました。お陰で、1コマ目は遅刻してしまい、ちょっと反省しています。ところで充子さん、ごめんなさい。今晩、しょうが焼きが食べられなくて…。でも味噌汁をおいしく飲んでくださったので、うれしかったです！ では、皆さん（だれの事?)、カゼには気をつけて…。よし、明日は早起きしてちゃんと授業に出るぞ!! …でも、実は明日は4コマ目しかないのだ！ …へっへっへー。

ヒロ

今日も充子さんにいい話しを一杯聞かせていただいて、とても勉強になった。充子さん、ありがとう。　しょうが焼きを食べなかったけど、その代わりにおいしい味噌汁をいただいて、満足した。明日からは静岡でのスポーツキャンプが始まるので、えっ、じゃなくて、明日の夜中に出発して、あさってからなんで、楽しく行ってくるつもりである。帰って来たらおやみやげ話しを一杯するからね。　それでは、皆さま、みっちゃんのことをよろしくね。GOOD NIGHT 午後10時30分。

WENDY

1994.11.17

久しぶりに来てみたらノートが新しくなっていて、びっくりしました。今日学校がおわって充子さんちに電話したら“遊びにこない?”って誘われて、突然お茶会におじゃましてます。来てみたら、お茶会の用意が完ペキで、おぉっと思ってしまいました。そして太ると思いつつ、チョコレートに手が…。私は実は群馬の出身で、充子さんたちが富弘美術館に行くと聞いて、“うちの近くなんですぅ”と言ったものの、行ったことがないのです。前のノートをよんでいて、“絶対そのうち一度いこう”と決心しました。　今日は予定があって、そろそろ帰ります。お菓子をたべにだけきたみたいだね。21日はがんばってちゃんと夕食つくるから許してね、充子さん。

純子

またまた登場の一江です。今日は箱石さんと、ヒアリングテープを聞いたぞー。私は、中学1年のEnglishをなかなかおぼえていたぞー。自分でも、ビックリしています。も一今日もさむい。帰るのがやんなっちゃう。でも帰んなくちゃネ。

see you Good bye

一江

雑記帳が変わってるー! かわいいノート! 話しは変わりますが、たった今、箱石さんのノドにひっかかっていた魚のホネが取れましたーパチパチパチパチパチパチ。陽子さんとホネを取る方法について試行錯誤していた箱石さんですが、いくつかの方法をやってみてもだめ。あきらめていた頃、ゴクッとやったら、骨がとれたす。良かった、良かった。

ところで陽子さん、ずいぶん髪切っちゃったんですね。話には聞いてたけど、short hairだとは思わなかった。でも私も人のことは言えない…。

いよいよ学祭がはじまる。我が、養護学校教員養成課程（通称、丙類）では、うどん、ラーメン、フランクフルト、各種飲みものなどの食べ物屋をやります。教養棟の前あたりなので、是非是非よって下さいね。

もうすぐ10時。渡辺がやってくる時間だ。あーっ、やだなーっ。えっ、うそうそ。実はホンネ。箱石さんは喜んでるから、まっいいかぁ。とりあえず、今日は飲むらしい。私は箱石さん家に来るたんびに飲んでいる。こんなんでいいのか…。まぁ、明日授業ないしぃ、あっ、でも学祭の準備がある×××。いいか、飲んじゃお。

自己紹介も含めて、宇大養護三年の大久保夕子でした。ちなみに静岡出身でひとりぐらしです。

P.S. 陽子さん、今日こそ、おみやげを持って帰ります。ごめんなさい＆ありがとうございます。

1994.11.22

みなさん、GOOD EVENING. おもわずEnglishでかいてしまいました。今日は、箱石さんとスーパーまでちょっとかいものをしてきました。あー、明日はあさねぼうしたらやばーい。でもがんばって、今日はいつもよりはやくねよう。明日ははじめてポテトサラダを作るのだ。それにゼリーも。ちょっときんちょうしています。今でも。明日は10時までに箱石さんの家までこなくちゃならないのだ。

kazue

1994.11.24

箱石さん、きのうはごちそうさまでした。それに陽子さん、きのうはごくろう様でした。それにみなさんもごくろうさま。いやー、きのうは楽しかったです。それにカラオケまで行ってきて、私ははじめてカラオケBOXで歌をうたったのだ。だからきのう、きた人たちがはじめてのおひろめだったのよ。いやー、カラオケで歌をうたっていいきもちでした。私はきのうから歌が好きになりました。おかげ様でまたいきたいねーなんちゃってネ。それに、みんながポテトサラダおいしいっていってくれた。みなさん、ありがとう、おいしいっていってくれて。それに、ポテトサラダやゼリーができるまでが大変でした。もー、箱石さんと陽子さんにはしかられるわ、で、もー大変でした。本当に。でもいい思いでになりました。それに親ゆびもちょっとケガしたけど。あとーーは、ほんとうはカラオケに行った時はぜったい歌わないつもりだったのに、みんなに「歌いなさい」と言われて歌ってきました。これからはなるべく音楽を聞こうかなーと思います。それに、音楽聞きながら勉強もなかなかいいんじゃないかなーと思っています。きのうはたのしい1日でした。

かずえ

1994.11.25

きょうは、あまり元気はありませんが、ここに書く私です。今日はちょっとした事件があったのだ。それは、私がかっていたインコが死んだのだった。私がわるいんだけど、私が足でふんじゃって死んじゃったのだ。もすごーくかなしいです。家にいた時はもービイビイないていました。でも箱石さんのお宅におじゃましたら、なぐさめてもらって、やっとなみだもとまりました。ここは本当にいいところです。みなさんもかなしい時はここにくるといいですよ(かってにきめている私だ)。たぶんインコは天国に行って楽しんでいるでしょう。私はしんじていると言うことでおわりにしよう。 see you

kazue

1994.11.28

昨日は風が強くって、1日寒かったですね。私は鬼怒川の河川敷に一日中いました。今日は湯どうふを食べたのよん。あと、前に箱石さんから頂いた里芋と大根と人参で煮物を作って持ってきました。「おいしい」とほめてもらえてホッ…一安心。

来週末はクリスマスパーティーだそうです。私はお邪魔できるかわかりません。なんだかひどい乱筆でごめんなさい×××。このノート、いいにおいがする?

1994.12.2

皆さん、こんにちは。このDairyに字を書くのは本当に久しぶりという感じ。今日は(BEST)サークルの集まりで"魅力"というtopicでdiscussionをした。人間はだれでもそれぞれにチャームポイントを持っているものだなあと思った。充子さんも素晴らしい魅力を持っているから皆さん(私を含めて)自然にここに集まってきて、充子さんに会いたくなったり、話しを聞いてもらいたくなったりするのだと思う。私も充子さんみたいに"魅力のある女性"になりたいなあー。ウフフ…。本当に年を取っていても、自分がどういう状態になっても、永遠になくならない魅力を持ちたいなあと思う。よ～し、頑張るぞ! それでは、おやすみなさい。

WENDY

1994.12.3

家庭教師に行って来て、帰りに寄ったハイジです。

今日は、昼頃から充子さんと買い物に行ってきました。福田屋に行って、ロビンソンに行って。疲れちゃったけど、楽しかったね、みっちゃん。で、ロビンソンで、充子さん"王様の台所"初体験。どぉ〜んとでっかい皿に顔(!?)、いえ、頭をつっこんでにこにこしながらスパゲッティーを食べていたみっちゃんが印象的でした。2人共、"うぉー、おなかきつい×××"とか言いながら、宇都宮あんぱん←超うまいのだ。を買ってかえった我々は何でしょう。でも、知る人ぞ知る、宇都宮の美味菓子だと、ハイジは思う。その4時間後(王様の台所で食べた4時間後)、家教先の夕飯を残したのは言うまでもありません。てんぷら食いたかったけど、私のでっかい胃袋さんでさえ、うけつけなかったんだから…。

いつも、ここでは長居するので、今日は早くかえろうと思う。ヒロさんみたいに、こたつ睡眠の天才ハイジは、今日はおふとんさんをえらんであげたいのだ。うー、ベッド&置く場所が欲しい…。

"早くかえろって、来たの10時過ぎだろ"

のハイジ

告知!! "みっちゃんを囲む仲間達の会"の名前大募集!!すばらしい名前を教えて下さい。くわしくは、充子さんまで。

注1:メンツのカラーを考えること。

注2:永続性のあるものにすること。

例:"みっちゃんず" "はこCLUB"etc.

1994.12.7

ただいまー。今、NHKさをり展から帰ってきました。今日は、箱石さんも来てくれて、それにさをりのようふくまで買った箱石さんです。箱石さん、さをり展に来てくれてありがとう。今日もまた写真いっぱいとっちゃった。るんるんるーん、また明日もNHKであーる。明日はまた自転車でふっとばすぞー。see you

かずえ

1994.12.13

今日は寒い。ほんとーに寒い。それに雨も降ってるし、やっぱり晴れてるほうがおなじ"寒い"でもいいなぁ。なんだか冒頭からわけのわからない文になってしまった。まあ気にしないでおくれ。

この間のX'mas Partyでは、いろいろな人にあえてとてもうれしかったです。ケーキ&みんなの一品料理もGood taste!でした。またこんな機会があるといいですね。充子さんがお風呂に入って"気持ちいいー"と言っているのを聞いて、私もお風呂に入りたくなってしまった。いつもシャワーだけどたまにはお風呂わかそうかな…。でもめんどくさい。それを充子さんに言ったら、"うちの娘だったらそんな不精なことはいわないわ"と言われてしまった。トホホ。

純子

1994.12.14

先日、X'mas Partyの日、遅れていって、死んでて、これまたごめんなさい。"みんなに会えるぅーー"って来たら、知ってる(既に会ってる)。メンツが5人残ってただけだった。ちょっと残念。But、いらっしゃった皆様方、御心配くださってありがとうございました。お陰で、ほぼ元どうりの元気なハイジになりました。私、あつかましくも、今週になって、毎日、箱石邸にお邪魔してます。そう、昨日ね、こたつ取りに来ようと思ってtelしたの。

み　“はいっ、はこいしです”

ハ　“Hello! Good evening!!”

み　“おお、ウェンディーー”

ハ　“……”

みっちゃんたら、みっちゃんたら×××。うぅ…。泣いてやるっ。強く生きることを決心したハイジであった…。完。

1994.12.16

ただいまー、今、帰ってきました。

今日は、HAKO CLUBの第1回バスに乗る、に参加してきました。陽子さんと私で、最初はバスに乗るまではとても不安だったのです。でもみなさんが協力をしてくれて!!とても安心しました。まさか、こんな歳で、こういう車イスで一緒にバスに乗れるとは思ってもいませんでした。でも、いい思い出もできました。口で言えないほど。また行きたいです。

P.S. とくに良かったのは、帰りのバスの運転手さんがとくによくしてくれて、おもわず私は感動してしまった。

kazue

正確に言うと、17日（土）です。今、夜中の3時。今日はほんとうに、充実の1日でした。何だかいま、とってもホッとしたような、嬉しいような、心の洗濯をしたような気持ちです。書きたいことはたくさんあるけれど、時間も時間だし、（…と書いているあいだに箱石さんはハをみがいている）。まずは第1回バスに乗って出かけようツアー!!（←こんなんでいいのかしら?）の報告をしなくちゃね。かずえちゃんも言ってだけど、実は宇大前でバスを待ってるあいだ、なんだか不安だったんです。自分でも、あれだけみんなに呼びかけてたのに、どうして不安になるんだろうって思ってたの。でも、だんだんその理由が分かったのね。すばやく事を運ばなくては、とか、いかにバスの運行や同乗してるお客さんの迷惑にならないようにしょうかとか、知らず知らずのうちに頭で考えているのね。だから運転手さんが「(車イスは）たたんでくれないと入らないよ」って何だか迷惑そうに冷たい口調で言ったときも焦ってしまったんです。でも箱石さんがバスに乗ろうとしたとたん、さっきまで同じバス停で全く他人のように立ってたおじさんとかがさっと車イスを持ちあげてくれたときはびっくりしたけどすごく嬉しかった。

帰りのバスの運転手さんなんてバスを降りるとき、すかさず運転席から出てきてくれて「あ、大丈夫ですよ。私がおんぶしますから」って箱石さんをおぶって車イスまで乗せてくれたんです。きっと、今日、あのバスに乗り合わせた人たちは1日中ほんわかした気持ちで過ごせたんじゃないかしら。私みたいに。

箱石さんと出かけるといつも感じるんだけど、普段は触れられないような人の優しさというか、温かさに触れられるんです。中には義務感でやっている人もいるかもしれないけれど、それでも、あ、人間もまだまだ捨てたもんじゃないなと思います。街中がクリスマス1色ということもあってか、これといった予定もなく3人でクリスマスカードやあれやこれやとショッピングして気が付くともう真っ暗だったという状態でしたけど、楽しかったね、箱石さん、かずえちゃん!

そうそう、ロフトに入ろうとしたら、段差で苦労しちゃって。自転車置き場の警備員のおっちゃんが「スミマセンね。いつもここ自転車置かれちゃって…」。見ると、ささやかなスロープがあるんだけど、そこはすでに駐輪場になっていた。皆さん、スロープに駐輪しないように気を付けましょうね。

今日はBESTにもおじゃましてきました。とっても雰囲気が良くて、大切な問題もちゃんと向き合って話し合うことができて、このサークルは一味も二味も違う!!と思いました。楽しい時間を過ごせたのも箱石さん、そしてウェンディとヒロのおかげです。どうもありがとう。

きっと明日は箱石さんも私も声がガラガラだと思います。箱石さん、風邪にはくれぐれも気を付けて下さいね…と言ってももう遅いか?

うわー、4時になっちゃう。3ページも書いちゃった。今から帰るのだ。それではみなさん、See you in 1995.

陽子

1994.12.18

ただいまー、今、帰ってきました。今日は、手話会の講演会っていってもいいのでしょう? 手話劇はとてもたのしかったです。ますます、手話にきょうみを持った私です。

話しが変わります。16日に出かけた時に箱石さんはカゼをひいてしまったようです。声がガラガラです。私もちょっとだけカゼをひいています。

そうそう、おくれながら、箱石さん、陽子さん、16日はごくろうさまでした。うまく、十16日のことを書けなかった私です。でも、本当によかったですよ、16日は。

see you　kazue

久しぶりに書きます。夕子です。私の今年の心残りは、箱石さんのX'mas Partyに出席できなかったこと。たのしかったそうで。あー、なんでそんなときに風邪をひいてしまったのだろう。残念です。残念残念残念残念残念残念。私だけ取り残された気分です。ところで、今、箱石さんは電話中ですが、しゃがれた声で声になっていない…。お互い風邪には気を付けましょう。

1994.12.20

卒論のテーマを先生に提出してきた。来年は忙しくなりそうだな。今日は午後ちょっと家へ帰って休んでいた。少し休んだら、とっても元気になって、ここへ来たら、さらにpower up!! やっぱりここで、まずコーヒーを飲みながら、トークwith Ms.箱石。すると、なっか元気モリモリというか落ち着く。"ポシュポシュ"を買ってきたら、みっちゃんは"プカプカ"とか言っていたので、ちょっとうけちゃった。

かっち

1994.12.21

1週間ぶりのハイジです。今日来る前、みっちゃんにtelしてびっくり。もしかして1週間で変声期迎えたの!?って……。え!?思わない……はい。夜遊びみっちゃんは風邪をひいて声が出ないのでR。だいじけぇ!?早く治してね。

1994.12.24

Merry Christmas.

いや～～いやいや。Happy Christmas

Eve…って私はHappyじゃない×××。昨日買い物、今日も午前中買い物で財布はさみしい。午後からは大そうじ。EVE（あってる!?）の街はカップルばっかり。私って…私って…。まっ、いいさ。我が家にはサンタととなかいのぬいぐるみがあるしぃ（ぬいぐるみは昨日買った）。遊んでくれる友達もいるしぃ。さみしくないもんっ。

今日は充子ママのDress & Make Upに来ています。ママは夜遊び……NO!! 教会へ出かけるのです。そう、出かける前に、みなさんに紹介。"はこCLUB"の新しい仲間"くららちゃん"です。みなさんよろしく。ちなみに名付け親は充子さん。ハイジが持って来たからクララだすな。

あーー、今年の箱石邸、来納め（きおさめ!?）か。それではみなさん、よいお年を…。

From　う～寒いのハイジ

1995.1.9

みなさん、あけましておめでとうございます。今年もよろしくお願いします。

う～、口がにがいよー。いつも箱石さんがにがいお茶をのんで、それをちょっとだけ私はなめてみたら、ほんとーににがい、にがすぎるよー。今年のお正月はあっというまにおわって、ストレスもたまって、今はストレスもかいしょう、やれやれ。今年はどうなるやら。たのしみ、たのしみ。

see you　kazue

かずえちゃんに先を越されちゃった。

あけましておめでとうございます。今年は記念すべきはこCLUBの一年目を飾る年ですね。みんなでどんどん箱石さんと外へ出かけちゃいましょう。今はやってる"猪突猛進"ってやつで今年は何事にも体当たりで頑張りたいところです。箱石さんは新年早々ボーリングをやってきたんだそうだ。結果は本人にきこう。

陽子

1995.1.14

改めて考えてみると今年初です。あけましておめでとうございます。そして今年もよろしくおねがいします。

さて、今日はというと、焼肉パーティでした。わがままで15日家に帰らない私に充子さんが"成人式のお祝いしよ"って言ってくれて、かずえちゃんと3人で楽しいdinanaerのひとときをすごしました。充子さん、かずえちゃん、ほんとにありがと。

なんだか今日から連休はこの冬いちばんの冷えこみだそうで…。今までよりもっと寒いなんてどこにも出かけたくない、が、しかし15日、16日両方バイトが…はぁー（ためいきひとつ）。負けないわっ。

純子

1995.1.16

う～今日は、まえより寒い。きょうは、さをりの帰りに手ぶくろしないで帰ってきたら、手がつめたーいよー。今は、だいじょうぶ。このごろ、ちょっと忙しいなーー。今日のさをりの帰りの時、にもつをもって帰ってきたら、箱石さんはビックリしていたのだー。明日は、買い物に行くのだ。おこづかいなくなったらどうしよう、あまり買わないようにしよう。

かずえ

1995.1.20

よく考えたら、今年書くの初めてだ。え、遅れながら…A HAPPY NEW YEAR!　今年もこんなハイジをどうぞよろしく。

りえちゃん同様、成人式、山口でやってきました。なんと、代表あいさつなんかしちゃって、頑張ってきました（今度TAPE持って来るネ、充子さんっ）。で、帰ってきた次の日に、神戸があの地震でしょ。山口までゆれたってぐらいだから。成人式で会ってわいわいやってた神戸の友達が心配です。元気ならいいんだけど…。でも神戸で足止めくらうことなく、無事戻ってこれてよかったと、我身かわいやのハイジであった。

ところで、明日、皆様がいらっしゃるというのにまたしてもハイジ遅刻なのだ…。I'm sorry. 毎度ながら、どーして私はあわないんだろ…。どうせ、私ははぐれ者サッ。いじけてやるう…。

そうそう、今年、ハイジは引っ越します。ただ今、物件お探し中。ちなみに、現時点での第1候補はなんと、みっちゃんちから徒歩1分。目と鼻の先なのだ。みっちゃん1人でも来れるヨ。1階だし。でも、もっといい所があればねぇ。誰かいいトコ紹介して下さい。

うわぁーー。こんなに書いてもぉた。今から、みっちゃんお風呂です。ごめんね、おそくなって…

by 昨日ねぶそくのハイジ

1995.1.24

今日は成人コンパで成人5人が集まって焼き肉を食べました。充子さんと一江ちゃんが祝ってくれました。今後とも成人となった5人をよろしく。

小泉

1995.1.28

箱石さん、おたんじょうびおめでとうございます。

今日は、えーと、青年海外研修の話を聞いてきました。いろいろな話が聞けてとてもよかったです。それに、陽子さんのホームステイの体験の話しもとてもじょうずでした。本当に今日は海外の話をきけてよかったです。

かずえ

今日は陽子さんのスピーチを聞きに行ってきました。やっぱり本で見て知ってるのと、実際に見てきたのでは説得力が違いますよね。私もいつかアメリカに行くぞ。それから充子さんお誕生日おめでとうございます。

小泉

1995.1.30

今日は寒いね。遅ればせながら、箱石さん、お誕生日おめでとぉーーパチパチ。かわいいシューズでリハビリをする箱石さんを思い浮かべてしまいます。がんばってね。今日は、箱石さんとお鍋つつきながら、“現代の男と女のあるべき姿（役割）”（なんかおおげさなお題目だなぁ～）について語りあってしまった。女ってたいへんよね、箱石さん。

夕子

1995.1.31

おふろに来た小泉です。最近レポートがたまっててせっぱつまって朝7時までワープロ打ってるなんてこともあります。体こわしちゃうよと充子さんにもしかられてしまいました。でもぐっすり寝てレポートが間に合わないんでも困るしねぇ。今日もきっと少なくとも3時まではかかるな。でも楽しいことがあるとそっちの方優先してしまっていた私が悪いのだ。まぁ、みなさん、カゼと寝ぶそくには気をつけて試験、レポートをのりきりましょう！

小泉

1995.2.1

花木マン←るみるみ

初めてまして。藤川和美と申します。宇大農学部3年です。今度4年生です。よろしくお願いします。　今日花木さんがみそ汁を作ってくれました。私も食べました。おいしかったです。wendyさんに会いたいなぁ。みなさん、後期試験頑張りましょう！

ふじかわマン参上！

1995.2.2

今日はハマ女が来ているのよ。横浜の恭子参上――なんか暴走族みたいだな…。今日は教育心理OG＆箱石充子のpartyなのでございます。楽しいひとときを過ごしませうね。

陽子

1995.2.5

久しぶりにノートを見てみたら、こんなかわいいノートになっていました。え？おそいって？　もうこのノートも終わりに近づいているものねぇ。私も利恵ちゃんと同じく、レポートや試験の準備にいそがしい毎日です。今日はビーフシチューを作って持ってきました。ワインも入ってるし、2時間は煮込んであるのだ!!　おいしいよーといって箱石さんは食べてくれました。うれしかった〜。　ではまた。

堀川裕美

1995.2.7

こんにちはーなんか久しぶりに箱石さんの家に来たようなきがする。それに2日の日には、箱石さん＆陽子さん＆恭子さんにいろいろなことをおしえてもらいました。今日は、箱石さんの家でなんと夕はん作りをしたのさ。肉じゃがをはじめてつくったのであまり自信がなかったけど、けっこう、うまくできてとてもよかったです。今日はじめて自分がつくった肉じゃがは本当においしかったです。それに、箱石さん、小泉さんが肉じゃがをおいしい、おいしいっていってくれた。ありがとう。

一江

1995.2.13

今日はかずえちゃん書いてないぞ。みんなが書かなかったから遠慮して書かなかったんだな。　今日はいざご飯をよそおうと思ったら、なんだか乾燥してポロポロだったので、お水をたして炊飯にしているあいだに「お酒でも飲んで待ってましょうか」と気をきかせたらば、「私もそれを待ってたのよぉー」と嬉しそうな箱石さんでした。というわけで今、酔ってます。字が汚いのはそのせいです（いつも汚いって?)。　ところで明日はバレンタインデー。みんなは誰にチョコレートをあげるのかなぁ。Whom will you give a chocolate? え!?私？　それはナイショよ♡　あ〜、ちょっといい気分。顔があついぞ。

陽子

1995.2.14

今日は、ちゃんと書きます。今日はバレンタインデー。私はだーても好きな人がいないので、だーらにもあげなかった（ウソだけど)。そうそう、まえのページの陽子さんが書いたものを読んで、箱石さんは大笑いしていた。うん、たしかにおもしろかった。　はぁー、このごろ、寝すぎてこまっています。体に毒だとわかっているのに、だめだなと思っている。朝はものすごーくよわいのに、夜はものすごーくつよい。だけど悪いくせはなおさなくては。これからのことを考えて悪いくせを治そうと。

一江でした!!

1995.2.16

今日はおみっちゃんと歯医者さんへ行った。そしたらおみっちゃんと同じ赤いジャンパーを着ている女の子がいた。あの子はきっとおみっちゃんの腹ちがいの妹にちがいないぞ。

陽子

1995.2.17

皆さん、今晩は。久しぶりにお邪魔して、楽しい一時をすごすことができて嬉しかったです。今日は、ヒロとルーデスと一緒にみっちゃんに会いにきて、実家に帰った気分でした。今度は2月23日（木）に又、お邪魔したいと思う。よろしくお願いします。

WENDY

1995.2.18

こんにちはー、今、カステラを食べ終わりました。う～、くるしい、やっぱり、カステラはあまい。あたりまえか。もし、しょっぱかったり、からかったりしたら、たまったもんじゃない（笑)。箱石さんは、カステラ、大好きだそうです。よかったよかった。箱石さんは今、歌を歌っています。

そうそう今年は、また、花粉がとぶそうです。どうしよう、また今年も、目とはなみずがでたり、かゆくなったりするよーー。う～こまった、こまった。

一江

今日は一江ちゃんと充子さんと3人で英語の勉強をしました。2人ともスペルがきれいに書けるようになってびっくりです。テキストをおいていくのでみんなでやってみましょう！　私はやっと春休み。まずはたまっている洗濯と本と家の掃除を片付けよう！と思います。

小泉

1995.2.20

こんばんはー、今日はちょっとおそくなったけど来ました。今、コーヒーをのみ終わりました。みなさん聞いて下さいよー。なんと今日、コーヒーに砂糖を入れないでのんだのサ（2月16日の日も砂糖入れないでのんだのサ)。でも箱石さんは「うそ、16日の日にもコーヒーに砂糖を入れないでのんだのー」って本当よー、もー。それで「すこし大人になったネー」と言われた。私は、1日、コーヒーに2個砂糖いれてたことだし、ちょっと大人になった気分。

P.S. 箱石さんは風邪ぎみのようです。でも元気だそうです。おだいじにー。

一江でした。

あーー。おなかいっぱい！　今日は、夕ごはんを箱石さんにごちそうになりました。みそ汁を作って魚を焼いただけなのにケーキも苺もごちそうになっちゃって…、どうもありがとうございました。
今日は箱石さんと世界中のおそろしい話をしました。すごくこわかった。夜眠れなくなりそう…。ではまたね。

藤川

1995.2.21

第2回バスでお出かけツアーに、充子さんと純子ちゃんと私で行ってきました。宇大東のバス停から二荒山前まで乗って、ゲームセンターや西武をめぐり、イタリアントマトでお昼を食べました。おいしかった。

まず行きのバスは運転手さんが1番前にすわっていたお客さんに「ちょっと手伝ってあげてくれませんか」と言ってくれました。その人もさっと立って充子さんがバスに乗るのを手伝ってくれて、車イスを上げるのも手助けしてくれました。それからバスのうしろにいた車掌さんのような人（きっとバス運転手の見習いの人だと思う）。が前に来て、二荒山前まで行くと言うと、車イスをうしろまで持っていってお客さんのじゃまにならないようにしてくれました。おりるときも同様でみんな協力してくれました。

本当は今日はパチンコへ行くはずだったのだけれど、考えてみれば今日は水曜日！お休みの日で行けませんでした。でも、のかわり、デパートを見たり、ユーフォーキャッチャーで遊んだりできたのでよかった。パチンコはぜひ充子さんが行きたいと言っているので次回のバスツアーで行ってね。

次に、イタリアントマトでは、2階まで車イスを持っていくのが大変でした。お金持ちそうな奥様たちに手伝ってもらって上げたのですが、ボーイさん（ウェイターさん?）が全く手をかしてくれなかったです。だから降りるときにはぜひ！と思って、手伝ってもらいました。奥さんたちは「車イスって初めてだから…」とつぶやいていたので、私をふくめてみんな勉強になったのではないかと思います。

帰りのバスでは行きよりも順調に行きました。運転手さんがさっと手伝いに降りてきてくれたし、お客さんも同様でした。帰りの降りのときは、先に降りたお客さんが何か手伝えることはないかな？と待っていてくれて、とてもうれしかったです。

今日のバスツアーで一番感じたのは、「宇都宮の人は表面は冷たそうに見えるときもあるけど本当はあったかい心を持ってるんだな」ということ。ますます宇都宮が好きになりました。でも「もっともっと宇都宮の人がそのあったかい心を表せるようになるといいなぁ」とも思いました。バスツアーは周りの人々にとってあったかい心が表せるようになる（ためには）いい機会だと思います。次回は誰が行くか分からないけれど、時間があったらぜひ行ってみてください。きっといろんなことに気づくはず。

今週はバイトの飲み会だ、何だかんだで遊びまわってる小泉です。でも春休みは英語のヒアリングをやるつもりです。みんなの前で誓って決意を固めます。それから猫背を治すために運動をすることも誓います。がんばるぞ！

小泉

1995.2.24

フーー、やっと終わりました。Hakoクラブの料理ができました。今日もまたしかられました、箱石さんに。でも無事できました。よかった、よかったです。明日のメニューはスパゲッティ＆ポテトサラダ＆おでん＆デザートはゼリーです（ちょっとおでんはスパゲッティにあわないぞー）。でも食べちゃえば、かんけいないか！ それではみなさん、明日会いましょう。

一江でした。

__1995.2.27__

23歳になってしまいました。陽子は……。

昨日、箱石さんがスピーチコンテストに飛び入りしてもらった参加賞のシャープペンで書いております。25日は皆さんお疲れ様でした。色んな人が来て楽しかったね。久しぶりの二十人を超える大Partyでした。さてさて、聞きもらした方もいると思うので改めて書いておきますが、次回の箱Clubはなんと"温泉旅行"を計画しているのです。事の発端は私が年末に湯西川国際観光ホテルで9,800円の旅をしてきたのがものすごくよかったよーって箱石さんに自慢したことだったのですが。それで今月…いや来月の3月の予約状況を私がtelできいておくということだったんだけど忘れました。ゴメンナサイ。明日にでも連絡してみますので、皆さんふるって参加しましょう。すごぉーくいい所なんだからぁ。とりあえず3月20日以降を検討しております。みなさんの都合を（3月の予定を）雑記帳に書いておきましょうね。

もう1つお知らせです。次回の箱Clubで高橋ゆみ子さんというみっちゃん's friendを招待するかもしれないのですが、1日、箱石邸に一緒に泊まってくれるボランティアの女の子を1名（以上でも可）。募集しています。ゆみ子さんは自分のことはほとんどできるそうですが、万一のことを考えて、箱石さんとしては1人介護者に付き添ってほしいのだそうです。どなたか時間のある方、1日体を提供して下さいな。よろしくお願いします。

※ゆみ子さんは、自立を目指している、20代（くらい）。の馬頭暮らしの女性です。

__1995.2.28__

ひろこさん、Happy Birthday おめでとう!!

そうそう、今、箱石さんにきのうのことを聞きました。おでんでつかった、おなべがこげててすごかったそうですネ。箱石さん、陽子さん、なべ洗い、ごくろう様でした。25日は本当にみなさん、ごくろう様でした。

一江

__1995.3.4__

昼間から来ているハイジです。私のski土産（石打丸山へ行った）＆みっちゃん'sディズニーランド土産を食べながら、親子で語っています。

明日はロバートのお話の日。バイトお休みのハイジは友達つれてやって来ます。楽しみにしてます。みなさんよろしく。

by ハイジ

なんだか毎日のように来ている私。きのうは箱石さんディズニーランド、楽しんできたようですね。よかったよかった。というわけで、あれほどお土産は買ってくるなと言ったのに、なんだかクッキーかなんかを買ってきたようなので、仕方なく食べました。おいしかった♡

明日はロバートがcome homeします。ヒアリングの準備はよろしいですか？ なぁんてご心配なく、ロバートはできるだけ日本語で話してくれるそうです。でも私は、ロバートがどれだけ日本語を話せるのか知りません。でも、きっと大丈夫です。ハートがあれば通じるのです!!

今日は“ふじかわまん”とも初対面して、ひろこchanもじゅんchanもいてveryにぎやかなひとときでした。

陽子

今日は久々に箱石邸に遊びに来てます。12時半まで眠ってたぴろこは午後11時になってようやく目が覚めました。箱石さん、プレゼントどうもありがとうございました。

1995.3.5

今日は、ロバートさんの神戸のお話を聞きました。でも、ほとんど英語でわかんなかった。これからは英語がわかるまでがんばるぞーー。

3月3日の日は東京ディズニーランドに箱石さんとかっちーさんと私で、電車で行ってきました。最初は、朝タクシーに乗って駅まで行ってきて、タクシーの運転手さんはあまり、やさしくはなかった。でも駅についたら、駅員の人たちが来ていろいろと帰りの時間とか聞いてくれてとてもよかったし安心しました。それに駅のうらがわをはじめて通ったのだ。本当に駅で仕事をしている人は、大変だなーと思った。それでディズニーランドについて中に入ったとたんに、ぬいぐるみが一般の人たちがいてもさけて箱石さんのほうに来てくれてあいさつに来てくれた。私はものすごーくうれしかった。それでまずふねに乗る時に係りの人が「乗りますか」と聞いてくれて、「案内します」と言ってくれた。乗り物を合計すると7コも乗ったのだ。すごいだろう。だけどまさかこんなにディズニーランドってこんなに車イスの人たちにやさしくしてくれるなんて思わなかった。それに車イスでもならぶところはならばなきゃならないのかなーととてもしんぱいだった。それにふしぎなことに箱石さんと一緒にどこかへ行くと必ずだれかが話しかけてきて「手伝いましょうか」とか言ってくれる。ディズニーランドに行った時は、係りの人たちが「乗りますか」とか「楽しんで来てください」と言ってくれた時は本当にうれしかった。それにはじめて夜のパレードを見てかえりました。それに花火も。

そうそう、帰りの時、おじさんが「オレが車イスをおさえてやっから」と言ってくれた。本当に行ってよかったです。

一江でした。

3冊目 1995.3.14-1996.3.16

1995.3.14

今日は充子さんと1時15分まで語り合いました。

4月1日からごみの出し方が変わりますね。前よりもずっとめんどうにはなりますが、これも未来に日本がゴミの山にならないためには絶対必要なことですよね。少しでも多くの紙やびん缶・布を資源ゴミにして、ゴミを減らしましょう。

小泉

1995.3.15

今日はとび入り登場の陽子です。もうすぐ午前2時30分。こいちゃんと箱石さんと3人でしゃべりまくってしまいました。箱Club、温泉行けなくてとっても残念です。すっごくいい所でみんな1回で気に入っちゃうんだから。特に雪の日なんてサイコーなんです。次の機会には絶対みんなで行こうねー。

皆さん1人1人が箱Clubの一員であることをお忘れなく。

1995.3.16

こんにちはー。今日は久しぶりの雨ですネ。でも雨がふったからって花粉はとんでいます。うー、目がかゆいよー。それに、はなはつまるし。

今、箱石さんは3月21日の箱Clubのメニューを考えています。私もさっきまで、なにがいいか考えてましたけど、なにがいいかわかんなくて、考えるのをやめてしまいました。本当にわかんない! 日にちもみじかくなってきたけど、みなさんも考えて下さい、メニューを。

一江

久しぶりにノートに書くので手がふるえてしまいます。今日のメニューは、煮物、キュウリと竹輪ともやしのサラダと、豆腐とワカメの味噌汁でした。全てウェンディーが作ってくれて、とてもおいしかったです、と充子さんも言ってくれました。

ところで、先日、神戸に阪神大震災のボランティアに行って来ましたが、若い学生からおじいちゃんやおばあちゃんまで一生懸命に働いている姿に感動しました。

ヒロ

一江ちゃん、この可愛いノート、ありがとうね。今日も、充子さんの所で楽しい一時を過ごしまして、本当に大満足でした。いつもここに来ると、ホットしまして、実家に帰るような気がします。優しい優しい充子ママは本当に魅力のあるママですよね。 Do you agree、皆さん? 箱Clubの日、会いましょうね。

ウェンディ

1995.3.18

今日は充子さんにオーブントースターがいかに便利かを教えてもらいました。オーブントースターで目玉焼き、ケーキなどが作れるなんて! 電子レンジやオーブンを買う前にもっとオーブントースターを使ってみようと思います。

それから最後に、充子さんちに来たらちょっとでもいいから、雑記帳に何か書いて帰りましょう！「私の悪口でも何でもいいから書け〜〜!!」と充子さんも言ってます。私もみなさんが何をして、何を考えたのかが知りたいし、みなさんと会わなくても仲良くなりたいので、ぜひ書いてください。よろしく。

小泉でした。

1995.3.19

今日は久しぶりに箱石さんとさしで飲んでいます。今の私はハイテンション！こわいものなしって感じかな。

酔っぱらいの大久保夕子

1995.3.25

1995.3.29

もうすぐ3月も終わって、4月の始まりですね。春の季節の到来…と同時に、4月は引っ越しのシーズンでございます。かく言う私もおひっこしをするんですよ!!

さてさて、遠い遠い東京の旅は、とても充実したものでした。電車もすごぉーくたくさん乗ったし、疲れたけど楽しい体験だったよね。みっちゃん！　ひとつ発見したのは、行きあたりばったりで電車にのると、駅員さんの親切度はJRよりも私電の方が良いということでした。JRは急にあいそが悪くなる。でも宇都宮駅の助役さんは超親切でした。

陽子

1995.4.4

友達の引っ越しの手伝いも終わり、久しぶりにこの地に？足を踏み入れた岩本です。今晩はいとこのペータ（大関瑞治くん）が一緒に来てくれて充子さんは大喜びでした。

ヒロ

初めて箱石邸に訪れる機会を得、充子さん、一江さん、その他、箱石会の活動を見させていただき、初めに抱いていた想像を思い返すと恥ずかしい限りであります。短い一時でしたが、彼女の陽気さ、その裏に隠された深い洞察からくる可能性を信じないわけにはいきません。僕は明日、このなつかしい宇都宮を去り、山形に転進します。その新天地でもここで培われた精神を生かしていくつもりです。またそれと同時に箱石会とのつきあいも今回限りとせず、末長く続けていきたいと思います。

流れ星ペータ

1995.4.5

今日はお昼に遊びに来たハイジです。そうそう聞いて!!　今日ね、みっちゃん、私の新居に遊びに来てくれた（らしい）の。But、彼女は、105と106を間違えて、106号室を“ピンポーン”。「あれっ!!　車があるのにいないわ」と思った彼女は帰ろうと思い車をBackしたとたん、車止めに乗り上げてしまい動けなくなってしまった。「わぁ〜、ハイジ助けて〜!!」と叫んだみっちゃん。ハイジ役の近所のおばちゃんに助けてもらい、無事かえれたのでした。ちなみに、私が部屋にいたのは言うまでもありません。おそまつでした。

From 12時間すいみんのハイジ

1995.4.6

こんにちはー。今日は私の友達をつれてきました（名前は、筬友希さんです）。今、箱石さんとお話し中です。あとで自己紹介してもらいましょう。

一江でした。

はじめまして、箱石さんはじめみなさん、こんにちは！　一江ちゃんの親友（だと私は思ってる）の筬です。かわっている名前ですが覚えて下さい。おさちゃんとかおっさんなどと呼ばれています。私は今、宮城教育大学に行っています。だから名前の通り、教育学部です。そこで障害児教育を学んでいます。希望は、養護学校か盲学校の中学数学です。サークルは、仙台のいろんな大学生が集まった“介護地区会議”という（多分）みんな“ちくかい”といっています。そのサークルに入っています。といっても活動はあんまり一生懸命ではないです、恥ずかしながら。今日は、はじめて箱石さんの所に来て、すっごくやさしい人でほっとしました。それにおかしもいっぱいたべてしまった。なんかアットホームなかんじで、とてもよかった。きてよかたーと思っています。

また来たいなぁーと思い、3月3日に東京ディズニーランドへ行ったという話を聞いて、今度いく時は私もぜひ連れて行ってもらいたいと思いました。　私は仙台に住んでいますが、学校の長期休みになれば宇都宮に戻ってくるのでその時は箱石さんの所に行きたいなぁーと思っています。また、一江ちゃん以外のみなさんにもぜひ会ってみたいと思います、本当に…。

私はせんぜんいい人じゃなく、やなやつですけど、よろしく

おさ ゆき より

1995.4.7

こんにちは。お久し振りです。まさよの友達、梁木寛子です。この前のお好み焼きパーティーは楽しかったです。ありがとうございました。また、よんで下さい。
今日はまさよのお供で箱石さん家にきました。2回目なんだけど、なんかすごくリラックスしちゃってマス。充子さんともいろいろお話できて、すごく楽しい1日でした。充実した1日でした。またくるからね。今度は愛犬のジョンをつれて。またみなさんとお会いできること楽しみにしています。

やなき　ひろこ

1995.4.8

こんにちは。今日は何を書こうかなぁ。あっ、箱石さんビラ配りを10日の宇大の入学式でするそうで。私も手伝うつもりです。ビラを目にとめて、来てくれる1年生がたくさんいるといいね。1年生なら少なくても4年は保証できる!?
最近頭が錯乱状態の大久保夕子

1995.4.9

こんにちは。はじめまして、飯塚さんの

知り合いの佐藤といいます。

今日は、箱石さんと芳賀の桜まつりに行きました。桜がとてもきれいでした。その後にカラオケに行きました。箱石さんと2時間も歌いました。宇都宮に住んでいる訳ではないので、ちょくちょくはこれませんが、またこようと思います。

こんにちは。上記の佐藤さんの知り合いの飯塚です。箱石さんの「みだれ髪」最高でした。また行きましょうね。カラオケ。

平成5教心卒。

陽子ちゃんの同期で今公務員のすみえ。

鼻唄まじりで歯磨きしていた充子さん、ポリデントを入れてこっちへむかっています。あーーー、私、ポリデント係だったのだ。ごめんね、みっちゃん。今日、寝不足親子は、夜ふかしせず、早くねます。

by 非国民（じゃないよ）ハイジ

1995.4.13

ただいまー。今、箱石さんと私でお花見から帰ってきました。ものすごくきれいに桜が咲いていました。やっぱり4月は桜ですネ。箱石さんは、明日もお出かけだそうです。あさっても。あさっては、ロバートの家に行くそうです。毎日、忙しい箱石さんです。

一江でした。

はじめまして。以前にも何回か遊びに来てますが、今日初めて書きます。今日改めて痛感したことは、やっぱり「人と話をするって大切だなぁ。」ってことです。今さら言うまでもないことですが、本当に考えさせられました。去年よりも、さらに忙しくなりますが、機会があれば、頻繁に遊びに来たいと思います。よろしくお願いします。

P.S. 自分の視野の狭さと（幼稚的な）依存性がまだまだ残っていることに気付きたいへんうれしいです。少し硬い話になってしまったけれども、感謝の気持ちでいっぱいです。

お久しぶりです。Long time no see! これからとても忙しくたいへんになりますが、心の安らぎを求めてここへ来たいと思います。とにかくいろいろとこの1年間を無駄にしないように精いっぱい生きていきたいです。やっぱりいろいろな人と話をするのって楽しいし、とにかくおもしろいですね。それでは、またSee you next!

by かっちぃこといつもフワフワしてる私

1995.4.15

桜ももう散りはじめちゃいました。花見シーズンもあと少しですね。さてさて。今日は2人でロバート宅をvisitしてきました。very very heartfulな時間をすごして、直物を一つ購入して、箱石さんは神戸資金を託してお別れをしてきました。ホントにいつ行っちゃうかわかんないロバートですが、また会えると信じて…ね。人生をこの年で語るのもヘンだけど、生きてる間に自分の生き方にすごい影響を与えてくれる人が必ずいて、それば今の私にはロバートであり、箱石さんであるのだと痛切に感じている毎日です。

陽子

1995.4.25

みつこさんが今日馬頭から帰ってきました。おかえりなさい。今日は2人で「世の中は物騒だねぇ」と怖がりながら、旬のオウムの方々について話してます。あんまりこわいんで話を変えようということにして、しばしの沈黙ののち、みっちゃんの一言。「このたけのこ今年のなの」。まったく何を言いだすのかと思えば…。あまりの変わった発言に2人して大笑い。怖さもふっとんでしまいました。

純子

1995.4.29

こんにちは、今日もさをりの帰りによっています。今日で箱石さんと会ってから1年になりました。箱石さんとはじめて会った所は無心に織るさをり展ではじめて会ったのです。はやいですネー。これからもよろしくお願いします。箱石さん、みなさん。

一江

1995.4.30

さっき箱石さんがお手洗いに行ってきて、でて来たと思ったら、箱石さんたら「さっき歯のくすりをのんで、いま足がいたくないの」なんていっていた。歯の薬でなぜ、足がいたくないのか不思議だ。

一江

久しぶりに充子さんと酒を飲んでいます。今日の話題は日本語についてです。いや〜、日本語って本当に難しいですね〜。アクセント、イントネーション、話せば話す程、いろいろ気付きました。ま〜そんなこんなで本当においしいお酒でした。

Aoki

1995.5.7

充子さんは佐渡旅行から今日帰ってきました。まあ、やっぱりというか楽しい、はらんばんじょう（漢字がわからない、ゴメンナサイ）の土産話を聞くことができました。たぶん明日以降に箱石邸におとずれる皆様にももれなくプレゼントされることでしょう。お楽しみに。充子いわく、「もれたらゴメンネ」とのこと。その場合、一切の責任は充子本人にありますので、純子がうそをついたわけではありません。あしからず。

純子

Dearest 充子さん、お帰りなさい。かわいいおみやげ、サンキュー。だいじにするからね。

ウェンディ

1995.5.18

きょうは中華丼とぎょうざを作りました。箱石さんにほめられて、なんだかてれてしまいました。

by ゆうしゅう

1995.5.20

今日は翼のさっちゃんとかおりちゃん、そして教育実習中なのにわざわざ来てくれた、こいちゃんと、箱石ママとで楽しいひとときをすごしております。今日はお泊まり♡なのだ。パジャマも持ってきたぞ。

陽子

1995.5.21

日曜日の箱石邸はひっそりと、のんびりと過ぎております。御飯食べてグレープフルーツたべて、ふとみっちゃんを見ると、下半身はパジャマ。彼女の今日の模様がうかがえます。

ハイジ

1995.5.22

今日は初めて箱石さんと食事をしました。すごく楽しかったです。又、時間があれば来たいと思います。

Tu

1995.5.27

昨日は箱Clubごくろうさまでした。私はおくれてきて準備もせずに皆様の手料理をいただいて、楽してうまいもんくって…という感じでした。今回は人数は少なかったけど、たのしく飲んでより時間をすごしたと思ってます。次回はもっとたくさんの人が参加してくれると、うれしいです。

純子

1995.5.29

はじめまして。もう3回目ですが、ノートに書かせてもらうのは初めてです。

私は和田千絵子といいます。宇都宮大学の国際学部の1年生です。新潟から来ました。宇大サークルBESTに入っていて、充子さんとはそこで知り合いました。今日は、あじを食べたのですが、その骨（充子さんのあじの）は私、取ったんです。そしたら後でこっそりと口の奥から骨を取ってる充子さんを見つけて、優しい人だなと強く感じました。「ごめんね」と言うと「気にしないで」と答えてくれました。どうもありがとう。これからもよろしく！　充子さん。午後11時50分。

はじめまして！尾内裕恵といいます。私は今日で充子さんの家に来るのは2回目です。ちこちゃんと一緒に来ました。私も宇大の国際学部の1年生です。どうぞよろしく。

今日は夕ごはんを作ってみんなで食べました。とってもオイシカッタ!!　ごはんも2はいもたべました。今度は充子さんに“煮もの”をリクエストされてしまいました…。作ったことないけどがんばって作るからね。あと、コーヒーもとってもおいしかった。コーヒー、またのませてね。私は山形から来たから秋になったら、いもこ汁作るね。あとご希望があれば花笠おどりもごひろうしましょう。充子さんはとてもおもしろい人。いっつも冗談ばかり言ってます。今日もいろいろ出ました。今度書きとめておこうかな…。また来ますね!!

これからもよろしく!!　午前0時20分。

1995.6.11

みつこさんのアルバムや写真たてに入ってる写真、見せてもらいました、今日。生後21日目の愛くるしいみつこさんや、3才の、男の子に見える（ゴメンネ、みつこさん!!)みつこさんなど…。今またお話してて、
「障害を個性として受け入れ、人間対人間でつき合うのが当たり前だ」（みつこさん）
「口先だけかわいそうって言うより、落としたつえをひろってもらうほうがいいよね」（みつこさん）
「例えば意見が違った時とか、相手が障害者であることを健全者が忘れて殴り合えるくらいになれば、へだたりは消えてるんだよね」（みつこさん）

これはその1部。特に3つ目。まだ少し私の中に遠慮があると思う。はやく、ゆっくりでもいいけど、そんな風になれればいいと思う。

最初はどう接すればいいかわからない部分もあったけど、今はだいぶ自然な感じになれたから、もっと時間をかけて、そんな

風になりたいな。長くなっちゃった。

千絵子

1995.6.13

こんにちは。雷おこしをボリボリ食べながらこれを書いているまさよです。私はいつもあわただしくやってきて、あわただしく帰ってしまうので、たまにはゆっくりとノートを書くのもいいですね。1年生の皆さんのために自己紹介しておこう。私は大塚優代です。ハイジさんの後輩です。真岡市から車で通っています。今夜のメニューは焼肉と水ぎょうざ。特に水ぎょうざのスープがおいしくできて、われながら感激! 最近私ったらおいしい夕食にありついていなかったもので……。今度の箱clubには出席できなさそうなので、新顔の1年生に会えないのが残念です。

1995.6.15

またまた来ました。今日陽子さんと会いました。とても大人っぽいですね。これで箱クラブの方の知り合いは6人になりました。今充子さんは純子さんと一緒に（?）お風呂へ入っています。今日のメニューは煮物とグリーンサラダとおみそ汁でした。私にとっての高度の料理というか、（煮物は）なかなか難しいというか、一目おいている料理だったから、緊張したけれど、（でもほとんど裕恵ちゃんにしてもらった）おいしくできましたよ。充子さんは「まあまあ」と言ってくれました。充子さん、今日は県庁までお疲れさまでした。ウェンディさんとヒロさんもお疲れさまでした。充子さんまた明日、まちがい、もう0時過ぎたので今日会いましょう。

千絵子

こんばんは、ノート書くのは久しぶりのような気がします。最近新顔の人たちと話す機会があって、すごくうれしいです。今日はひろえちゃんとちえこちゃんとみったんと“コーヒーのんで談話”してて、お風呂に入ったのは12時ちょーっと前。また今日もよふかしさんになりそうだわ。お肌のためには午後11時から午前2時の間は寝た方がいいというのに…。最近年のせいか、肌の荒れが気になる純子でした!（甘いもののたべすぎという説もあるが)。それから、箱CLUBは7月1日に決定しました。時間に余裕のある人は1人1品料理。BESTの人たちもこられるらしいので新顔合わせって感じになるかも。楽しみです。みんな来てね（充子)。

純子

1995.6.18

考えてみれば久々のノート。なんだかfresh womenも登場して私も若返った気分です。先日はひろえちゃん、ちえこちゃん、みっちゃん、じゅんちゃんに記念すべき（!?）21回目のBirthdayを祝っていただきました。どうもありがとうございました。“21になって、大人の女を目指すワ”と決意も新たにした次第であります。みっちゃん、さっ、お風呂はいろっ。

by　ハイジ

1年と3ヵ月振りに帰って来ました。私が伊藤です。今、横浜で理容師として働いています。連休を利用して遊びに来た訳です。

また遊びに来るので、その時までに〝鬼ごろし〟を補充しておくように。これは命令です。かわりにおみやげもってくるからね。

1995.6.19

Hai! ウェンディです。このノートに書くのは本当に、本〜当に、久し振りです。今日は充子さんとヒロと3人でmc Donaldで夕飯を食べてきました(大雨の中で)。とってもおいしかったです。帰ってきたら、3人でたくさんおしゃべりして、人生相談、結婚相談までしていただいて、大変勉強になりました。気分的にもとっても楽になりました。充子さん、ありがとうございました。そして、初めて、みっちゃんと乾杯して、1杯を飲みました。〜私も成長して、"大人の女"になったのかなあ〜?!?! 千絵子ちゃん、裕恵ちゃん、ばんちゃん、マキちゃん、充子さんと仲良くなってくれてありがとうね。これからも共に頑張って行こうね。よろしくお願いします。

Good Night ウエンディ

今日は、Mc Donaldに行って、ハンバーガーを買って食べました。充子さんは、Mc Donaldに入るのは初めてで、大変うれしそうでした。ちなみに、充子さんはダブルバーガーとあつあつのアップルパイを、ウェンディはフィッシュオレセットとハンバーガーを、僕はてりやきセットとダブルバーガーを食べました。「あ〜食った〜食った〜」。帰ってからは、チーズケーキとヨーグルト、そして最後にみんな(3人)で1杯!!! ック〜! …あれ、もう12時だ!! 帰ろ。

good night ヒロ

1995.6.22

今日ははじめて一江さんにお会いしました。初めまして。これからよろしくね!! だんだんとみなさんとお知り合いになれてとても嬉しいです。今日はみんなでお好み焼きをワイワイしながら食べましたよ。楽しくておいしくてよかった!

今日、とても感激しました。充子さんが私にプレゼントをくれました。誕生日プレゼント。「ちょっとはやいけど」とニコニコと。本当にどうもありがとうね、充子さん。さをり織りの素敵なポーチ、大事に使います。本当にありがとう。またきますね。

千絵子

はじめまして。初めて、このノートに書かせて頂きます伴多恵子と申します。所属は国際学部の国際社会学科です。1人暮らしをしております。箱石家にお邪魔したのは、3(か4)回目です。…5回目か?(オイ)。ここに来ると、とてもマトモな御飯が食べられるので嬉しいです。また、いろいろなお料理教えて下さい、充子さん。←教わるだけ。作らない。ヘタだから(笑)。←だから上達しない。←そのうち作ります(泣)。今日、充子さんは、ウィスキーを2杯も飲んでハイだった。気が付くと、だんだん体がななめになってる充子さんが少しこわかった(笑)。充子さん、美容の為に早く寝てください(?)。では、またお邪魔します。

by ばん

1995.6.23

こんばんは。今日はみっちゃんのリクエストでグラタンをつくって、おーちゃんと3人でたべました。どうなることかと思ったけどけっこうDeliciousな味で、よかったです。これってもしかして隠れた才能かも。なんてね。でも今日は昨日に負けないぐらい3人ともハイテンションでだいぶ楽しくやってます。ま、あした休みだからいいかな。

純子

1995.6.26

充子さんと食事することは3回目になった。本当に楽しかった。肉じゃがははじめて作った。味の方が心配だったが、充子さんはおいしいと言ったからほっとした。

Tu

1995.6.29

今日はお風呂のあと、みっちゃんと箱CLUBのメニューを決めました。でも当日までないしょ(あさってだから、もう次に書く人は、箱CLUBかもね)。ふときづいたら、もう日にちがなくて、みつこさんと2人でどーしよーってことになったのだ。ほんと毎日がなんて早くすぎてくのかしら…。

純子

1995.6.30

はじめまして、養小の2年の杉村直美といいます。ここに来るのは今日で2度目です。明日の箱CLUBは来られないので今日来てみました。充子さんとはいっぱいしゃべって楽しかったです。コーヒーもごちそうになったし。今日は暑くて蚊がいっぱいいます。梅雨があけたらバーベキューをやろうって話になりました。鬼怒川の河原でみんなで楽しく食べましょう。それではそろそろ帰ります。また今度遊びに来ます

1995.7.3

今日はたまご焼と焼魚と味噌汁を作った。充子さんはおいしいと言ったけれど味噌汁はしょっぱかった。それで、充子さんと純子さんが一緒に作ったゼリーをいただいた。とてもおいしかったよ。

Tu

1995.7.5

みつこさん、コーヒーなどいろいろごちそうさま。今さっき、純子さんが帰ってしまい、今は3人。ダイエットについてお話し中です。夏に向けて少し、だいぶやせたいです。でもなかなか今までやせれなかったことを考えると…うーん。それから"おしゃれ"についても話してます。ではまた来られたら来ます。もう1時です。帰らないと…。

千絵子

1995.7.9

Sundayは私、ハイジです。今日、みっちゃんは無事大役を終え、帰って来ました。スピーチ、大成功だったようで。お疲れ様でした。今、みっちゃんは大変疲れた御様子。ぐったりしてガツガツ夕飯を食べています(何じゃソレ?)。

by ハイジ

1995.7.12

無事箱石さんもスピーチが終わり、大成功だったそうです。よかったネ、充子さん。さっき、かんちゃんが言ってたように、人に会わなければ、今みたくいろいろな人に会わないなーと思った。箱石さんに会ったのもNHKさをり織り展でだけど、箱石さんに「あそびにおいで」と言われたけど、必ず1回は行こうと思ったけど、なかなか1人では行けなかった(私はなにを言いたいのか?自分でもわかんない?)。まー、人の

つき合いはものすごーく大切だなと思うし、さをり織りをやってなければ箱石さんや学生さんたちにも会えなかったかもしれない。

テディベアが好きな一江でした。

1995.7.13

こんにちは。飯塚です。すみえちゃんです。明日は箱石さんとうるわしの恭子ちゃんと一江ちゃんと私の愛する母上様と那須へ出かける予定です。私は夏休みを取っていまいました。たのしみ〜〜〜♡　でも天気あまりよくないのかな。明日は教心の皆に会えます。楽しみ〜♡　その後箱石さんちに泊まります。またまた楽しみ♡　それでもってあさっては、仕事の同期の仲間との飲み会です。うんもぉ〜〜、うれしぃ〜〜♡

1995.7.14

あー、たのしかった。今日行った所は、全部はじめて行ったので、本当にたのしかった。それに、那須オルゴール美術館まで行ってきて、オルゴール美術館には私はものすごーく行きたかった所だったのでうれしく、ものすごくきれいなメロディでかんげきしてしまった。楽しかったネ、箱石さん＆恭子さん＆すみえさん。

一江でした。

1995.7.21

ハイジです。いつも“おねぼうハイジ”と呼ばれる私も、今日は目覚ましの役をしました。午前10時30分にね、充子ママを起こしたのだ。いきなり押しかけてね。みっちゃんたら、“だれー!?”とか叫んで、ねむそーな顔をしてドアを開けてくれました。みんな気がついたら、みっちゃんを起こしてあげよう（＆私も起こして!!)。

1995.7.23

柏木より愛をこめて。いや、今日はあつい日だった。さすがの充子さんも夕方会った時、いつもよりおとなしかったような気がする。とりあえず初めて1人でここで料理をさせてもらって、結構おいしくできたので良かった。

たけし

今日初めてここを訪れた。どんな家かなと思って来てみると、家の中は広い。それにアットホームな雰囲気である。そのうち、また来ようかな〜。とにかく今日は暑かった。

鈴木ともあき

はこいしさんから新潟のみやげ話を聞きました。本当にあちこちおでかけしてるよね。

堀川裕美

1995.7.24

おはようございます。只今時刻は午前8時。今朝も空はよく晴れわたり、暑くなりそうな雰囲気をただよわせています。じ・つ・は、昨日、私はついに、充子とベッドを共にしたのだーー。念願達成!!　ん!?別にみっちゃんと…っていうんじゃないよ。気持ち良さそうな箱石邸のタタミベッドでねてみたかったの。

From　朝帰りハイジ

1995.7.25

7月30日（日）に突然、カラオケに行く

ことにきまったそうです。私もカラオケに行きたいのでよろしくお願いします。去年、私は箱石さん＆みなさんの前ではじめて、歌ったのです（行ったのははじめてじゃないけど）。また箱石さんの歌声を聞けるなんて、たのしみ、たのしみ。
P.S. 今、箱石さんが大好きなcoffeeメーカーにセットして、coffeeができるのを待っている所です。

一江でした。

1995.7.26

今の献立は、インゲンの煮物に、タマネギにかつおぶしとしょう油をかけたのと、豆腐のみそ汁だったのですが、インゲンの筋がうまく取れなくてスジスジインゲンになってしまいました。箱石さんに…筋のとり方をとくと伝授してもらったのでした。

by 上林

こんばんは、まさよです。今日は私のマブダチ(?)ヤナキを連れて遊びに来ました。今、ヤナキが悪戦苦闘しながら充子さんをお風呂に入れているところです。

お久し振りです…3ヵ月ぶりかなぁ…。まさよのマブのヤナキです。今日は久し振りに充子さんに会えて嬉しいです。初めて充子さんをお風呂に入れました。充子さん…、ゴメンナサイ。かなりツライお風呂だったと思います

Love from 梁木嬢♡

1995.7.27

はじめまして。私は“磯かおり”です。社会科の3年生です。今日は、初めて充子さんにお会いしましたが、たくさんお話しができて嬉しかったです。8月の半ばまでは塾講の夏期講習で忙しいので来られるかわかりませんが、その後またおじゃましたいと思います。今日は、りえちゃんの紹介で来ました。どうぞよろしくお願いします。

今日はお風呂の日だったのですが、みっちゃんからお電話をいただいて、瀬在さんの“水ギョーザ”をたべさせてもらいました。おいしかったです。ごちそうさま。こんど私もやってみようかな。只今、充子さんと30日（日）のカラオケ企画について思いをめぐらせています。なんて遊び好きな親子なのかしら…。

純子

1995.7.30

こんばんはー、今日は箱石さん、純子さん、まさよさん、ウェンディさん、カッチーさんと今からカラオケに行って来ます。（楽しんできまーす）。

一江

1995.7.31

こんばんは。私はこのノートに書かせてもらうのは初めてなので自己紹介をさせていただきます。小端真由美と申します。

国際学部国際社会の1年生でございます。ここへは、BESTで話をきいてきました。みなさん、よろしくおねがいします。（本当はもう、2、3回遊びにこさせてもらってるのですが、いつもノートをかくのを忘れてかえってしまっていたのです。スミマセン。）

1995.8.4

今日ネ、セブンイレブンで箱石さんと会ったのよ。車に箱石さんが乗っていて、

車のブザーをいきなりならして、もー、ビックリしたよ――。

一江

1995.8.5

今日は充子mamaとMy Familyとで宮まつりに行ってきました。いやぁ、宮まつりなんてたしか4年ぶり。4年前はといえば愛する彼（!!??）と行ったのよねぇ～、たしか。今日は大勢で車イス部隊ヨロシクとゾロゾロと若い兄チャンと姉チャンをかき分けてオリオン通りを闊歩してきたのでした。

福祉センター横の水の流れる広場らしきところで、宇都宮の姉妹都市オルレアン（仏）。の名物屋台が出ていて、そこでロブスターを食べた充子mamaは「こんなんじゃ足りないっ!!」とのたまっておりました。フランス料理ってたとえ屋台でもお祭でもお皿にちょこっとのってるぐらいなんだろうかねぇーー。でも味はGOODでした。話によると明日も箱石さんはお祭りに行くらしい。また楽しんできて下さい。それから馬頭に帰ったら、お母様にヨロシクね。

陽子

1995.8.6

「陽子ちゃん、めがねがないのよー」のひと言でまた来てしまいました。ティッシュペーパーの引き出しの中にあるぢゃないですか。え？ 私がもしかしてしまったかもしれない…。ま、とりあえず、あってよかったね。うん、うん。

陽子

1995.8.23

今日はとても涼しい1日だったのに、箱石さんは暑いなんて言ってる。ぜいたくだー!! 私なんてこの暑い日々を3度は気温を上げると思われるアパートですごしたんだぞう。おかげで勉強どころか睡眠もままならない状態さっ。はーっ。

せざい

1995.8.25

おはようございます。箱石お母様に電話でおこされました。え、何時におこされたって？ それはナイショネ、充子さん。

一江でした。

1995.8.28

今日は夏が少し消えていくのを感じました。ミツコさんの家へ行く途中、涼しい風が吹いたので少しさびしくなりました。ミツコさんに会ってその事を話したら、ミツコさんも同じ事を感じていたと言ってました。ロマンチスト。

みそ汁は我ながらうまく出来たと思います。サケもいい具合に焼けました。人のためにご飯を作るのは素敵なことです。初めてミツコさんをお風呂に入れました。ミツコさんのハダカを見ることによって私とミツコさんとの親密度がより深くなった気がしました。エロチスト。

新人の吉田澄江

1995.8.29

充子さんに会うのは2回目です。今日は初めて一緒にお食事しました。いろいろとお話しできて良かったです。考えさせられることがたくさんありました。充子さんからはいろいろと教えられることがあります。　9月からのバイトの日程が決まったら、あいている日にまたきます。

磯

1995.9.2

はじめまして。私は今日初めて充子さんの家におじゃまさせていただきました。以前に2回ほどお会いしたことがありましたが、あまりお話しする機会がなく、どんな方かよく知らなかったんですが、今日、いろいろおしゃべりして、とても楽しい方だなって思いました。一緒にごはんたべて、パズルしたり…、なんか、本当にアットホームで、初めてきたおうちなのに何か、とてもくつろいでしまいました。今日はとても楽しかったです。あっ、名前書くの忘れていました。私は阿部久美子といいます。宇大、国際、国際社会の1年生です。どうぞよろしくおねがいします。

くみ子

1995.9.3

1年半ぶりで箱石さんと飲めた。すごくホッとした。やっぱり実家に帰ると安心するね。12月のX'masパーティー予約したのでよろしくね。横浜限定ビール「浜きりん」持って来るから。かっちー、必ず参加してよ!

伊藤

1995.9.4

今日、切り干し大根の煮付けを、充子さんに味見してもらいました。うち（実家)。はおばあさんがとっても甘く味付けする（切り干し大根を）のだが、世間一般ではちょっと違うらしい。とってもお勉強になりました。次は、カボチャの煮物を持ってきます。

by ばん

1995.9.6

今日、初めて夕食作りにきました。家で料理する必要ない（実家だから）から私なんかにやらせるとどうなるかわかんないって言ってたのに、みそ汁作りました。箱石さんはほめてくれたの。ジャンボぎょうざがおいしかったです。

杉村直美

おふろに来た堀川です。今日は箱石さんと言葉についての話をしました。日本語は今乱れてきているそうだけど、本来とても美しい言葉だと思いませんか? あいまいな中にすばらしい表現などたくさんありますよね……。おっと11時20分だ。もう帰らねば! では、さようなら。

1995.9.7

今日のメニューは“おまかせ”だったので勝手につくってみました。充子さんにたいしたもんだと言われました。ふふ、今さら気づいたのね、私の実力に。最近ケガつづきで左手と右足がねんざでほうたいぐるぐるまき状態なのです。こんな私に充子は笑っていたの。ひどいよね。ぐすん。完治まであと2週間。げんきになったら、お風呂当番もやるからね。しばらくごめいわくおかけします。

純子

1995.9.9

初めまして。今日初めて参加させて頂きました。今日のメニューはシチューでした。久美ちゃん、みっちゃん、久美子と世界のトイレ事情、入れ歯の話などをして楽しかった。うー、来週からテスト頑張るぞぉ。お休みなさい。充子さん、

いい夢みてネ♡

朱美でした。

伊藤さん、分かりました。参加いたしましょう。Mitsukoママにも私に人気が落ちないようにがんばりなさいと言われてしまった。9月23日（土）、陽子さんたちに会えるのを楽しみにしています。それでは、みなさん、ごきげんよう。Goodバイ。

かっちー　注）（本名　川井克恵）

1995.9.10

今日、充子さんがここに引っ越しするまでの話をしてもらいました。だいたい約1時間ぐらいかな、また食事時間が遅れてしまった。でもなかなか充子さんを知る上で重要なお話だったので、ますます身近に感じれるようになったかもしれない。

1995.9.12

今日、学校が終わっててくてく道を歩いていたら、偶然、充子さんに遭遇。一緒にお買い物にいってきたまさよです。最初ヨーカドーに行ったんだけど、なんとお休み。仕方なくエーリスまで遠出してきました。まさよも充子さんもお疲れ…。

今日はみっちゃんにおふとんを借りに来ました。なんか久々にあったみっちゃんは、色気を増していた!!　どーしたの!?　娘にだまって色気出しちゃって!!　というのも、みっちゃん、ブラのヒモならぬキャミソールのヒモが右肩から見えていたのだ。そーやって肩出して色気出しても、見てあげるのが、私と純子じゃーーねぇ。ちょっとむくわれない、みっちゃんであった。

ハイジ

1995.9.15

こんばんはー。純子です。今日は友人のおーちゃんの1人前記念日なのでちょっと様子をうかがいにきました。そしたら、よっぱらい＋風呂あがりのみっちゃんに出むかえられてしまいました。けっこう酒飲んだらしい。実は私もちょっとアルコール入りなのですが。

こんばんは、純ちゃんの友人のおーちゃんこと、おおのです。1人立ちしたつもりですが、みつこさんや純ちゃんにやっぱり助けてもらっちゃって、まだまだです。修業します。それではまた。

おおの

1995.9.18

こんにちは、きのう18才になった一江です。きのうは、充子ママとハイジさんに18才のお祝いしてもらいました。ありがとう。すごーくうれしかったです。

一江でした。

1995.9.19

1日あけてハイジです。え!?　どうしておととい来たのに書いてないかって!?　それはね、夕方来て、かずえちゃんのBirthdayをしにアップルへ行って、それから我が家に直行したのです。で、みっちゃんとそのまま朝を……ムフ♡　なーんて、つまりハイジ邸へお泊まりだったのです。うちの風呂に入り、私のパジャマを着、パンツをはき（おNEWよ）ベッドを使い。ALLハイジ様のものだったりした。みっちゃん曰く、“娘の家にとまったのは初めて”らしい。何のおかまいもできませんでしたが、また来てね。その時はくれぐれも部屋を間違わないように…。

by　ハイジ

1995.9.22

堀川です。こんばんは。明日『おてんとうさまがほしい』をみにいくそうで、その時に箱石さんが着ていく服を私が着て、組み合わせがいいかどうかをチェックしました。モデルになった気分です。なかなかステキなブラウスで、きっと明日箱石さんの姿をみた人は、一瞬で恋におちるでしょう。では気をつけて行ってきてくださいね。おやすみなさい。

1995.9.26

今日は充子ママのきのこご飯を食べた。おいしかったよぉー。ん!?　残り!?　あるわけないじゃん。2人で食べちゃったもんねー。

by ハイジ

1995.9.27

こんばんはー。さっき充子さんが「明日のテーブルをさがしに行ってきたのよー」といってたのに、私が聞こえたのは「明日のTVをさがしに行ってきたのよー」と聞こえたのです。え、なぜなぜと思ったのです。私の聞きまちがいだったのです。2人で大笑いしてしまいました。

一江

1995.10.3

こんにちは、一江です。もぉー、10月です（私のBirthdayが終わると、28日の日の箱CLUBはとても楽しかったです。あっというまに来年です）。ところで、私は土日とカゼをひいてしまい、ねつまでだしてしまいました。今日は、充子ママ＆陽子さんのお母さん＆陽子さんが私の家に来てくれました（ようがあってね）。箱石さんはいったん家に帰って、また電動車イスで私と一緒にまた家に来て、いろいろな話をしたのです。楽しかったね、みっちゃん。

一江でした

1995.10.6

今日はごはんとおふろの約束できたのに、じゅん子ちゃん、おふろを代わってくれてありがとう。本当に感謝してるよ。お礼はいつか必ず…。はこいしさんもごめんね。またシャンプーしにくるからね。湯舟につかりながらおはなししようね。さらばっ!

堀川

1995.10.7

こんばんは。今日は､水ギョーザをつくって食べました。もう何から何までみつこさんにいちいち聞いてつくりました。まったく私は世話のやける娘で、みつこさん、ごめんなさいです。でも、みつこさんちに来るたびに少しずつ本当に少しずつですけど、大人になっていけばと思っている今日このごろです。がんばるぞー!　純ちゃんのおやみやげのチョコをいただきました。とてもおいしかったです。純ちゃん、ありがとう、みつこさんありがとうです。

おおの

1995.10.11

こんばんは、まさよです。もうすっかり寒くなって、今日はセーターを着ています。

今、充子さんが「キュウリ食べる?」と言ったのに、私はキュウリでなく栗かと思ってしまいました…。

1995.10.15

すがすがしい晴れの今日、私たちはカラオケに行ってまいりました。3時間もいて、楽しんできました。充子さんもだいぶご満足のようで、なによりです、"みっちゃん、何の歌うたう?"って聞いた時のあのうれしそうな、満面の笑みをたたえた充子の顔、みんなにみせたかったです。ちえこちゃん、まきちゃん、今日は残念だったけど、こんどまた機会があったら行きましょう。充子さんは家に帰ったら、1人でほっとくと、うたってたりして、しばらくは、よいん（漢字がわかんない）にひたっていたようです。

純子

1995.10.16

こんばんは。吉田澄江です。今日はあじを焼き、じゃがイモのみそ汁を作りました。みそ汁は味が濃かったです。ミツコさんに今日1日何をしていたのかを聞いたところ、ヘルパーさんが来て、それから昼寝をしたと言ってました。最後に"それからねぇ、セイリが始まったの…"と言ったので、私は生理かと思い、今日のお風呂はどうなるのかと心配したら、生理じゃなくて、整理だとミツコさんが教えてくれました。やれやれ。今はお酒を飲んでほろ酔い気分です。

1995.10.17

今日ははじめて食事当番になり、クリームシチューを作りました。とてもおいしくできてよかったです。されに3年ぶりにクリームシチューを食べました。箱石さん&私はおなかいっぱいになり、とてもしあわせな気分になったね。しっぱいしたのは、ホウレン草をゆですぎちゃって、ちょっとやわらかくなってしまった、これからは気をつけよう！　箱石さん、また料理を教えて下さい。よろしくお願いします。

一江

1995.10.23

充子さんは明朝3時、紅葉を見に出発するそうで、今日は手ぎわよくしなくちゃいけませんでした。パッパとできない私には少し…。もう9時になっちゃいます。今日は5コマまであって少し疲れ気味。充子さんの子供の頃の話とか聞きました。私が姉弟にかくれてお菓子とか食べてたんだと話したら、充子さんは何でも友達に分けてたって。うー、物欲が強いなと思います。見習わなくてわね。それから好きだった本の話とか…。充子さんはリボンの騎士と鉄腕アトムが好きだったんですって。私も手塚オサムさんのまんが読みました。ちなみに私は人魚姫や幸福の王子が好きでした。では、また。おやすみなさい。充子さん♡

和田千絵子

1995.10.25

まさよです。今日は充子さんのデートのおみやげの喜多方ラーメンを食べました。来週の水曜日も充子さんったらドライブに行くみたいだから、また話を聞かなきゃね。そうそう、今日のお風呂で、ナメクジ発見！充子さんは「キャー!!」と悲鳴を上げ、私はといえば、平然と広告紙をとりに行って、ナメクジを取りました。充子さんは虫が大嫌いなのだそうだ。馬頭育ちなのに…。変だなぁ。

1995.10.29

今日は、火曜日にあるハロウィーンのコスチュームコンテストの衣装をみんなで考えました。私は初め忍者をやろうと思ってたんだけど、衣装がそろわなそうなので、やめて別のにしました。ちこちゃんと私は、充子さんの山ほどの洋服の中からピッタリなのを借りることができました。充子さんの仮装も決まって、バッチリです。何をやるかはヒミツ！ 後でハロウィーンが終わったら言います。仮装を決めると、懲りたくなっていろいろ小道具が欲しいなと思っているところです。どんな仮装が見られるか楽しみだなぁ。それじゃあ、また。おやすみなさい。

尾内裕恵

1995.10.30

明日はHalloween partyなのでとても楽しみです。みつこさんは何と○○○に変そうするそうです。本当に楽しみですね。

おばた

1995.10.31

Halloween party、とても楽しかった!! 終わって淋しい気がします。私はインディアンになって行きました。充子さん、裕恵ちゃん、衣裳どうもありがとう。とても助かりました。インディアンの格好に慣れて気に入ってしまい、ぬぐのが惜しく感じました。充子さんの“手塚オサム”さんもとてもよかったんですよ！ キマっていました。ベレー帽。ベスト。パイプ。等々…。みんなこっていて、それぞれ似合っていて、すごくおもしろかった。

千絵子

楽しかったなぁ。はやり仮装はおもしろいな。私はルパン三世をやりました。はじめは、忍者にしたかったのだけど、衣装がそろわなそうだったからルパンにしました。充子さんにすごくピッタリの赤のブレザーと青のシャツを借りて、とてもうまくいきました（と自分では思っている）。みんなそれぞれに個性的ですごくおもしろかった。またやってみたいよ。

尾内裕恵

1995.11.4

今日は、はじめて煮物をつくりました。イカもいじりました。ちょっと感動です。でき具合は(?)というと…、ちょっとしょっぱいです。ちょっと(?)かなり(?)でも、みつこさんは許してくれました。ありがとう、みつこさん。今度は、カレイの煮るのにチャレンジします。楽しみ＆不安だけど、がんばるぞ！

おおの

1995.11.5

箱石さんは「胃がやけて意地がやけたっ」といっています。←だじゃれがいえるなら元気。夕食もたべられなかったそうなので、私の作ったおかゆで元気だしてね。愛のスパイスがはいっているよ!! では、おやすみなさい。

堀川

1995.11.11

今日は、馬頭に里帰りしていた充子さんを、ウェンディさん、ヒロさん、裕恵ちゃんと迎えに行きました。充子さんのお母さん、おばさんと初めて会うことができました。とても嬉しかった。とても気さくなお母さんと、とても優しいおばさん。充子さんはやっぱり少しお母さんと似ているね。いろいろな物をごちそうになりました。親切にしてもらいました! どうもありがとうございました。みなさーん、楽しかった。

和田千絵子

今日はとてもたくさんのことがあって、有意義な1日でした。今日のでき事は、ちこちゃんが書いてくれたので省略します。でも、いつも充子さんは宇都宮でしか会っていないから、違う風景の中（しかも充子さんの生まれた所）で見るのは、不思議な、新鮮なかんじでした。それで、横には充子さんのお母さんとおばさん。会えてとてもうれしかったです。充子さんはお母さんに“みっちゃん”って呼ばれてるんだね。なんか、“充っちゃん、充っちゃん”て呼ばれてる充子さんがとてもかわいかったです。とてもステキなお母さんとおばさんでした。またいつか会えたらと思います。

尾内裕恵

1995.11.12

こんばんは。たいへん久しぶりにここへ遊びにきましたら、気がつくと、もう11月。早いですね。でも箱石さんは元気そうなので安心しました。今、ワールドカップ、バレーボール日本VSクロアチアを箱石さんといっしょに観戦しています。日本がんばれ!!

かっちー

1995.11.15

約1ヵ月余りのブランクを乗りこえ、母との1日ももうすぐ終わり。いやー、我家はいいね。ねる前だというのに、みっちゃっは今日も御機嫌!! 若い男の子に会ったからかしら…。“白い恋人”を食べながらコレ書いてる私に、ニコニコしながらいろんな話をしてくれています。久し振りに母との団らんを楽しんでいるハイジです。でもね、でもね、みっちゃんたら、こんな時間（午後11時30分）に、チョコだのお菓子だの出さないでくれる? 太っちゃうでしょ。かずえちゃん‘s Mother作の豚汁（おいしかったよ。thank you!!）でおなかいっぱいだったにもかかわらず、食っちゃいました。あー、実習でやせたBodyがまたたく間に…。ま、あまり考えないようにしませう。なぜか今日はねむい。そろそろおいとまします。

From Power Up ハイジ

1995.11.16

こんばんは。今日は何から何まで失敗したので、おちこんでいます。でもやさしいみっちゃんは、「失敗は成功のもと」とかいろいろはげましてくれました。ありがとうです。次回はがんばるぞ。

おーの

1995.11.19

こんにちは。1ヵ月以上ごぶさたしておりました、伴です。今日はけんちん汁を作らせていただきました（ゴハン炊くの遅れてごめんよぉ)。その前には、純子さんが来てくれて、なんとか焼きというのをごちそうになりました。みつこさんと純子さんのおハナシを聞いて、また1つ大人になってしまいました(笑)。それじゃ、また。

by 伴

1995.11.21

今日の夕食はけんちん汁とお好み焼き。けっこう大量で二人ともおなかいっぱい。しかし、みつこの魔の手が…。チョコレート、栗もなか、みかんetc、さいごには“パンたべる?”って。ちょっとまって、今は11時すぎ、おなかは満ぷくなのにその発言はたぶん明日の朝はでぶっちょになってしまっているでしょう。

じゅんこ

1995.11.27

こんばんは。今日は何もしないうちにこれを書いています。なぜかというと、充子さんは今でんわ中でキャピキャピしているからです。今日の夕飯は何だろな。今日は作らないといけないみたいだし…(ずっと人の作ったものを温めて食べるのが続いたからかなんかなまけ者になっています)。

裕恵

1995.11.28

今日はじめてみつこさんオリジナルのヨーグルト&りんごのデザートをいただきました。おいしかったです。

おおの

1995.11.30

こんばんは。久しぶりに来ました。私も今、“リンゴとヨーグルトの充子オリジナルドリンク”なるものを飲んで(?)食べています。でもこれのホントの名前は本人いわく“ヨーグルトアップル”なのだそうだ。意外とシンプルだったな。

陽子

1995.12.2

今充子さんとヨーグルト食べてます。おいしい。食べすぎだーウァー。夕食を作ったり、お風呂に入ったりするのは、久し振りです。←私が入るのではないです。変な表現。充子さんに「何だかんだ言いながら来ないんだから」と言われてしまいました。ごめんなさい。バイト入れたからこれからはもっとなかなか来られなくなりそう。でも来るね。来られる時に。よろしく、充子さん。

千絵子

1995.12.8

寒いですね。ただ今午後9時40分。若い男性とのDATEを楽しんで来て、にこにこ顔の充子は、一生懸命おじやをほおばっております。なんでこんなに遅いかっていうと、おしいれ整理をしていたから。“今日は、鍋にご飯を入れるだけヨ”とハイジシェフに簡単なメニューをつけてきたおかげで、夕飯がおそくなったと充子さんはなげいていることでしょう。しかし、今日、誰よりも嘆いているのは『たけしさん』にちがいない。しょうがなくおばさんに付き合ってたんでしょ。喫茶店にも連れこまれたんだって!? 大変だったね。そんなたけしさんをよそに、『今日DATEだったのぉ、ふふふ…』って顔がほころびっぱなしの充子さん。おばsanの唯一の楽しかったことなのね…。分かってあげてね、たけしさん。

by ハイジ

1995.12.11

今充子さんは電話中、なんか男の人みたいだぞ…フフフ…（伴ちゃんの笑い方）今日はいろいろ充子さんのアドバイスを聞き、ためになりました。ありがとうね、充子さん。

裕恵

1995.12.16

今日は充子さんとWendyとヒロさんと4人で宇大マンドリンクラブの定期演奏会に行ってきました。マンドリン演奏は初めてだったけど、とても音色が素敵で気に入りました。おおちゃんありがとう。とっても良かったよ。

小泉

1995.12.18

1995.12.24

陽子ちゃんは全然来てくれないんだからっ!! と箱石さんに泣きつかれて仕方なく（!?）よりによってクリスマス・イヴに来ています。まぁ、たまには女同士のX'masってのもいいでしょ。とはいっても、いつもと変わらずもそもそと夕飯を食ベーの、お風呂に入りーのなんでしょ。お風呂はこれからだけど。箱石さん、これだけは分かって。私は遊びほうけているわけではないのよっっ!!! いちおう社会人なんですから、私も。でも、今日は予定がなかったので（グスン）、ちょうどよかった。あっ、今箱石さんったら、「トラストガンプ」って言ったぞ。それを言うなら「フォレスト・ガンプ」でしょ、みっちゃん。ベストの皆さん、ビデオ鑑賞楽しんで下さい。それではみなさん、楽しいクリスマスを。

Merry Christmas and Happy New Year!

陽子

1996.1.15

はじめまして、菅野誠治（かんのせいじ）といいます。今日は、箱石さんにすすめられてうまい日本酒をのみました。箱石さんはお酒をすすめるのがとても上手だね。でも最後の方は手じゃくですすめられなくてものんでいたので、すすめられてというのはいいわけかもしれない…。きっとそうだ。みんな、よろしく。会えるのを楽しみにしてるよ。

今日は簡単なメニューのはずが、しょうがと切り干し大根を間違えたばかりにとても時間がかかってしまいました。メニュー：湯豆腐、しょうが焼き、ココット、はくさいとネギのおみそ汁。充子さんが言うには、“時間がかかり過ぎた”とのこと。もう失敗しませんから許してください。でも今日も楽しくすごせました。それから遅ればせながら、“明けましておめでとうございまーす。今年もいい年にしていきましょう”。

小泉

1996.1.20

只今午前2時15分。充子ママは教心

OB・OG一行と今日ものめやうたえの大さわぎで眠りにつくのでありました。たのしかったね。またのもう！

陽子

1996.1.21

今日は充子さんちのトイレがトラブってしまい、ピンチヒッターとしてやって来ました。最近胃を悪くしてしまい、しばらくコーヒー自粛ムードだったので久々に飲んだコーヒー（しかもコーヒーメーカーだ!!）はそれはもうおいしかったです。…ふふふ。今日は充子さんと名前について語りに入っておりました。やっぱり名前って重要なのね…。マ行の名前ってうらやましー。

伴多恵子

1週間ぶりの私は、伴ちゃんじゃないけどすでに手に傷を負っているのである。なんと、モチを焼いていて、トースターでやけどしちゃったんです。大好きな皿洗いも手ぶくろ付でやったので思うようにできず、風呂は風呂で、みっちゃんの肌をゴム手ぶくろの冷たさで包まざるをえず…ごめんね、みっちゃん。みんなも気を付けてねん。

by ハイジ

1996.1.22

今日は充子さんがカシミヤのジャケットを買ったと大喜び。とてもすてきなジャケットでした。これでやっと大人の女性になれるね、充子さん。

小泉

実に1ヵ月振りに充子さんと会いました。そして3人で話しこんでいる内にもう午前3時です。ハー、明日も一コマからあるんだった…。裕恵ちゃんのアメリカ土産（充子さんへの）クッキー（ビスケットかな）や、干しいもやみかん、ごちそうさま。今、裕恵ちゃんと充子さんはお風呂です。そろそろあがりそうです。今夜も楽しい夜を過ごせてよかった。どうもありがとう。

千絵子

1996.1.25

こんにちは、今年はじめて充子さんちにやってきたまさよです。みなさん、遅ればせながらあけましておめでとうございます。今年私は成人式だったので、充子さんにお祝いをもらってしまいました。ありがとう、充子さん。

今日はじゅんちゃんと一緒に早めに「充子さんおめでとう」をやりました。そりゃあもう、おなかまんぷくでポッコリひょうたん島＆おなかがポカホンタスです。じゅんちゃんのおいし〜〜い手作り料理は最高でしたよ。みなさんにも食べさせてあげたかったです。充子さんもごきげんですごくうれしかったです。よかった、よかった。じゅんちゃん、ありがとうでした。充子さん、ちょっと早めですけれど、本当におめでとうございます。

大野

1996.1.27

1日早かったけど、お誕生日おめでとう、充子さん!!　みんなで買ったプレゼント気に入ってもらえてよかった。明日、教会へ着て行ってくれるそうで（セーターなんです）、すごくうれしいです。あと、はち植えのサイネリアという花なんだけど、水のやり方とかよく分からなくて、知っている人はどうか箱石家まで御報告よろしくお願いします。

裕恵

1996.1.28

箱石さん、お誕生日おめでとう！ 私からのプレゼントはクマちゃんです。狼のボウシをかぶっています。新作です。

一江

1996.1.30

今日は中川さんが石狩鍋を作っていってくれたので、私は何も作りませんでした。しかもラッキーなことに一江ちゃんのお母さんがあんずのお酒を持ってきてくれたので、おいしい鍋をつつきながら、充子さんと一杯やりました。やっぱり寒い夜は鍋が最高ですね。

私も充子さんの誕生日のお祝いに花を買ってきたのですが、充子さんは花に囲まれて「花園みたい」と言ってました。今日も私は充子さんのところで食べ放題に食べて帰ります。ごちそうさまでした、充子さん。

まさよ

1996.2.1

今日はまたしても鍋をごちそうになりました。しゅんぎく、白菜、しいたけ、とうふ、ねぎ、にら、たらと栄養たっぷり！ しかも杏の酒まで！ 半分以上あったのにもう無い…。しかし飲んだ2人は酔った様子もない。それじゃ充子さん、2次会行きますか?! うぷぷぷ…

柏

1996.2.2

今日のメニューはまーぼう豆腐＆はくさいにたまごをおとしたやつ、まーぼう豆腐の中味は、にらとハムとしいたけでした。箱石さんも今、食べ終わりました。おいしかった～と言ってくれました。よかった、一安心。箱石さんにはいろいろな料理を教えてもらいました。また、作りに来るから、また教えて下さいね、箱石さん。

一江でした。

充子さんに初めてあった今日、とてもうれしかった。新しい友達ができました。充子さんといっしょに留学の経験などたくさん話した。いろいろとたくさん食べました。また来ますからね。

シャニー

1996.2.6

こんばんは。今日も鍋を食べているまさよです。今日のは充子さんいわく「ガラクタ鍋」だそうです。残りものやら何やらをたくさん煮こんだ鍋だからです。とってもおいしかったです。

1996.2.11

前回（いつだろう…）に続き、またまた“久々”登場のハイジです。Telなんかではみっちゃん‘s voice をよく聞いていたんだけど、来て第一声に“お久し振り”と言われた時にはやっぱり“あー久し振りだ”と思ってしまった。最近（＆これから）忙しい日々です。みんな同じだろうけど。頑張ろうね。

by ハイジ

1996.2.14

今日、玄関にかざってある花をほめて「キレイに咲いてるね」と言ったら箱石さんは「私がキレイだからよ」とすかさず言ってくれました…。

by かん

1996.2.19

お久しぶりです。今日はテストがおわったのでうれしいです。みつこさん、pure(?)をみていたとは…。ということでこれから一緒に見る予定です。ただいま、充子姫はお電話中…。いつものように長いです。それから、ドラマを2つも見て、今、フルコースのおふろまで終わったらもう12時すぎてる…。また今日も長居してしまった。

Mayumi

1996.2.23

こんばんは。みつこさん、遅れてごめんなさい。今日はいろいろと充子さんにアドバイスをもらいました。充子さんは本当に思ったことを口に出してくれて、お世辞やもちあげることなどを言わない気がします。そういう所も大好きです。私が直した方がよいと思われることを率直にアドバイスしてもらいました。どうもありがとう。本当に。9時半過ぎに来ました。今はもう2時半を回っています。充子さんは今さっきベッドに入ったところ。いろいろお話をしていたらついついこんな時間に。今日は私泊まらせてもらいます。エへ。　そうそう、私、今春引っ越しするんです。今日はそれについても相談にのってもらいました。どうもありがと。楽しみだなー。大変だなー。

和田千絵子

1996.2.26

久しぶりに箱石さん家に来ました。“めったに来ないんだから、ノートに来た印として書いていきなさい”と言われたので書いています。やっぱり箱石さん家は心が落ち着きますね。コーヒーを2人で飲みながら、そう思いました。

宇大 養護4年の大久保 夕子でした。

1996.2.29

充子さんちをとおして、とてもたくさんの人と知りあえて、すごくうれしいです。最近“出合い”の大切さを痛感しているのでなおさらです。

純子

1996.3.4

今日は食事作りを一瞬手伝って、充子さんの1日遅れのひなまつりを祝いました。料理はいろいろ失敗したけど、おいしかったのでokということにしましょう。

菅野

1996.3.9

今日はお風呂ということで来ました。9時ちょっと前には、充子さんから催促のTELがあり、9時30分にはきたのに、そしてその時お風呂はわいていたのに。なぜかしら、充子はいまお風呂に入ったところ、時計は12時15分。充子さんも私も明日は早起きなのに、ついついいよかんとケーキに誘われて…。私たちって相変わらずよねって話してます。

純子

1996.3.10

こんにちは、充子さんちにおとまりをした片柳です。半年に1度くらいしか遊びに来れないけれど、いろんな話をしちゃいました。いつか箱クラブに出てみたいなーと思っています。みんなに会うのが楽しみです。それではまた…。

<u>1996.3.14</u>

今日、ヨーグルトを食べているとき、箱石さんに“コンデンスミルクを入れて食べるとおいしいよ”と言われたので、かけてみたら、超おいしかったー。ヨーグルトに入れた果物がいよかんだったので、合わないのでは、と思ったけど、ヨーグルトにこくがでて、おいしかった（前は、いちごでやったそうで…）。これからくせになりそう…。

夕子

<u>1996.3.16</u>

初めて書きます。上村康子と申します。皆さん、よろしく!!　今日は、とっても暖かい日でした。ね、充子さん（と言っても、充子さんは今日、外に出ていないそうです）←もったいない。充子さん、とっても楽しかったです。ありがとうございます。3月のスケジュール、全部うまって良かったですね。これからも遊びに来ます

康子

1996.3.22

記念すべき4冊目のノートのトップに当たりました、早川美奈子です。ぬあんと初めてこのノートに書きますので、ちょっと緊張してますぅ。クス。充子さんと今日は、東武デパートに買い物に行ってきました。恭子さんの結婚パーティーに着ていく黄色のカーディガンを買ってきたのです。『ナイガイ』のレース編みのすてきなカーディガンを充子さんは試着して、赤にしようか黄色にしようか迷った末、春だから明るい色にしようということになって、黄色に決めました。いくらしたと思う？ 充子さん、言ってもいいですか？ どっちでもいいって言うから、書いちゃおう。2万3千円だよ。2万3千円!! あたしゃ、1枚2万3千円もするカーディガンは持ってないよぉ。充子さんておしゃれだから好き。見習わなくちゃ。おしゃれ心をなくしたら、女ももう終わりだものね。

今日は、ロフトに行ったり、ZOOで買い物したり、ショッピングの1日でした。とっても楽しかったぞぉ。充子さんといると1日があっという間に終わってしまいます。また遊びに来ますね。次はどこでランチを食べようかな。午後6時50分。

早川美奈子

1996.3.25

きょうは、私の修了式でした。修了式が終わってから、お父さん、お母さん、妹とリーさん、5人で充子さんに会いにいきました。泣き虫の充子さんの姿が見られました（台湾へ帰るまえに見られてよかった)。しかし、考えてみれば、7年間日本に来て、いろいろあったけど、みんながあたたかく見まもってくれたおかげで、つらいことがあったとしても、全部私のいい思い出になってるわ。本当に、充子さんの所に来てよかった。いろいろありがとうございました。また、日本に来たら、遊びに来るので、よろしくお願いします。じゃ、皆元気でね。

by 侑秀

1996.3.26

今、充子さんはめぐみさんとお風呂。3週間ぶりの対面は、裸の充子さんでした。ごめんね、充子さん。2人共出てきたら、おみやげ話を聞いてもらおう！ お、出てきた。

今、9時10分。充子さんはトイレです。久し振りの和食（魚、みそ汁、野菜いため、つけもの）を食べ、緑茶を飲み、満足満足!! おいしかった！ 柏木さんに全て作っていただきました。ごちそうさま、すみません。今日ははやめに帰ろうかなと思います。いつも日が変わってから帰るから。

ちえこ

1996.3.27

今日は久々にみつこさんとビールを飲めて、ウッキーです。やっぱりビールですね。うん。幸せです。♪結局飲んでる黒ラベル!! おやすみなさい。

大野

1996.3.30

午後3時30分、充子邸到着。あっというまの温泉の旅でしたが、おいしい物食べて、裸の付き合いもして、楽しかったね。湯西川温泉はいつ行ってもいいね。昨日は箱石充子、露天風呂に入るの巻で、私と飯塚すみれちゃんと3人で入ってたら、あとからキレイな女の子（女性と言った方が適当かな）が入ってきて、よくよく話をきいてみたら、宇大の英語科の子でした。今は湯西川中学校で先生をしているそうで、寮にお風呂がないから顔パスで毎日温泉に入りに来てるんだそうだ。なんてウラヤマシイ!! てなわけで、今日は疲れもとれてニコニコの私たち。また明日からパワー全開でがんばれそうです。

陽子

2週間ぶりに宇都宮に来ました。充子さん、こんにちは！ 今日は、充子さんは温泉に行ってきたそうでウキウキしてます。で、私の友人でもある飯塚純ちゃんと一緒だったそうで、思わず二人で純ちゃん宅に電話してしまいました。純ちゃんはとってもびっくりしていて、「何で充子さんの家にいるの?」としきりに聞いていました。明日も当番は私なので、純ちゃんがここに来るそうです。楽しみだね、充子さん。

康子

1996.4.4

最近の私、忙しいんだか暇なんだかよく分からない生活をしております。やることは山ほどあるのに、できないもどかしさ。逃避行動に走ってる感じもなきしにもあらず。たまの心の洗濯に、みっちゃんと戯れているハイジです。あ―――、頑張ろう。気合い入れるぞ!! そんじゃ。

P.S. この前、充子さんとすみえちゃんが遊びに来てくれました。みなさんも是非遊びに来てね。

by ハイジ

1996.4.15

みなさんお久しぶりです。でも初めましての人が多いかも。大塚優代（まさよ）です。私も気付けばもう3年生。しかも昨日がBirthdayで21歳になってしまいました。昨日は充子さんから「Happy Birthday」のtelをいただいて感激!! やっぱり自分の誕生日を覚えていてくれるのって、うれしいですよね。

1996.4.16

はじめまして羽石あけみです。今日は、みっちゃんと重大な決心をしました。私達の友達のシャニーの国はスリランカ。みっちゃんと私はがんばってお金をためていつか一緒にスリランカへ行くぞーーっ!! さてさて何年後に実現するでしょうか? みっちゃんは自分で「私はお金をためるのが上手よ」と豪語していました。これは期待できそう。みなさん、もしももしもみっちゃんがむだづかいしているのを発見したら、こっそり教えてねー（いじめちゃうもん）。では、また…。

1996.4.21

今、私は充子さんとアンパンを食べています。今日は教会で井頭公園へ行きました。すごくいい天気になり、気持ちよかったな。桜も綺麗でした。充子さんは「バラはまだ芽もでていなかった。バラ園ということで行ってきたのに」とぐちっています。ゴメン、充子さん。「いい天気だったね」と言ったら、「でも寒かった」と再び言ってます。充子さんは少し疲れたみたい。おつかれ!!

千絵子

1996.4.22

今、充子さんはお風呂で歯みがき中。今日は充子さんと2人で「黒豆ゼリー」というものを食べました。2人の感想は、「おいしいんだかおいしくないんだかわかんないねー」です。見た目は黒くて水ようかんみたい。食べてみるとツルンとしてて、確かにゼリー。なのだが、中に黒豆の本体が入ってるんですねー。それがマズイ。甘くも何ともない豆が入っていてもおいしいわけないじゃないか。

まさよ

1996.4.24

こんばんは。羽石あけみです。今日は私にとって、はじめてみっちゃんとおでかけした日になりました。すごーく楽しかったです。外で見るみっちゃんの笑顔もまたステキよーっ、ふふふっ(みっちゃん、ほんのり春メイクしていました!!)。

1996.4.26

今日はみつこさんが私たち(まきchan、ひろえchan、まゆみchan)のためにお誕生会を開いてくれました。みんなでお好み焼きを作ってたべました。すごくおいしくできました。ケーキまで食べちゃってたまた太ってしまいそう……。でも20歳をみつこさんにお祝いしてもらってすごくうれしかったです。20歳(ハタチ)の実感はまだないけど……。みつこさん今日は、本当にありがとうございました。

まゆみ

また来ました。今日は充子さんに誕生日のお祝いをしてもらいました。すごくうれしかったです。ありがとう、充子さん。これからもどうぞよろしく!!

ひろえ

お久しぶりです。万輝です。今日は20歳になって充子さんの家に来た最初の日です。こんなに祝ってもらえたのは本当に久しぶりです。おまけに充子さんにプレゼントまでもらってしまいました。充子さん、本当に本当にありがとうございました。とっっってもうれしかった。ではでは。以上万輝でした。また来まーす!

1996.5.5

今日は伴子さんにひっついて、みつ子さん宅へおじゃましました。最近落ち込みぎみですが、早く元気になりたいノブコさんです。みつ子さんの家に来てちょっと心が安まった気分……。

1996.5.14

今日はミツ子さんとワインを飲みました。ここ1週間の疲れとアルコールが体の中でグルグルしています。明日は水曜日です。シャニーさん、ミツ子さんをよろしく!

吉田澄江

1996.5.16

今、久美、充子さんとデザート。おいしいな。今日ははやめに帰ろうと思ってます。楽しんでまーす。4年生が来れなくなって少しさみしそうな充子さん。でも新しい人もきっと来ますよね。

千絵子

1996.5.17

久しぶりに顔を出しに来ました。来ないと忘れられちゃうから。全然お手伝いできなくてごめんね。でもどんどんここに来てくれる人が増えて、どんどん私がまだお会いしたことのない人に会えるチャンスができてうれしいです。箱石さんも相変わらずがんばっているんだね。勇気づけられます。

陽子

1996.5.19

今、久美ちゃんと充子さんが台所で楽しくお話ししてます。私は、茶の間。あ、2人がこちらへ来ました。みつこさんは今日も元気。では

眠いちえこより。

今日はひさしぶりにごはんとお風呂のセットで来ました。今日は早く帰ろうと思っています。11時を過ぎてしまいました…!! 帰ります!! 今、充子さんに「早く帰って」と言われてしまいました。ちょっとガーン…。ウソ。ではまた来ます、おやすみなさい。

裕恵

1996.5.26

今日はいちご狩りに行ってきたぞ。箱石さんはいちご畑のすき間にブルーシートを敷いて、生まれて初めてのいちご摘みを体験しました。50うん年め!?にして、初めてのいちご狩りなんてなんだか感慨深いものがあるなぁ。

陽子

1996.5.27

こんばんは。今日は学校でナンパしている箱石さんに会いました。なかなか難しいですね。いい人がつかまるといいね。今日は2人、陸上部の人が来てくれたそうです。次回も成功しますように。おやすみなさい。

堀川

1996.5.29

今日は、充子さんと病院へ行って、足の痛み止めをもらってきました。いつもにこにこ元気そうな充子さんですが、痛む足を「いい子ね、いい子、いい子」となでながら夜を過ごしているのだなぁと思います。つらいこと、苦しいこと、いやなことをたまには愚痴ってくださいね。何もお役に立てない私ですが、話しを聞くことくらいはできるかもしれません。私も充子さんと一緒にいる時間を大切にしていきます。

充子さんのお茶飲み友達　早川美奈子

久し振りに書こうと思った。みっちゃん、私はこの前来た時に、私のことを全部聞いてくれて本当にありがたく思う。みっちゃんの元気な素敵な笑顔が私にたくさんの力を与えてくれた。今日こんな元気があってまた私に前向きに考えられる力をくれてありがとう。今日になってまた、みっちゃんに会って、本当にそう思った。スリランカに行く時に持っていける大きな夢が今の私にあります。それはスリランカでみっちゃんと過ごせることだよ。

いつか私は日本のことを思い出すと、自分が一番辛かった時にその辛さを乗り越えられるように私にたくさんのたくさんの力を与えてくれたみっちゃんの笑顔を一番に思い出すに違いない。本当にありがとうー。

いつか日本を離れていっても私の心の中にみっちゃんがいつもいるよ。それは本当、みっちゃんのお陰です。

♫ 箱CLUBテーマソング♪
Sing every one sing
Sing every one sing
All of the troubles will vanish like bubles
Sing every one sing

みんなで歌おう
みんなで歌おう
すべての悩みは泡と消える
みんなで歌おう

作詞：みっちゃん　and Shani and　あけみ

こんばんは。あけみです。今日はみっちゃんとShaniと3人で楽しい夕食でした。明日は箱CLUBが開催されるそうですね。せっかく誘ってもらったのに来られない…ごめんなさい。次回こそきっと…よろしくお願いします（でも3人でテーマソングを作ってしまいました♪）。時折、遠い将来のことを考えてとても不安な気分になってしまったりします。でも、今日、今のこの時をどう過ごすかが一番大切かなって思い直し、元気にやっていこうと思います。それに不安になった時は、ここに来てみっちゃんにやさしーくなぐさめてもらっちゃおう!!

1996.5.31

こんばんは、堀川です。はこいしさんちは今危機状態にあります。みんなで協力して新しい人材をみつけましょう。たのんだよ。今日は久々にシャンプーしました。きもちよかったね。では、さようなら。

1996.6.1

私は吉田澄江です。昨日、学校でミツ子さんに会って今日来ることになって、今ここにいます。いろいろな人に呼びかけているミツ子さんはすごくたくましくて強いです。“ドピューーッ!”と愛車で人ごみの中につっこんで行きます。私は冗談抜きでミツ子さんはすごいと思ってなんだかとっても感動して、私はまだまだ子供だと思いました。多くの人がミツ子さんと運命的な出会いができる事を願います。オープン　ユア　ハート。とても難しい事です。

1996.6.2

みつこさんは歯がすごく痛いらしくて、痛々しいです。つらそうです。一緒に歯医者へ行ってくれる、車を持っている人を探し中です。どうもありがとう。

ちえこ

1996.6.3

充子さんが歯がいたくて、パンも食べられないみたいです。明日お医者へ行くそうですが、完治するのには1週間位かかるとか…。早く治るといいです。

ひろえ

1996.6.5

今日は充子さんに貴重なお話をたくさんしていただきました。たくさん励まされて自分を変えてゆく勇気が与えられました。本当にありがとうございます。

村田

1996.6.6

箱石さんも歯医者に行って来たみたいです。神経をぬいて来たみたいです。ものすごーくいたかったそうです。

一江でした。

1996.6.15

こんにちは。久しぶりに書きます康子です。今日はスペシャルゲスト“充子ママ”が馬頭からいらっしゃいました。村越君と四人で楽しくお話をして、今村越君が帰ったところです。“充子ママ”はとってもお若く、充子さんと姉妹みたいです。ぜんまいとふきの煮物、とってもおいしかったです。ごちそうさまでした。今晩は3人、「川」の字で寝ます。私と充子さんのイビキに挟まれて、ママかわいそう…。おやすみなさい。

康子

1996.6.19

こんばんは、はじめまして。宇大工学部建築科4年の宮原久美子と申します。シャンティーニさんの後輩になります。これからお世話になりますが、よろしくお願いします。はじめて充子さんの所でつくった夕食は冷やし中華でした。「いいところをみせなきゃ」なんてついついあせってしまいました。すぐにボロがでてしまいました。それでもおいしいと言って食べてくれたのでうれしかったです。

1996.6.20

充子さんは今、お肌のお手入れ。今充子さんの白髪を一本取らせていただきました。上手く根本から取れてヨーカッタ!! 充子さんの夏休みの予定は九州←と書いたが今充子さんからstop!! まだ確かでないそうです。充子さん、今日もありがとう。裕恵ちゃんもありがとう。おやすみなさい。

ちえこ

こんばんは。裕恵です。今日は暑かったですね。体育でテニスをやっているので、やけてもう今日は顔がほてってぼうぼうしています。充子さんが自家製ヘチマ化粧水をくれました。ありがとう。少しおさまった感じがします。

裕恵

1996.7.2

こんばんわ。初めまして!! 今日、みつこさんちに 初めておうかがいした小林睦美 塚田陽子です。 国語科です。

1996.7.7

今、7時10分です。今日みつ子さんに誕生日プレゼントいただきました。素敵な茶色いサイフ。私の大好きな色です。みつ子さん、本当にどうもありがとうございます。さっそくつかわせてもらうね。大事にします。

久美子

はじめまして、高岱と申します。皆様の温かい心に頭を下げます。

高岱

1996.7.20

こんにちは、箱石さん、お帰りなさい。でもまたすぐ、九州まで旅行に行ってしまうのですね。箱石さん、旅行楽しんで来て下さいね。きをつけて行って来て下さい。

一江でした。

旅行じたくでウキウキの充っちゃんへ。約束があるので、お電話中ですが失礼します。旅行めいっぱい楽しんで来て下さい。あとで楽しい話きかせてね。それと、8月10日すぎは入れる時もあると思うので、帰ったらtel下さい。では気をつけて。

午後6時。じゅんこ

みつこさん、九州旅行気をつけて＆めちゃくちゃ楽しんできて下さい。おみやげ話＆お写真、楽しみにしてます。いってらっしゃーい!!

午後11時45分。おおの

1996.7.22

久しぶりに遊びに来ました。7月14日に1次の試験があったのですが、その前の日に充子さんから電話が来ました。不安でイライラしていた時だったので、とてもホッとして安らかな気持ちで試験にのぞめました。本当にありがとう、充子さん。私も充子さんのように話していると心があったかくなるような人になりたいな、と思います。

小泉

こんばんは、まさよです。旅行の前日におじゃましています。充子さんったら、今日になっても、「あんまり行きたくないのよねぇ…」とボヤいています。今日は、私と充子さんと中川さんの3人で夕食を食べに「へんこつうどん」へ行きました。たまに充子さんと外に出ると、普段は何気なく見すごしてしまうことに気付かされます。例えばレストランなどの入口にある車椅子用のスロープ。「へんこつうどんはスロープがあるからいいのよねー」と充子さんに言われるまで、私はそのスロープの存在に気がつかなかった。　それからカワチで買い物をしたのですが、私の車椅子をおすのが下手なこと！　充子さんにならって、みっちり修業したい気分です。

充子さん、旅行楽しんできてねー。「ツマンナイ」と思って出かけるほうが、結構楽しかったりするのよね。

1996.8.13

今、箱石さんから九州に行ったときのお話を聞きました。ものすごーく暑かったそうです。宇都宮も暑かったですけど、でもとても楽しかったそうです。よかった、よかった。

一江でした。

1996.8.28

お久し振りです、充子さん。今日充子さんは馬頭から帰って来ました!!　おかえりー!!　今日はハイジさんとも久し振りに会いました。充子さん、ハイジさん、裕恵ちゃん、久美ちゃんと私で楽しい時間を過ごしています（あ、でも久美ちゃんは10時頃帰りました）。

充子さんから夏野菜（かぼちゃ!!　ピーマン!!　じゃがいも!!　玉ねぎ!!　ししとう!!　さつまいも!!　きゅうり!!　すごーい）をたくさーーんいただきました!!　充子さん家の自家製!!　おいしそ!!　どもありがとう。楽しい夜でした。みんな、ありがとうございました。

千絵子

充子さんは九州への旅行で“焼けたわぁ”と言っています。うん、やっぱり腕とか焼けたねぇ。写真を見せてもらいました。すごく楽しそうでした。野生の馬の側で笑う充子さんとかお城の前にいる充子さんとか。

ひろえ

1996.8.29

お盆中に充子さんの実家に遊びに行きました。充子さんのお母さんは思った通り明るくておもしろい人でした。充子さんのユーモアはお母さんゆずりですね。

小泉

1996.9.2

こんばんは。堀川です。今日は恋愛についての話をちょっとだけしました。うふふ。さすが充子さんは大人の意見をお持ちでいらっしゃる。では、おやすみなさい。

1996.9.4

今日は箱石さん家でケーキになしにご飯にお土産のお菓子にといろんな物を食べて2人でお腹いっぱいになってしまいました。今日は遅くまで箱石さんと恋愛についてと"これからの男女のあり方"（?!）について語り合いました。難しいテーマだった…。でも箱石さんが私と同じ考え方をもっていてくれたのでうれしかったです。初めてこんなに書いてしまった!

宮川和美

1996.9.5

箱石さんや岸さんの明るい顔を見ていると、私も勉強やいろいろとがんばっていろんんな人にやくにたちたいです＆人がよろこぶ顔がとても好きです。

一江でした。

今日も、ゆっくりごはんandデザートをたべてのんびりと時をすごしました。なんだか来るとゆっくりしてしまうよね、このお宅は。充子さんは今お風呂。今日1日の汗と疲れにさようならしている頃でしょう。私もうちに帰ってシャワーを浴びてねようっと。

松嶋

1996.9.7

今日のミツ子さんはむせりにむせって大変でした。コーヒーを飲んだらむせて、ご飯を食べている時もむせて、ヨーグルトを食べている時もむせていました。こんなにむせる人も珍しいです。さっきミツ子さんは大笑いしていました。カシワギさんも電話の向こうで笑っているのでしょうか。今日はこの辺でさようナラ。

吉田澄江

1996.9.8

今日は人間の真実というものについて充子さん宅で考えさせられました。思えば充子さんのところに遊びに来ていろいろな経験をしました。人間の本当のやさしさ、ずるさなど人間ってものがちょっぴり分かったように思います。これからも少しずついろいろなことを吸収していきたいと思います。

小泉

1996.9.9

今日箱石さんと話をしながら、人を100%信用するのって難しいなと思いました。その人のことはその人自身しか本当には分からないんですよね。でもそれはちょっとさみしい。できれば人を疑うことなしで生きていけたらいいですね。

堀川

1996.9.16

こんにちは! 今日は、充子さんと母と3人で日光の明治の館に行きます。カズ・スズキさんの個展を見にいくのです。今度来る時は、充子さんちにとまりに来る時かな?

片柳

1996.10.27

こんばんは。堀川です。箱石さんがこの前に見に行ったバレエのお話を聞きました。すっかりバレエにとりつかれてしまった様子。私も機会を見つけてぜひ行ってみたいと思うようになりました。表情を体全体であらわせるなんてすごいですよね。他にバレエを見たことのある人、感想をきかせてね。

1996.10.31

ちょっと早めに来て、ちょっと今日はゆっくりできました。けんちん汁と野菜いため、魚というメニューでした。ピーマンさん、おいしかったです。けんちん汁は何回食べてもあきないねぇと、今充子さんとココアを飲みつつおしゃべりしてたところです。今日は久しぶりに“ココハドコダ?”（注、ココアとかけています!!）という充子さんのしゃれも出て、くつろいでいます。楽しかった。ありがとう。ではまた来ますね。おやすみ。

裕恵

1996.11.5

8:30すぎ、充子さんのところに到着。その後、おきまりのようにおかしタイムを小泉さんと充子ととりました。初めての風呂でしたので緊張しましたが、なんか自分が風呂に入った気分でした（きもちよかったー）。おやすみなさい。よい夢を見てね。

あゆみ

1996.11.6

いろいろ充子さんとお話をしました。これからの箱clubについてとか……ありがと、充子さん。楽しいというかおもしろかったです。今、純子さんと充子さんと3人でお茶のんでお話中です。純子さんの京都土産のやつはし（スキ!スキ!）を食べながら、京都のお土産話を聞かせてもらっているところです。今夜も充子さん家独特の雰囲気を味わいヌクヌクして…過ごしました。ありがとう。また来ます。

ちえこより

1996.11.10

とても久しぶりに宇都宮にやって来ました。私の名前を知っている人は陽子ちゃんぐらいでしょうか（?）　でも、こんなにたくさんの人たちがこの箱石ファミリーに入っているなんて驚きました。とてもうれしいです。ここはいつ来ても温かいです。何年たっても笑顔でむかえ入れてくれます。みんなの第2or3の故郷ってとこでしょうか。いいところです、ホントに。今度はいつ来れるか分からないけれど、また遊びに来たいと思います。そのときはまた楽しいお話聞かせて下さい。

宇大?年前に卒業した、ちとせでした。

1996.11.23

箱石さんから電話があって、宇大祭に一緒に行って来ました。う～ん、たのしかったです。それでは5時前に帰ります。今日はありがとう。また遊びに来ますね、時間があったら。

一江でした。

1996.11.27

今日初めて充子さんのお宅におじゃました小山田友美です。今日は小泉さんといっしょに来ました。充子さんにすぐ名前を覚えてもらえたのでとてもうれしかったです。充子さんと今、大学の話やその他いろいろな話をしているところです。充子さんはとっても面白い人です。私もお酒には強いのですが、充子さんもお酒にかなり強いと聞いて驚きました。「今度いっしょにお酒を飲もうね」と充子さんに言われてしまいました。その後もいろんな話を小泉さんと充子さんと3人で話をしました（どんな話をしたかはないしょですが…）。充子さんの話はとってもためになりました。充子さんとお友達になれてうれしいです。

1996.11.28

こんばんは、まさよです。ひろえちゃん、小泉さん、どうもありがとうございます。2人のご意見をふまえ、充子さんと「向上心」について話し合い、私なりの結論が出せました。

1996.12.7

Merry Christmas！今日は市民クリスマスへ行ってきました！　とてもよかったですね、充子さん。ネ！　今日はお風呂だけです。今からです。

ちえこ

1996.12.13

さて、さてさて、今日１日私は雑でした。ミツ子さん、ごめんなさい。本当に雑でゴメンね。ミツ子さんそっちのけで、青春ドゥギマギィに見入ってしまいました。

吉田澄江

1996.12.23

今日は手抜きをしてしまいました。エヘ…。でも「おいしい」とみつこ様が言ってくれたのでよかった、よかったです。おなかいっぱいだね、みつこさん。なんか満たされた気分だね。

おおの

1997.1.12

今は5時。教会の帰りによって、充子さんとたくさんお話をしているところです。こういう時間って大切ですと思います。私ってついつい生意気にも自分の思ったことをすぐポンポン言ってしまいます。充子さんのように、年の差を感じさせず、言いやすい親しみやすい人には特に、です。でも人といろんなことを話せるって、そういう人が周りにいるって素晴らしいと思和されます！最近あったことや、充子さんの考え、「ボランティア」について、人と接することで思うことなどなど…。どうもありがとう。またね。

ちえこ

お風呂にやってまいりました、あけみです。私の成人式はもうはるか昔×××とちょっと淋しい。でも先日、私のお誕生日をみっちゃんがお祝いしてくれた時、「18歳、おめでとう」と言ってくれました!!ううう。ありがとう。みっちゃんと私はこれから先何年もきっときっとずーっとお互い18歳のままでしょう!!　ま、いっかー!!ではまた…。See you

1997.1.21

私は、今年（今度の4月）大学4年生になるので、就職のことでとても悩んでいました。でも、充子さんにいろいろと相談にのってもらって元気ができました。失敗を怖れないで、いつでも前向きに考えることってすごく大切なことですね。頑張らなくちゃ！
数学科3年　オーケストラVnの福原

1997.1.27
今日は新年入って初めての箱石さん家です。今は、おふろ上がってからの雑談会です。ただいま12時2分前。箱石さん家にくるとついつい長話になってしまいます。今日も障害児教育学（?）についてと、あとなぜかうちの父親の話と…いろんなことを話しました。楽しかったです。今日はイカと大根の煮物をつくりました。今、みつこあんはイカに対してダジャレを言いました。「今度もイカがかなー?」だって。ププププ。思わず笑ってしまいました。充子さんはとっても楽しいです。

和美

1997.1.28
充子ママ、おたんじょう日おめでとう。またまた、若くなた充子さん、いくつになったのかな?　これからも元気で、がんばりましょうね。

一江でした。

みっちゃん、Hppy Birthday to you!　たんじょう日ってやっぱりうれしいものですね。なんだか私までめでたい気分にあやかってます。とりあえず、今日の風景（?）を写真におさめました。いつか、皆さん見て下さいね。

純子

1997.1.29
ボランティア情報と言うのを見てTELをかけました…ちょっと遠いなと思ったけど来て見ました…誰かの為ではなくて、ちょっと自分自身が暗～くなっていたので、何かやろうと思ってきました。今日来ただけで、充子さんと中川さんとゆり子ちゃんと3人の人に知り合えたことがうれしかったです。充子さんの話を聞きながら子供の話もこんなふうに一生懸命聞いてあげなきゃなと思いました。なんかいつでも行けるお家が増えてうれしいです。いろんな方と会えるのを楽しみにしてます。
はじめまして。松本美佳子（まつもとみかこ）34才です。主人と子供が2人（小1の女の子、年中の男の子）と住んでます。

1997.1.31
お久しぶりです。芸術祭の準備で大忙しの毎日です。おかげで箱石ママのBirthdayもすっかり忘れちゃってぇ～。きゃ～今日の今ごろになって顔を出したのよ。遅ればせながらたん生日おめでとう!　赤いちゃんちゃんこまであと何年かしらん?さて、今日は赤いちゃんちゃんこならぬ赤いスタッフジャンパーをpresentしますぅ。大谷のやつなんだけど、ある日私が着ていたら「えーっ、何で私の分も注文してくれなかったのよーー!!」と泣きつかれてしまったのさ。あったかいんだよ～。いつでもどこでも着ていてね。

陽子

1997.2.12
母上、誕生日おめでとうございますです。プレゼントの“SAORI STAFF”ジャンバー気に入っていただけたでしょうか?3月が終わったら、にごり酒もって遊びに来るからね。

伊藤

1997.2.19

今日は充子さんが買ったおニューのコンポでCDを聴かせてもらっていました。レーナ・マリアさんの歌うAmazing GraceというCDです。キリスト教徒じゃない私でも、賛美歌をきくと心が洗われるような気持ちです。充子さんにおねだりして、貸してもらっちゃいました。

まさよ

1997.2.24

久し振りですね。私は今日はみっちゃんと会えてとても嬉しい。私は独身で会えるというか、食事を作れることは最後だよ。これからは奥さんとしてもっとしっかりして食事を作らないとね（のり弁じゃ）。

みっちゃん、本当にありがとう、祈り合い、はげまし合い、支え合い、本当、ありがたい気持ちでいっぱい。これからもよろしく。　神様はみっちゃんを通してたくさんのことを教えてくれたことを、とてもとても感謝しています。又、これからもシャニーのことをよろしく！

Shani

1997.2.25

こんばんは。お久し振りです。今日はお風呂の当番で来ました。8時30分頃来たのに、またまたすっかりいろんなことを話して、お風呂に入り始めたのは12時でした。ハァ、ゴメンネ、充子さん、寝るの遅くなっちゃうね。今週は…ローレンスさん & シャニーさんの結婚式。パチパチ タンタータターン ターンタタターン♪がありまーす！　オメデトー！今日は、結婚式に着て行く、充子さんの素敵なお洋服を見せていただきました。すごく上品で素敵なんです。今日も充子さんのお話きけて、私の話もきいてもらって、いい時間を過ごせました。どうもありがとう。

ちえこ

1997.2.26

こんばんは。睦美です。今日は、1人でみつこさんちにあそびにきました。今日も、おなかいっぱい。今、みつこさん、入浴中です。とっても、きもちよさそー。みつこさん、今日もたくさんのいろんな話できたよね。今日の一番の笑い話は、みつこさんが、うちのお店の名前、いづみやを、しずみやと間違えたこと（笑）。しずみやって、そりゃないぞ、みつささん（ほら、まちがって、みつこさんのこと、みつささんってかいちゃった）。

睦美

1997.3.15

今日は、3人で、のどじまんチャンピオン大会をみました。さすがにうまい、とみつこさん、絶賛。口ずさんでいたみつこさんの歌声もナイスだったよ。今日は、さむいデス。みつこさん、あたたかくしてお・や・す・み・なさい。

ムツミ。

1995.3.16

1997.3.22

初めてみつこさんのおふろを手伝わせてもらいました。何がやれて何がやれないのか「どうしたらいい?」ときくと「まず、はだかになってー」というので、うんそれはそうだとうなずいたんだけど、もしかしてこれって笑う場面だったかな?と今思ってます…。そろそろ花見の季節です。いっしょにお散歩したいですね…。それではまたね。

みかこ

1997.3.26

今日の夕ご飯は量が多くて、やっと食べたってかんじだったけど、デザートもちゃんとしっかり食べてしまった…。みつこさんが“デザートはおなかのはいるところがちがう”て言ったけど、そのとおりだね。ごちそうさま、みつこさん。

ようこ

1997.3.30

私は久しぶりに充子さんの家へ来ました。吉田澄江です。いつもと変わらない充子さんといつもと変わらない感じで時を過ごしました。それはとても素敵な時間なのですよ。私は溶けて液体になって畳にしみこんでいきそうになりました。ステキ、ステキ、ステキな充子さん。私はいつもあなたが好きです。この文を読んでいる人は(読む方がいるのでしょうか)元気のない字を書くなぁと思っているでしょうね。私は疲れているのです。でも日本酒を充子さんと今飲んでいて力がムクムクとわいてきています。だからきちんとした字を書きます。それではまた(私は全く酔っていません)。

吉田澄江でした。

1997.3.31

今日は、みつこさんと、陽子と、ハイジさんと私の4人で、夕飯をたべました。みつこさんちで食べるごはんはとってもたのしくって、おいしくって大好きです。

睦美

1997.4.5

今年もみつこさん、たのしくすごそうね。私と、ようこは、ずっと、みつこさんの友だちです。まだ、もっともっと友だちがふえるといいねっ!! そろそろ、おフロからみつこさんでてきます。ではまた。

ムツミ

久しぶりにおフロに一緒に入っていろいろなことを教わりました。みつこさん、ありがとう。ではまたね。

ようこ

1997.4.23

2年生になって、授業もけっこう大変で、寝不足もあるし、ちょっとつかれていますが、みつこさんと話してると、そのつかれもとぶような気がします。

ようこ

1997.4.30

今日は充子さんにbirthday presentをいただきました。SAORI織りのペンケース。すごくすてき。ありがとう、充子さん、大切にします。それでは。

和美

1997.5.13

久しぶりに日記を書きました、裕恵です。今日は通販を見つつ、充子さんと夏服についてあーだこーだ言い合ったり、けんかのこと（?!）について話したりしてました。人の心をやわらかーくつかむのは難しいということを教えてもらいました。フフフ…。ね、充子さん。それではまた来ます。

裕恵

1997.5.21

初めまして、こんにちは。田中真弓＆山崎由紀子です。私たち今日初めて充子さんに会ったんです。これから充子さんといろいろなことを経験していきたいです。みなさんよろしくお願いします。

1997.5.28

はじめまして、今日、初めて充子さんと一夜を共にした、キャッ　田中真弓です。充子さんは何でも自分の力でしてしまうので、とてもびっくりしました。私は、きことひろえちゃんに料理をまかせ、食べる側にまわりました。これからは、充子さんやみんなに私の料理を食べさせてあげられるよう、頑張りたいと思います。また来ますね。

今日初めて夕食をつくったりお風呂の入り方を教えてもらった、きこです。充子さんて明るくて何だか太陽みたいな人だと思いました。これから就職の勉強であまり来れなくなっちゃうけど、私に出来ることをいっぱいしたいな。ひろえちゃん、いろいろ教えてくれてありがとう。

1997.6.1

今日は教会の帰りに充子さんの家でコーヒーをごちそうになりました。エヘヘ。明日、プレゼンテーションがあるのに、ついつい話に花が咲き、とてもいい時間を過ごしています。もうそろそろ帰らなきゃ……。マジメにマズイ。どうもありがとうね、充子さん！　また話しましょ。とても楽しくて、いい時でした。ありがとう。じゃ、また木ようにね!!!

千絵子

1997.6.5

今日は、いか＆大根の煮物と、野菜いため、わかめとポテトのおみそ汁、おつけものでした。デザートにはバナナヨーグルト。もう2人で苦しくなる程でした（お風呂の時みつこさんのお腹パンパンでした。あ、言っちゃった）。

千絵子

1997.6.12

はじめてこのノートに書きます、谷と申します。今日でまだ3度4度目ですが、特大茶碗蒸しをつくりました。とてもとてもおいしくできて、充子さんと私は2人で空っぽになるまですべて食べつくしてしまいました。食べた後で2人はこんなにも食べてしまったかと目が点になりましたが、その後充子さんから予期せぬ言葉が。デザートはヨーグルトにしますか？　充子さん、すごい！　まだ食べれるのかぁ〜！　でも私もまだ食べれそうなのがこわいです。※特大茶碗蒸しは、充子流茶碗蒸しという別名があり、それはそれは何でも冷蔵庫の中身を入れるというすごい食べ物です。ゴメンなさい、なんか大げさにかいてしまいました。

谷そよか

1997.6.19

初めまして。土方さんに連れてきてもらってごはん作らせてもらいました。かなりハリキッて作ったかいあってたくさん食べてもらってとってもうれしいです。次回もがんばるね。明日サクランボを持ってくるので、楽しみにしてて下さい。

高橋 千恵

1997.6.22

今日は大事件がありました!!! 二階の家の洗濯機の排水口から水がもれ充子宅へすごい雨もりをもたらしましたーーー!!! 充子さんも、パニックになってしまったみたいで。私は家に居なくて、遅れて来ました。その時にはもうだいぶおさまっていたようで…。今一段落したところです。村越君、鈴木君、椎名君、一成君の男性陣がいろいろ全部やってくれて、今帰っていきました。おつかれさまでした。今、充子さんと裕恵ちゃんはごはん中です。お腹減っちゃったね。

今、充子さんは入浴中。さっぱりしてね。大変な1日だったね、充子さん。おつかれさま。でもぐちを言わない充子さん、前向きだなと思いました。

ちえこ

1997.6.25

充子さんは今、おフロからあがって寝酒を1人で「かんぱーい!」と言ってゴクリと飲みました。ぐっすりねて下さい。おやすみなさい。

ひろえ

1997.6.26

今日もめちゃめちゃ暑い日でした。初めまして、私は融点28℃沸点30℃の藤田早苗と言うものです。今日の私は蒸発してました。あついのは苦手です。今日は吉田すみえさんに連れられてやってきました。初めはちょっと緊張してしまいましたが、今はすっかりくつろぎバージョンです。お茶とクッキーいただいてます。クーラーもあって幸せ。 よろしくお願いしますね。

ふじ

1997.7.5

今日は、歌謡コンテスト（NHK）をみてたんだけど、みつこさんの批評は辛口だった（笑）。1年前にも、たしか一緒にみたんだよね、みつこさん。デザート後は、おしゃべりしていて（私のぐちですが）、11時すぎて、今、おフロ入り始めです。おそくなってしまってごめんね、みつこさん。毎日暑いですけど、みなさん、がんばりましょう。

ようこ

1997.7.6

今日はピンチヒッターのお風呂で来ました。充子さんは入浴後のカルピスをストローで飲んでます。夏だねー。私もいただきます。「初恋の味」だそうです。古いけどわかってしまうところがちょっと悲しい。

千絵子

1997.7.7

記念すべきこの七夕の夜を私はみつこさんと幸せにすごしています♡ 7月7日の夜、星が見えるのって、とても久しぶりのように感じます。よかったね、織姫（パチパチ）。今日は、おフロに来ました。みつこさんは今、歯みがき中。そろそろお呼びがー。では、おやすみなさい。

睦美でした

1997.7.9

むしあついって、いちばんいやですよね。

でも、みつこさんちってクーラーあるから快適。ずーっと居すわってたいです。今日は、みつこさんとジャンケンをして、プリンとゼリーのとりっこをしました。結果は、わたしがプリンで、みつこさんがゼリー。でも一口ずつお互いの食べたから、満足です。では、おしまい。

睦美

1997.7.12

夕方、来てみたら、みつこさんが薬疹のため、ベッドでおやすみになってました。すごくかゆいらしく、また、ひざが痛いらしく、『もう、かゆいのと痛いのと、いいかげんにしてくれよーーっ!!』とさけんでいました。かゆみ止めの薬はねむいらしく、ウトウトしてました。

ようこ

1997.7.20

今日充子さん宅に来て充子さんの発疹にびっくりしました。とてもとてもかゆいとのこと。体中に広まってしまい、本当にかゆくてかゆくてしかたないでしょうね。だって、私の足首がブヨでさされたぐらいで、私もがまんできないっていうのに。けど充子さん、がんばれ!ってしか言ってあげられないけど、本当にがんばって下さいね。夜もねむれないなんて先生どーにかしてくれって感じだ。充子さんは体が絶好中にかゆいということで食欲もなく、さらに昨夜かゆくて眠れなかったということで体調も悪くなってしまい、熱もあるようで。今日はゆっくりねむって下さい。昨日の分までもぐっすりね。明日の朝また薬をぬりに来ますのでそれまでゆっくりしてて下さい。明日には元気になってて下さいね。

高橋由美子

1997.7.24

みつこさんの具合はまだよくなりません。本当に早くよくなってほしいです。自慢のスベスベのピチピチの肌だもんね。

むつみ

1997.7.29

今日充子さんちに来たらビックリ!! 充子さんのお母さんがむかえて下さいました。1年生のとき（かな?）充子さんの馬頭の家へちょっとおじゃましたときに1度会って以来です。覚えてます?! 充子さんのお母さん? 尾内裕恵といいます。今後もよろしくお願いします。そういうわけで今日は3人で夕食を食べました。充子さんのお母さんが作ってくれたこんぶの煮物ごちそうになりました。おいしかった。もう、たくさん食べてすごくお腹一杯…。いろいろお話できて楽しかったです。充子さんのお母さんだけあって楽しい方ですね。またいつかお会いできたらと思います。 充子さんの薬シンの方も大分おちついてきて、手なんかは皮がボロボロむけているところです。充子さんのお母さんと2人で思わず熱中して皮をむいてしまいました。あと一息!!充子さんがんばれ!! まだちょっとかゆいところもあるようだけど、ここまで治ってよかった～。それではまた来ますね。おやすみなさい。

裕恵

1997.8.26

今日は散歩ついでに充子さんの家へ来てそのままズルズルと夜まで居すわりそうな雰囲気です。夏休みの間に充子さんにいろいろな出来事がふりかかってきたようです。そういう苦労話にはそれほど触れず私の話の聞き手となって頂いてすまないなぁと思っています。今日も太るんだろうな。最近私は散歩をします。充子さんちへも歩いて来ます。歩き始めの頃は遠い道のりを考えてはうんざりするんだけど、一歩一歩確実に私は歩いていて、“私って偉いなぁ”と思っていると、充子さんの家に着きます。そんな感じ、そんな感じ、そんな感じよ──。どうやら暇人は充子さんと私だけのようで、皆、何処かへ行ってるみたい。ああ、充子さんに会えて良かったわ。

吉田すみえ

1997.9.6

ここに来るとなぜか涙を流してしまい、箱石さんになぐさめていただくのでした。幸せになりたーい。がんばりましょう。箱石さんもね。

タカハシ

1997.9.9

お久しぶりです。お腹の大きいほうのようこです。只今、妊娠六ヶ月。だいぶ大きくなりました。箱石ママももうすぐおばあちゃんになると思ったら、海外旅行ですか。いいなぁ、オーストラリアかぁ。あんまり、いいカッコしないで、お財布、パスポート、とられないように気を付けて行ってきてね。

陽子

1997.9.10

お久しぶりです。今春卒業した堀川裕美です。運動会のふりかえ休日だったので、先生1年生の私でもあそびにくることができました。充子さんの顔がみれて、すごくほっとしました。

P.S.　働くことってすごく大変。みなさん学生生活をおもいっきり楽しんでね!!　また会う日までさようなら。

1997.9.18

初めてお目にかかった充子さんは、昔から顔馴染みの人のようでした。充子さん宅もとても居ごこち良くて、今、大変くつろいでいます。これから、よろしくお願いします。

森脇千絵

1997.10.2

オーストラリアから無事帰国の充子さん&久美ちゃんに話を聞いたりしてすごしました。すごくすごく楽しかったって。それに人間関係が1番よかったとのこと。何よりですね。充子さん、おみやげありがとう。大事にします。

尾内裕恵

1997.10.3

まずは、みつこさん、おかえりなさい!!それから、キーホルダーどうもありがとう。オーストラリア旅行、たのしかったそうで、ほんと、よかったです。オーストラリアから帰国したみつこさんは、BIGにみえるよ（笑）

睦美

1997.10.4

今日、初めて1人で来ました。いつもと同じように今日もとても幸せな気分で時間が流れました。充子さん、おいしいコーヒーありがとう。またね。

ちえ

1997.10.6

久美です。お久しぶりです。ここに書くのは1年ぶり以上かな。中国に行っており、8月に帰ってきました。そして北海道へ帰郷し、9月には充子さんとやす子さんとWendyをたずねてオーストラリアと、多忙な毎日をすごしておりました。オーストラリアからは何事もなく無事帰ってこられ、感謝、感謝です。ただ一つ問題があったといえば、みつこさんが買い物狂へと変身してしまったこと…(笑)。何をみても、"あっ、あら、か〜わ〜い〜"(想像つくでしょ?)。かなりすごかった。みつこさん、荷物もちきれないほどで…(笑)。でもニコニコで幸せそうでした。ハイ。で、次の朝、"あっ、メガネくもってるから洗って"っていうので、みんなで悩んでしまった…。洗うべきかくもらすべきか(次の日も買い物だったもので)。とにかく楽しい時をすごせました。

Kumi

1997.11.4

こんばんは、吉田澄江です。今、気付いたんだけど、今日はいいよの日です。114。何か頼まれたら、いいよと言う日です。

今日、充子さんに会って"○○してね"と頼まれたら"うん、わかった"と言いました。"いいよ"と言えば良かったな。いつもは"○○してね"と言われると、3分の1の確率で"絶対いやだ"と言うのですが、今日はまだ言っていません。

吉田澄江でした

1997.11.9

最近、めっきり寒くなってきました。今日は、久しぶりの日なたぼっこびよりでした。ポカポカした日は大好きなのです。冷たい北風による寒さも吹きとばしてくれるような陽気…。秋から冬にかけてのホッとするひとときです。充子さんのお宅で頂く、コーヒーも同じようなホッを私に与えてくれます。そんなホッを与えてくれるものを大切に感じてゆきたいナと思っている今日今頃です。

森脇

1997.11.29

ハイジさんが来ていて、笑うぬいぐるみのアニーくんをもっていました。とってもcuteで私もほしくなりました。みつこさんもほしくなってしまったらしく、"ここにおいてきなよ"と言っていました(笑)。

ようこ

1997.12.3

こんばんはー。今日はごはんだけ、来ました。しかも作って片付けするだけ。一緒に食べれなくて。ごめんね、充子さん。今充子さんは1人で食べてます。「お昼抜いたんだーー」とパクパクパクパク食べてます。充子さんと話しながら書いています。でも聖徳太子じゃないので、話にも書くのにも身が入ってないかも。

千絵子

1997.12.4

1997.12.13

今、おフロ上がりにバイオレットフィズで乾杯しています。あま～いお酒です。でも私はやっぱり梅酒の方がいいよ。みつこさん。さっぱりしてて。

ようこ

1997.12.17

今日、みつこさんは鼻カゼ。でも、食欲があるので少し安心しています。今日のメニュー、雑炊ですよ。米が汁をすってしまって……。今度はおいしいの作りますね。

みつこさん、カゼがいやされるよう祈っています。

あゆみ

1997.12.21

今日は、みつこさん、鼻みずがすごくつらそうです。私もカゼ気味で頭いたいです。みなさん、カゼには気をつけましょう。　今、童謡を2人でうたってます。“歌詞、うたってないと忘れちゃう”と言って、今、みつこさんは『ふるさと』の2番、一生懸命思い出そうとしています。童謡はいいですね。心あったまります。みつこさんは『赤とんぼ』と『ふるさと』が好きだそうです。私も。さっき、どういうわけか『ドナドナ』を2人でうたいました。そして、さびしくなりました。さあ、そろそろおフロへ入りましょうか。みつこさん。ね。じゃ、今年は今日でさいごです。みつこさん、よいお年を。来年もよろしくね。

ようこ

1997.12.24

今日は充子さん宅に初お泊まりです。友人達と飲んで、皆より先にケーキを頂いてやってきました。クリスマス・ミサに行っている充子さんの帰宅を待ちつつ、お風呂をわかしつつ、空いている時間に記しています。帰宅するダンナ様を待っている奥さんのように、充子さんのことを想って待ってます。隣りにいるのが異性の彼ではなく、同性の彼（充子!）というクリスマスというものも、よいもんだと想いつつ。Merry Christmas! そして、よいお年を……。

森脇

1997.12.25

久美です。私はクリスマスにやってしまいました。みつ子さん、ごめんなさい。ごめんなさい。ごめんなさい……。こんな私はみつ子さんから「星野富弘」のCALENDERつき小冊子をいただきました。すごく素敵です。ありがとう。こんなふとどき者の私に……。とても詩がよいです。温かいかんじで。

久美

1998.1.10

今日のメニューはうどんです。しかし、私は新年早々やらかしてしまいました。うどんが生にえだったのです。しかし、それも食べおわってから、みつこさんに“ねぇ、あのうどん生にえだったよ”と言われて、胃腸がよわいとおなかこわすかも…と言われてしまいました。みつこさん、ごめんねーー。どうも、うどんがヘンだなぁとは想ったんだけど、こういううどんなんだと理解していた私は、ほんとにバカですね。ふぅ。今年こどは料理がんばるぞ!!　それではみつこさん、そろそろおフロ入りましょう。みなさん、さようなら。

ようこ

1998.1.11

今日は充子さんに、おいしいものをごちそうになりました。わたしは充子さんと大変食の趣味（好み）が似ています。…素朴な味、田舎料理、とにかく和食が大好きです。

森脇

1998.1.13

久しぶりに会った充子さんは髪が短くなってて、なんかすっきりしてました。なんと、31日から3日まで(2日までだっけ?)。かぜをひいてねこんでたとか…。大変な年越えだったねぇ。まだまだ寒いので、もうひかないよう気をつけて下さいね。

裕恵

1998.1.17

初めまして、今日初めてみつ子さんの家におじゃましました。最林寺 礼（さいりんじ あや）です。教育養護1年です。まだ、何をすれば良いのかわからないところがたくさんありますので、いろいろ教えて下さい。よろしくお願いします。簡単に自己紹介します！ ちょっとズボラでなまけ者でまぬけですが、やる時は一生けんめいやるので御指導よろしくお願いします。また、みなさんと会えるのを楽しみにしています!!

あや

1998.1.18

今日はみつこさんに、成人のお祝いをしていただきました。どうもありがとう。メンバーは、私と陽子とみつこさんの3人です。キムチ鍋をたべました。もう、満腹です。ケーキもたべたんだけれど、みつこさんからは不評の声が…。でも、今日は、ほんとよくたべたなぁ。それから、プレゼントありがとう。すごくうれしかったです。では、今日は、本当にごちそうさま。＆ありがとうございました!!

睦美

みつこさん、今日はお酒をのみすぎてしまったようで、今、たいへんです（笑）。それではまたね、みつこさん。ごちそうさまでした。

ようこ

1998.1.27

こんばんは。吉田澄江です。みつこさんとハイジさんと谷さんで朝まで遊んだそうです。いいな、いいな。今度私も誘ってね。みつこさんは今度チラシを作るそうです。その時、この日記を利用するそうです。

1998.1.28

今日は充子さんの誕生日です。おめでとう!! 今は何故か2文字しりとりで盛り上がっています。燃えるぜ!!（笑）

伴多恵子

充子さん、お誕生日おめでとう。今日は、午前中に、生バイオリン演奏というすてきなプレゼントもあり、充子さんもうれしそうでした。こんな誕生日なら、＋1歳、＋1歳だけど、でもうれしいですね。今。充子さんはおフロ。〇回目の誕生日の夜、何を思いながら歯をみがいているのでしょうね。Happy Birthday!! また一つ素敵な年をかさねていって下さい。

裕恵

1998.2.2

みつ子さんは今ゆぶねにつかってます。今日でみつ子さんちに来たのは3回目だけど、2人ともコーヒーが好きだったり、サスペンスが好きだったりと、好きな物の共通点が多くて、すっごく楽しいです!!　今日の夕食は八宝菜改め九宝菜!!（ちんげん菜、白菜、ほうれん草、人参、まいたけ、えび、ほたて、とり肉、玉ねぎ、すごいっ!)と、じゃがいもとわかめのみそ汁でした。この前、みそ汁にだしを入れなかったので、今回は忘れず入れましたら、みつ子さんに二重丸◎をもらいました♡…But　おじゃがが少し固かったので、次は三重丸をもらうぞ!!　今日は初めてみつ子さんの頭を洗ったけど、あつーいお湯かけるわ、つめたーい水かけるわでさんざんでした…。次はがんばります。

礼

1998.2.15

今日の充子さんは風邪ひきさんです。熱が37度4分ありました。今晩の食事は、野菜たっぷりおかゆ、里芋の煮物、大根の浅漬というメニューでした。早く良くなりますように。

森脇

1998.2.16

今日は、2人でうどんを食べました。私はおいしかったけど、みつこさんは風邪のために、味が感じられなかったみたいです。また、風邪が治ったら、一緒にうどん食べようね。はやく、よくなってね。

睦美

1998.2.18

今日もみつ子さんは風邪の為お風呂に入れませんでした。ぐっすり眠れるのカナ?明日のお昼は、みつ子さんに頼まれた物を海ちゃんと一緒に買ってくる予定です。初めてのおつかい。ちょっと楽しみです。お風呂は入れなかったけど、パジャマも着がえて、みつ子さんはなかなか気分が良さそうです。ぐっすりお休み下さいませ。それでは私も家に帰って明日に備えます。みつ子さん、早く完治して下さいね!

礼

1998.2.20

お久しぶりです。万輝です。今日はオフロだったんですけど、みつ子さんは10日ぶり（カゼのため）ということで、湯につかっているみつ子さんはかなりうれしそうな表情でした。おフロに入っている間中、ずっと、ウゥ〜、フゥ〜の連発でした。よかったね。さっぱりしたね。髪の毛も2回洗ったし。すっかり10日間の汚れが落ちて。おフロあがりのみつ子さんはひとまわり小さくなりました。今日はみつ子さんのカゼもまだ完治していないことだし早めに帰ります。ゆっくり休んで早くカゼを治して下さいね。あ、あとブラジルコーヒーごちそうさまでした。とってもおしかったです。それでは。おやすみなさい。

万輝

1998.2.22

昨日は、初めての箱Club体験でした。5年振りにWendyに逢い、再会を果たしたりして、ナカナカ楽しいひとときでした。今日は今日で、裕恵ちゃんとゆっくりとお話できて、楽しかったです。充子さんを中心にして広がっていく人と人との御縁…。素敵ですよね。

風邪ダイエット（苦しそうだったけど）大成功!?で、小さくなった充子さんの隣で。

森脇

1998.2.26

みつ子さんちに来てホッとしました。今日は谷さんと◯◯さんに会えてお話できてうれしかったです。みつ子さんちに遊びに来るようになって、たくさんの人と知り合えた事、これってすごい事ですよね？　ステキ。また機会があったらお話しましょうね。まだ会っていない人とも早く会いたいです。どうぞヨロシク。

礼

1998.3.1

今日のメニューは、寒い日にピッタリのモチ入りおじやです！　とってもあったまりました。みつこさんと2人でふうふうしながら食べました。デザートは、な、なんとケーキ！

2人で2つを半分こしながら､食べました。2度おいしかったです。そして、グレープフルーツ！　ビタミンCはお肌にいいからね、なんて話しながら食べました。今日はみつこさんちに久しぶりに来たので、みつこさんの笑顔が見られてよかったです。次は木よう日。それまで、みつこさん、バイバイ。

ようこ

1998.3.4

今日はとてもいいお天気。充子さんと遠回りして帰ってきました。昨日、充子さんは私の家に「お泊まり」してくれて､今さっき、ここに戻ったところです。昨日の夜ごはんは､充子さんの他にも､Shaniや村越君､柏木さん、くみちゃん、Craigが来てくれてとてもとても楽しい夕食の一時をもちました。充子さん、みんな、来てくれて本当にありがとう!!という気持ちです。充子さんもすごく楽しみにしていてくれたみたいだし、実際、楽しんでくれたみたいで、私も嬉しいです!!　メニューはキムチ鍋でした。みんなが帰ってしまってからは、充子さんと二人で写真大会したり（ナント、充子さん、初のカメラ撮影!!)、祈ったりしました。充子さんが『ウガンダの写真を私がみてる時、チコちゃんはもう目が開けられない状態だったよ。大きい目がトローっとしてたよ』と訴えています。ハイハイ、充子さん、書いておきます。皆さんも是非、充子さんを自宅にお招きしてみてはいかがでしょうか。『本当、楽しかった』と、ニコニコの充子さん。よかった!!

千絵子

1998.3.5

充子さんから

よく頑張ったね。第5冊目も頑張って書こうね。みんなの青春の思い出だからね。いいことも悪いことも思い出す為に沢山たまったら送るからね、

ということです。

谷です。この4冊目の最後のしめくくりに私がかいていいのかとってもどまどいもあるのですが、充子さんの所へきてもうすぐで1年目になり、色々な事を学んだ気がします。3月24日で、素晴らしき充子さんの自立生活10周年目という日ももうすぐです。

充子さん、10年間食いつなげてここまできておめでとうございます。

P.S. 今日は充子さんと2人でパラリンピックの開会式をみました。感動しました。

5冊目 1998.3.8-1999.9.4

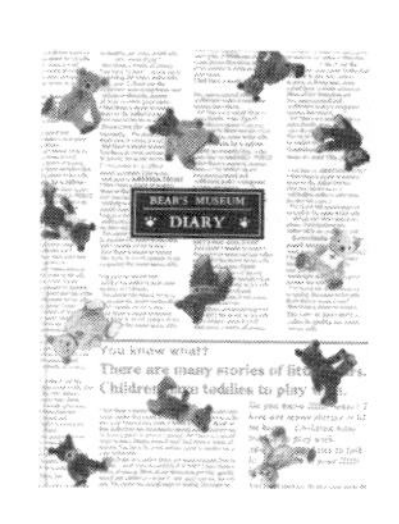

1998.3.8

はじめまして！ 今日、初めて充子さんのお家へ来ました。まだ何もお手伝いもしないうちから、お夕飯を一緒に頂いてしまいました。卓を囲んで夕ごはんを食べるのも久し振りでしたし、充子さん、森脇さんと一緒に話しながら食べるのが楽しくて、とてもおいしかったです（もちろん森脇さん手製のかぼちゃサラダ、おいしかった!)。それでは、今後ともよろしくお願いします。

順子

1998.3.9

新しいノートだ〜〜〜!! こんにちは。今日は充子さんが私の家においていったジャンバーを届けにきました。そのついでにお茶、プリン、ビスケットをごちそうになってるところです。アルファベットビスケット一素朴でなつかしく、おいしく楽しいおやつ。充子さんと、MITSUKO HAKOISHI CHIEKO WADAをさがして、並べて楽しんでます。先ほどオオワシ順子さん（ニックネームは、とびちゃん!? 充子命名）とお会いしました。どうぞよろしくネ!!! 今日はとってもいいお天気。気持ちいい日、皆さんは春休み、何をしてお過ごしですか。充子さんが「寝て曜日です」と連発しています。ではまたお会いしましょう。ブブーッと言いながら書いていたら、いつものように、充子さん、吹き出してしまいました。ビスケットが私のセーターまでとんできました。もう、充子さんたら!! 充子さんが並べたビスケット、食べ終わりそう。あとKだけ。じゃあ、この辺で、またね。よい、充実の春休みを!!!

千絵子

こんばんは。1週間ぶりに充子さんちに来ました。夕食のメニューは煮物と卵焼き。“煮物に、イカを入れて”って言われてたから、イカを入れようとしたときに、（あれ、これって、皮むくんだっけな）と思いながらも、イカがぐちゃぐちゃになるまで、皮をむきました。そしたら、充子さんが、“煮物は皮むきいらないよ。でも、それは大変だったね”となぐさめてくれました。うれし、はずかしです。でも、いつもながら、おなかいっぱい。満足×2だよ。ごちそうさま。金曜日から、充子さんは、実家に帰るそうですね。気をつけて行って来てね。髪の毛も、充子ママに、さっぱりきってもらってきてね。私は、前髪そろってる充子さんも、いけてると思うよ。じゃ、また今度。じゃね。

睦美

1998.3.22

今日はウェンデーさんの所に行って帰ってきました。それから2人でごはんを食べていて、シャディーさんのところの愛情はいいね、外国と日本人って結婚した時の旦那さんの接し方の違いがあるねェと話していて、呼び方の事になり、なんと充子さんのお母さんたちは名前で呼びあっていたそうで、本題は次から、充子さんの弟さんはお嫁さんに対して、おぬしって呼んでいるらしいです。私は本当にびっくりしてしまいました。お嫁さんから弟さんへは、あなた、だそうです。でも、おぬしにはまいりました。でもステキですね。

谷

1999.3.24

今日は充子さんから誕生日のプレゼントを頂きました。本当に充子さん、ありがとう。3月の初めに来た時に充子さんが私に渡そうとしてくれたんだけど、その日は幸せな事があったので、“これ以上幸せになってはバチが当たる”と思い、その時私は「また後で頂くワ」と言いました。そして今日頂きました。サンキュ。どうもありがとうね。今、充子さんはお風呂で歯をみがいています。そして私は梅酒をチビチビと飲みながら文を書いています。うーん、なんだか眠いわ。今日はいろいろありましたね、充子さん。実は私ももらい泣きしちゃいました。だって、充子さんとハイジさんって恋人みたいだし、友達みたいだし、親子みたいなんだもん。上手く語れないけれど、今日の私はいろいろな事を感じました。そして梅酒を飲んでいるのです。うひぃ。

吉田澄江

1998.3.26

この間（3月24日）、卒業式がありました。4年生のみなさん、御卒業おめでというございます。これからも充子さん家に来て下さいネ。充子さんは卒業式にお花をもって行ったそうですが、会えなかったみたいで…残念ですね…。そのお花を「もう渡せないから」ということで、私めがいただくことになりました。申しわけないです。充子さんも残念だったと言ってます。さて、私とWendy、くみ、悦子さんは、4月から一緒に住むことになります。楽しみです。遊びに来て下さいね。充子さん！　待ってるね。「行ければ毎日行って、『充子さん、また来たの？　おいでなんて誰が言ったの?』と言われるように行けるかナ?」と言ってます。フフフ…。

千絵子

1998.4.8

Dear 充っちゃん

今日はひさしぶりに書こうと思った。日本語も変だと思うけど、どうしても書きたかった。今日は私は宇都宮で過ごす最後の日だよ。宇都宮に来て7年もたった。充っちゃんと出会ったのは、1994年だったね。その出会いは宇都宮のくらしは変えてくれたと思う。本当に神様に感謝しています。とてもつらい時も楽しい時も充っちゃんがいつもそばにいてくれたことはいっしょうわすれない。こんなステキな友達を与えてくれた神様はどんなにすばらしいでしょうね。私達は明日から東京でくらすことになるけど、どこにいても私達は神様と共にいられるから心配はないね。離れてくらしてもお祈りの時は、お祈りの中で会えるからね。

May God bless you.　シャニー

今日はシャニーさんにお会いしました。いろんなことをお話ししました。シャニーさんは、あした、ひっこすそうです。だんなさまと。だから、シャニーさんが帰ってからのみつこさんは、とってもつらそうでした。シャニーさんが書いてくれた手紙をよんで、泣いていました。たくさんの思い出があるんでしょうね。また会える日を楽しみにして、みつこさん、がんばってね。

ぐしけんようこ

1998.4.18

こんにちは。みつこさんのところに来たのは2日目でここにかくのは初めて。学校がはじまり1週間がたちそんなに勉強もしてないのに疲れて今日はよく寝ました。あと最近天気が悪いのでちょっといや。今週は疲れました。来週は気合いを入れてかんばらないと。私はなんだかぼんやりして 気がきかないところがあるけれど、これからよろしくね。 みつこさん。

ゆか

1998.4.20

充子さん、那須の動物王国にいってきたそうですね。新聞で、みて、「あ、充子さん、絶対、行くな（笑）」て思ってたら、やっぱりその通りだったね。楽しかったですか?

睦美

1998.4.23

みつこさん、こんにちは。今日は初めてあやと別々に来ました。ちょっと不安だったけど、みつこさんは細かいこともいろいろ教えてくれるし、ゆかも来てくれたからなんとかなったみたい。それにいろいろみんなで話せてうれしかった。みつこさんいわく、私にも近い将来彼氏が出来るらしい…。近い将来っていつなの?? まァ、みつこさんの言葉を信じて強く生きてゆきます。また、いろんな話しようね。ベナーにもよろしくゆっときます。

末永海

1998.5.6

今日のみつこさんは3ヵ所も力にさされて大変やった。すごくかゆそう…。だれか早くみつこさんのためにかとりせんこうを見付けて下さい。みつこさんちの押し入れは物が多すぎてなかなか見付からんのです。では今日はこの辺で。

“末永うみ”より。

1998.5.12

今日は久しぶりに六時台に来れました。おかげで、ゆーっくりお茶してご飯食べれましたね、みつ子さん。歌謡ショーを見ながら、みつ子さんは「むらさき雨情」を熱唱してくれたり…、一緒に火曜サスペンスを見れたし、本当にゆっくりできた気がします。何か日本語変だけど…。とにかく今日も楽しかった。

最林寺　礼

1998.5.16

昨晩おじゃました時に約束した買い物をしてきて、お昼を充子さんと一緒に今、食べ終わったところです。立派な春キャベツを見て2人で「おぉ──」っと感動したりしていました。

昨晩、みっちゃんと話してたことなんですが──。『ノストラ・ダムスの大予言を信じるか!?』 1999年の7月に彼の説によると、何かが起きるようです。あと1年。皆さんは信じますか? みっちゃんと私は“地球滅亡したら、したさっ。あと一年の命かもしれないのなら余計に、今を楽しまんともったいない!”と落ち着きました。

追記 みっちゃんと2人で再び話しました。「今」を楽しもう、という気持ちに変わりはないけれど、本当に地球は滅びるかもしれないね、としめくくりました。

森脇

1998.5.17

湯上がりのみっちゃんはただ今おいしそ

うにビールを飲んでいます。その姿を見て、私は決めました。もし、みっちゃんのことを知らない人から「みっちゃんてどんな人?」と聞かれたら、「缶ビールをストローで飲み干す女!!」と答えることにします。あけみでした。

1998.5.21

今日のメニューは、特大茶わんむしと大盛グリーンサラダとみそ汁とごはんです。茶わんむしはもちろんおもち入り。おいしかったー!! デザートはグレープフルーツヨーグルト。"美容と健康によいのよ"byみつこさん（笑）。今日も満腹です。ごちそうさま、みつこさん。

ぐしけんようこ

1998.5.25

今日午後6時頃やって来ると、テーブルの上にウィスキーのびんと缶ビールのあき缶が…Oh!!（ついに昼間から…）。でもみっちゃん一人で飲んだのではなく、お客様がいらしていたと知り…、ホッ。ストローでの深酒はいけませーん。

あけみ

1998.5.27

おフロ上がりの今、みつこさんはおいしそうにビールをストローで飲んでいます。ほんとにおいしそう。今日はおフロがあつすぎてしまったからね…。ごめんね、みつこさん。次から気をつけます。

ようこ

1998.5.29

みつこさんは今日、馬頭にある絵本展を見にいったらしく、そのお話をきかせてもらった。とってもほのぼのした気分になれたそうです。私も行きたいなァ…。

うみ

1998.6.4

おフロから出た後、みつこさんに目薬をさしてあげたんですが、なかなか大変でした。だってみつこさん、目じゃなくて、口あけて上むいてるんだもん（笑）。おもしろかった（笑）。

よい夢を…。ようこ

1998.6.6

今日のみつこさんは、すいみん不足で、ちょっと調子悪いみたいでした。心配です。今日はぐっすり、たっぷり眠ってください…。今日は時間があったので、2人で土曜サスペンスをみて、ナタデココヨーグルトを食べて、久し振りにゆっくりできた! ごはん（みそしる、大根サラダ、サケの切り身）もおししかったしサイコーです。 実をいうと、今日はちょっとゆううつな気分だったんだけど、みつこさんといろんな話をしてるうちに自然に気分が明るくなってました。アリガトウ、みつこさん。

末永海

1998.6.10

こんばんは。私は今日初めてみつこさんちへ来た、桧山朋子です。礼ちゃんと一緒に来ました。とにかく今日は楽しかったです。みつこさんと礼ちゃんとみのりちゃんと4人でワイワイとおしゃべりをして、ゲラゲラ笑って、本当に本当に楽しかったです。お好み焼き（キムチ入り）もすごくおいしくて最高でした。次は22日にまた礼ちゃんと来るので、今から楽しみです。

“ともこ”という名から、みつこさんが“とこちゃん”と名付けてくれたので、みなさんにもそう呼んでもらえたらうれしいです。

みつこさん、今日はたのしいお話＆笑いをありがとうございました。またヨロシクお願いします。それじゃあ、おやすみなさい。

とこ

1998.6.15

こんばんは。私も今日初めて来た、えんどうです。藤田さんと一緒に来ました。みつこさんは大好きなNHKのテレビをみています。さなえちゃんがねるじぇらを食べながら踊ったら、ちょっとしたアクシデントがおこりました。すごくたのしい。みつこさんも私も大笑い!!　たのしい時間をすごせました。

エンドウ

今日はみつこさんにいろんな話をしました。みつこさんはすっごく真剣にきいてくれました。いっぱい良いアドバイスももらった。全部話したらもうすっきりしてしまったよ。どうもありがとう、みつこさん。そしてこれからもよろしくお願いします。今日、みつこさんは陽子さんの結婚式に行ってきたそうです。ほのぼのとしたあたたかい感じの結婚式だったみたい。みつこさんのスピーチも大成功だったようで、良かった良かっ!!!　おやみやげのくまさんもすごくキュートだ。うらやましい。またかわいい飾り物がふえたね。みつこさん!!じゃ今日はおやすみ。

末永うみ

1995.12.18

1998.7.5

ど～も。武pi（たけぴー）こと見臺（けんだい）です。女の子ばっかりなので、黒1点、の存在になるべく書いてます。　今日もビールを飲んで、足がまっかになってます。さて、私はアルコールがはいると体中まっかになるのですが、なぜかムネだけ白いままです。かなりなぞです。誰かこのなぞを解明して下さい。ちなみにボクは森脇さんの同級生です。ヨロシクね。

1998.7.6

今日は充子さんに誕生日プレゼントをもらいました。いつもありがとう。さをりの素敵なポーチ。気持ちも。

千絵子

1998.7.7

今日のメニューは、ニンニク入りチャーハンとみそ汁とあんかけです。あんかけは、初挑戦!!でした。結果は…味がうすくて、ちょっとものたりなく、そしてあきてしまうかんじ……。ごめんね、みつこさん。でも、みつこさんは“うす味で体にいいよ”と言ってくれました。ほめてのばす作戦なのでしょうか?!（笑）　まぁ、むつみさん、私はあんかけまでつくれるようになってしまったよ。ハーッハッハ。

陽子（ぐしけん）

1998.7.8

　你好？　私は宇大4年の久志目です。ものすごく久しぶりに風呂入りに来ましたよ。サウナ状態で何だかみつこさんと共にお風呂に入った気分です。

あゆみ

1998.7.10

　やっちん（えんちゃん）とみつ子さんのちょっといい話。
や「みつ子さん、〈タイタニック〉ってしってます?」
み「？」
や「映画ですよーー。ほら歴史上本当にあった話」
み「？」
や「今度見に行きませんか？　いっしょに〈タイタニック〉」
み「あぁ、〈タイタニック〉ね。〈怪談日記〉かと思ったわ」
…爆笑問題…

藤田

1998.7.17

　こんばんは。今日はお風呂だけに来た、とこです。さっき充子さんといろいろ話していたのですが、今日の夕はんは、水ギョーザを食べたということでした。「いいなぁ」と思い、他のおかずの話とかも詳しくしてもらいました。すると充子さんが「水ギョーザの中身はね…ダイコンとほししいたけ」と言ったのです。私、とっても驚いて、「え～～～、ダイコンの入ったギョーザ??じゃあダイコンとほししいたけをみじん切りにするんですね?!」ってきいちゃったのです。そしたら充子さん、声も出さずに笑ってます。笑ってます。ずーーーーっと笑ってます。涙流して笑ってます。落ち着いてからよく話を聞いたところ、ダイコンとほしいたけのスープで水ギョーザを作ったということでした。もう充子さん、大事なことは早く言って下さいね。なーんて、私の早とちりがいけないんですけど。充子さんと今日も本当によく笑いました。楽しかったなぁ。充子さん、明日から馬頭ですね。楽しんできて下さいね。24日に会う時に、またたくさんお話きかせて下さいね。

とこ

1998.8.4

　今日はたった今、緊急事態が発生しました。なんと、おフロになめくじがーーー…。私もみつこさんも全身トリ肌で避難し、いろいろな人に助けを求めた結果、あけみさんが来てくださりました。ありがとうございました。あけみさん。感謝×2です。はじめまして、ぐしけんようこです。これからもよろしくおねがいします。といわけで、大変な、こわーい夜でした。

ぐしけんようこ

1998.8.6

　新入りの平山順子です。初めて来て、なんと 焼肉をごちそうになってしまいました。ごちそうさま でした。とってもおいしかったです。 久しぶりに大勢で楽しかったー。これからもどうぞよろしくお願いします。

1998.8.10

　今日は箱クラブでした。すごく大勢の人

たちが集まっててびっくりしました。流石、みっちゃんパワー。そして飲めや歌えやの大騒ぎ（歌ってないって）。もう、バクバク食っちゃって、折角へらしつつあったウェイトがまたもどってしまったことでしょう…。しくしく。でも、そんなことが気にならない位楽しかった！ また、みんな、ぜったい来てね。そして語り合い、笑い合おう（ちょっと青春ドラマ）。それじゃ。

1998.8.12

今日はアイスクリームを食べました。I scream! You scream! We all scream for icecream!
と、みっちゃんと叫んでから食べました。これが正しいアイスクリームの食べ方です（スペルは合ってますか?）。みんなも正しくアイスを食べようね！

吉田澄江

1998.9.5

今日は、ひさしぶりに箱石さんの家に来ました。これから、飯塚すみちゃんの結婚お祝いパーティーに行きます。月ようから充子さんにTELしていたけれど、金ようになってやっとつながりました。実家へ帰っていたそうです。なにはともあれ、よかった。

片柳さちこ

初めて箱石さんちにおじゃましました。前ページの片柳さちの弟です。すみちゃんの 結婚パーティーへ行くために来ました。また機会があったら箱石さんの顔を見に来ようと思います。ではまた。

片柳聖司

1998.9.10

今日は、充子さんに連れられて、星野富弘さんの個展に福田屋デパートへ行ってきました。「初日」ということで、星野さん御夫婦もいらっしゃいました。そこで、充子さんは、星野さん御自身と握手と（握手はしてないかナ…）、お話をされていました。緊張している充子さんは初めてでした。

森脇

1998.9.20

こんにちは！ エンヤスです。 今日はみつこさんに、「玄関の前のゆうし鉄線をのりこえて来たよ」と話したら、「見つかったら怒られるよ!」とびっくりされてしまいました。みつこさんは実は昔、あそこでよろけて、けがをしたらしい。そしていろいろもめごと？ があったらしいよ。みつこさん、苦労したんだね。

エンヤス

1998.10.4

はじめまして!! 今日、はじめて充子さんとごはんを食べました。遠藤さんと一緒に来ました。ごはんは私がたいて（ちょっと固かった）、おかずは〝やっち〟が担当。これから私1人でできるかな？ ちょっとドキドキ。でも頑張るぞ。みなさん、よろしくお願いします。

熊谷（くまがい）ひとみ

1998.10.7

こんにちは!! 今日、初めてトラに会いました。夕食のおかずが、しゃけだったので、みつこさんと一緒に「ねこマンマ」をつくったのに、CATフードでおなかがいっぱいになっていらしく、ぜんぜんたべてくんなかった。ブーー。でもかわいいから、ゆるそう。

エンヤス

1998.10.11

今日はドキドキ、デヴューの日。どうしよう…、お料理苦手だよーと思っていたら、なんと、充子さんちのお母様＆遠ーい親戚の方々がいらっしゃった!

充子さんのお母さんが、お魚やきりぼし大根やおつけものを持ってきてくれたおかげで、夕食は無事すみました。ホッ。それにしても充子さんとお母さん、似てるー! さすが親子。充子さんのお母さんがTVに出たときのビデオも見ました。タイトルは「82歳　まだまだ現役」。お料理も重大な課題だけど、おフロも…。今日も、充子さんを落としそうになってしまった。充子さん、本当にごめんなさい…。もっと腕を上げます。

さいごに充子さん、バースデープレゼント、本当にありがとうございました。さをり織りのかわいいポーチ♡　大切に使います。今日は、充子さんともいっぱい話して、とっても充実した一日をすごせました。どうもありがとうございました。

ひとみ

1998.10.18

今日は3回目ということもあって、オフロもだいぶうまくできるようになりました。充子さんと二人で「大成功～!!」と言って喜びながらオフロを出てみたら、あ～～、たたみの上にタオルしいとくの忘れてた!! ガーン。思わぬところに落とし穴…。トホホ。

ひとみ

1998.10.25

初めまして…みなさま。私はここへ来るのは8回目くらいですが、ノートに書いたのははじめてです。斎藤宏美です。ヨロシク。今回は4週間の附小の実習を終え、久々に来ました。充子さんとずい分話がはずみました。冬が近づいてきたので充子さんのお風呂Timeは長くなっています。いいわねーー。湯舟に入ってはぁ～とため息をついている充子さん、とても気持ちよさそう。ゆざめしないうちにねて下さい。私はとっとと帰ります（笑）。

Hiromi

1998.10.26

今日は布団をとりこみにきました。中川さんもいらして、3人でお茶をのんでいます。みつ子さんに「ちょっと時間ある?」ときかれ「はい」といったら「コーヒー豆をひいてちょーだい」と言われました。生まれてはじめて豆をひきました。コーヒーメーカーにひく装置もついてるのヨ。ポチッとボタンおして、ガッーーーーーー。5秒休み、再びポチッ。ガッーーーーー。シャッーーーーーー。これだけで豆→粉になりますよ。部屋中モカブレンドの香りでいっぱいです。いい香りですね。コーヒー豆ひくのやったことない人、こんどぜひやらせてもらってみて下さい。おもしろいですよ。「もういっぱい、コーヒーのむ?」とみつ子さんは言ってくれましたが、今すでに一杯のんでるのにまだのませる気ですか?　ただでさえトイレ近い私なのにこれ以上トイレに行けと!!　今度来たときにごちそうになります。

Hiromi

1998.11.7

今日は、森脇さんと谷さんと充子さんと4人でおでかけしてきました。東武のハート展です。とってもよかったですね。谷さんは感動の涙でウルウルでした、ハイ。午前中はみんなで“のろぼっけ”に行ってきました。みんな、「かわいーかわいー!」の連発でした。私はペンケースとキャンドルを買いました。みなさんもぜひ、“のろぼっけ”に行ってみましょう!! 午後のハート展&いわむらかずおさんのトークショーも心温まってよかったですねぇ。…今は、4人でゆっくりコーヒータイムですが…、森脇さんも谷さんもほどよくこわれています。2人の実態が今、明らかに!! このノートを書いている間も、充子さんとへんな2人が笑いを…。充子さんは「笑い疲れするわ」と言っています。私もその意見に賛成です。

とこちゃん

1998.11.13

みつこさん、BIRTHDAY PRESENT どうもありがとうございます。とってもかわいいポーチ、大切に使います。あ・り・が・と!

ぐしけんようこ

1998.11.18

しばら～くぶりに登場の伴です。充子さん、バースデープレゼントありがとうでした。そろそろ宇都宮を引き払ってしまいますが、また立ち寄らせていただきます。では、また。

1998.11.21

またまた、エンヤスでござる。今日はみつこさんをさそって学祭に行きました。サナエちゃんと合流。谷さんにも会ったし、養護科のラーメンもたべました。みつこさんはいろんな人とフレンドリーに話しているから、てっきりみんな知りあいかとおもってたら、全ぜんちがうというのでびっくり。さすがナンパ氏ミッチーだね。おまんじゅうとぎょうざ、ごちそうさま。またいっぱいあそぼうね。

エンヤス

1998.11.29

ちわーーっす。吉田すみえです。久しぶりに来ました。そして来て良かったとしみじみ思っています。なんだか心がいやされている気がします。Thank you みっちゃん。外は寒いけど家の中が暖かい冬ですよ。

1998.12.1

今日から、12月のSTARTです。早いもんだなぁ。1999年も、あと1ヶ月です。悔いのないよう、1ヶ月を有意義に過ごそう!と充子さんと決意しました。

ぐしけんようこ

1998.12.6

今日はとこちゃんと2人で、NHKでやっていた“さをり織り展”へ行ってきました。なんでも充子さんが“さをり織り”の服を着てモデルとしてファッションショーに出るから「来なさい!!」(byみつこ)とおどされてしぶしぶ行きました。ふぅーー。 私&とこちゃんも気に入った物を着てショーに参加して、とても貴重な体験ができました。充子さんのおかげです。本当にどうもありがとう。

斎藤宏美

1998.12.9

こんにちは！　あなたと私のフジタサナエとその家来の吉田すみえは久々の登場です。どうも〜。しかし、私は来たそうそうお昼のシェーキーズで食べすぎたため。ダウンーー。死んでました。エロエロゲロゲロでした。あら、やだわ。女の子が、オホホホ。そこで救い主みっちゃんが出してくれたのは、秘密兵器“アロエしょうちゅう”でした。これはスゴイ！　あのバイアグラよりも（なんで!?）。湯呑み3分の1をお湯で割って一気に飲むべし。この一気がポイント。まちがっても味わって飲んじゃダメ♡　最初は悪化したかのようにも思うのだが、ちょっと休んだらほらこの通り、みごとに復活をとげました。本当にすごいの。皆さんも食べすぎ、胃もたれにはみつこ印の“アロエしょうちゅう”をどうぞ。これは効きます！　そうしてこれから私たちはX'masの残りのカルアミルクと梅酒で飲みはじめまーす（←オイこら…）。

1998.12.16

こんばんは。礼さんと再びお邪魔させていただいています。今日は、みつこさんがお酒好きである、という事実を知り、ちょっぴり得した気分です。おーい、みつこさーん、大丈夫ですか？　楽しいなぁ。それでは、短いですが、本日はこの辺で失礼します。

沙友里

1998.12.19

今日は「富夢想野」で、充子さんと宏美と見台さんと、特別ゲストの5人でお食事をしてきました。スパゲティ、とってもおいしかったですねぇ、ほんと。チョコレートケーキのビックリパフェもおいしかったぁ!!　またお食事行きましょうね。ウフ！

とこちゃん

1998.12.20

こんばんは。またお久しぶりにおじゃましました、ぐしけんようこです。今日は、胃がもたれていて、ちょっと2日酔い気味で、だれています。きのうの飲みすぎと、夜中にたべた（おつまみで）ケーキのせいでしょう。そのことを充子さんに話したら、“アロエしょうちゅう”を飲め!!と言われました。“アロエしょうちゅう”とは!?12月9日のフジタさんのページに「最初は悪化したかのようにも思うのだが…」とあるし、きっとよっぽどマズイのだろうと拒否したところ、充子さんに“もう知らない”とみはなされました。でも、いいもーん。もうすぐなおるから、きっと。

ぐしけん

1998.12.21

今日、夕食後、みっちゃんのおトイレを手伝っている時、きらいな芸能人の話になり、みっちゃんいわく“みのもんだ”“タモリ”とのこと。そして続いて「ああ、あとあの人、ホラ、あの人もきらい」「えっ、誰?」「ほら、あのダイジョブだーの人（←しむらけんだー）」……てん、てん、てん。私が大笑いしていると、みっちゃんはいつものように自分で大ウケして笑いころげ、便器に顔をつっこみそうになっていました。

あけみ

1998.12.24

Merry X'mas　みなさんに質問です、私が充子さんの服をきせている時に、充子さんの服の着ごこちがわるそうだったので、充子さんに「ぐつ悪いですか?」と聞きましたら、充子さんは黙っていました。ぐつが悪いということの意味がわからないそうなんですけど、これは方言なんでしょうか。私は愛媛出身なので、愛媛の言葉ですか?今充子さんともめています。「ぐつが悪い」は標準語or方言、どちらなのでしょうか。

谷

1998.12.26

今日、夕方みつこさんにでんわではなしていたら「いまヒマ?」ときかれました。いやな予感がするな、と思ったら（笑）「お金がなくなったからおろしてきてくれる?」といわれ、寒い中チャリーーチャリと行ってきましたが、今日は土よー日なので午後5時にしまったらしく、足銀は暗かったです。チャンチャン。

さいとうひろみ

1998.12.27

今日はとこちゃん＆やえさん＆私の３人…じゃなくて、+ボスの4人でキムチ鍋をやりました。感想は私たちの顔をみての通りです。やえさんお迎えにウェンディさんとヒロさんがいらっしゃいました。6人でしまし歓談。いやあ、とにかく楽しかった。みつこさんは明日、実家へ帰るのね。私はあさって帰ります。始発で帰ります。というわけでみつこさんとはもうお別れ。半年間というみじかい間でしたが、楽しかったです。あなたのことは決して忘れないわ。それではさようなら、さようなら、さようなら。

さいとうひろみ

1999.1.9

みつ子さんとも今年でお別れ（?）です。1年の時からずっと一緒で、いつも私を温かく見守っていました。幸せな吉田澄江、悲しげな吉田澄江、怒ってばかりの吉田澄江（←これが１番多い)、楽しげな吉田澄江、遠くを見つめる吉田澄江。いろいろな私がいたでござるよ。そんな私をみっちゃんはみっちゃんでいろいろなみっちゃんになって４年間を相手したのです。ありがとう、みっちゃん。

吉田すみえ

1999.1.11

今日は本当に久しぶりにみっちゃんと外食へ出掛けました。食後のデザートを頼むことになり、みっちゃんがウエイトレスさんに「すいませ～ん♡」と声を掛け、「このケーキ、２皿」と注文しましたが、２皿の部分を聞きとってもらえなかったようで、「おいくつですか?」と聞き返されました。…そこでみっちゃん、きっぱりと「2人前!!」。…オイオイ、ここは寿司屋さんか??とつっこみたくなった!!　…みっちゃんとの外食、ホーント楽しいよ。まだご一緒したこのない人がいたら、とにかく乞うご期待!

羽石あけみ

1999.1.12

今日はみつこさんと久し振りにたーっぷりお話出来た気がします。何か最近、課題やら提出物やらで気が滅入ってたけど、元気になったよ～～!　よかったです。じゃ、またネ。

末永うみ

1999.1.28

今日は何の日、みつこの日＝♪　さて皆さん、もちろん今日は何の日かご存じでしょうね!?　今日は、我らが箱石充子の18回目（?）のお誕生日です！　ハッピバースディーー!!　イェーイ。みんなプレゼントの用意はできてるかなーー？　もし、できてなかったら永久追放だって（ウソウソ）。私が来た時にドアノブにあやしげな袋が…。開いてみたら（ちゃんとみっちゃんの許しをえたから安心してちょ）、ありゃまあ、すてきな絵本が!!ひろみさんからのプレゼントだったんです。なんてハイセンスの絵本。部屋に入ると、かわいいクッキーのつめ合わせが届いていたり、ひっきりなしに、おめでとうの電話がかかってきたりで、「あぁ、みっちゃんて本当にみんなに愛されてるのだなあ」としみじみ実感した次第です。ハイ。

ところで私はと言いますと、エンヤスさん、ひとみちゃんと連名でプレゼントをあげました。それはゴミ箱とドライヤーと三つ子のミッフィーちゃんです。ゴミ箱は今のがあなあいちゃったので選んだのですが、今使っているのはなんとみつこさんが十年前に宇都宮に来た時から使ってたんだって。すごい。それを聞いたらなんか捨てられなくなっちゃって、今使っているゴミ箱はねぎや大根を入れる野菜入れにするのはどうでしょうかと思います。こうなったらあと十年使いましょう。私たちがプレゼントしたニューゴミ箱も十年、いやもっとがんばってくれたらいいと思います。ドライヤーも、頭あらってそのままだと風邪をひいちゃうんじゃないかと思って選んだのでみなさん、ちゃんと乾かして下さいね（言い方ヘン）。みっちゃんも形が可愛い♡と喜んでくれました。旅行に行く時とかに持っていってくれるそうです。本当に実用的なものばっかりになってしまったけど、みつこさんがすごく喜んでくれたのでよかったと思います。やったよ！　エンちゃん、ひとみちゃん!!　あ、それから、三つ子はつるに乗ってます。つると干支のうさぎってなんか縁起いいっす。

今日の夕飯はゴージャスにピザでした。おいしかった。食後のケーキもSo good! とっても幸せなお誕生会でした。満足満足。

ふじた

1999.1.31

充子さんと過ごしていると笑いが絶えないので、とても楽しいです。充子さん、ずっと友達でいようね。

ぐしけんようこ

1999.2.3

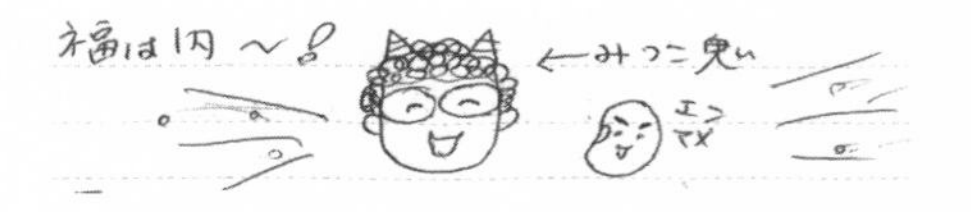

もうすぐ卒業です。もうすぐ、今みたしにすぐみつこさんに会えなくなっちゃう。さみしいねぇ。いっぱいあそんでたのしい思いで、つくろうね。

や

1999.2.5

みつこさんへ。

みつこさん、久しぶりだね。久しぶりに会えて嬉しかったよ。今日は、はづきの20歳の成人式祝いパーティーをしたね。お好み焼きを作って、キムチいれて、おいしいケーキも食べれて、おいしくって何かうれしかったなー。今日は途中で気持ちが悪くなったみたいだね。あまりコーヒーをのみすぎないで、体に気をつけてね。今日は私はびっくりしたよ、みつこさんの演出に。よく考えたねー。はづきはずっとこの日のこと覚えてると思うよ。

From むつみ

1999.2.5

みつこさん、成人式のお祝いをしてくれてどうもありがとう。お込み焼きもケーキもコーヒーもとてもおいしかったよ!それから、手袋どうもありがとう。欲しいと思ってたところなので、すごく嬉しかったよ。さっそく使いたいと思います。これからもどうぞよろしくお願いします。う〜ん、ねむい。

はづき

1999.2.11

今夜はみっちゃんちに泊まります。イエーイ。そう、みっちゃんちに泊まれる日もないかもしれない。幸せをかみしめましょう。スウェーデン行きの人をみっちゃんは大大大募集しています。すごく燃えているので、ぜひとも誰かいい人が現れるといいなと願います。

吉田澄江

1999.2.14

聖バレンタインデーの夜を充子さんと過ごしている熊谷です。今年はじめて来ました。久しぶり。数日前、「14日、だれも入ってる人がいないの〜」という充子さんのラブ・コールにふたつ返事でO・Kの私。生チョコを手みやげに(生チョコ大好き人間)。そしたら、充子さんが、知りあいの方からいただいたマグカップ(ステキ!!なのだ。バレンチノの青い花柄)があって、それにコーヒーをいれて生チョコを食しました。

ひとみ

1999.2.16

今日は、充子さんに"トモチョコ!"をもって来ました。私の手作りのチョコです。おいしい、と言って食べてくれたのでとてもうれしかったです。今日は、NHKの演歌をみて、二人でうたいました。充子さんは、全部の曲を知っていて、さすがですね。素敵な歌声をきかせてもらいました。今度、ぜひ、カラオケでききたいよ、みつこさん。

ぐしけんようこ

1999.2.17

今日は、ゆかちゃんと、大金洋子さんと4人でごはんを食べたので楽しかったですね。大金さんのことを充子さんは「たいきんさん」とうれしそうに呼んでいました。へんな人ですね、充子さんは。

とこちゃん

1999.2.20

みつこさんのスウェーデン行きですが、なかなか行ける人がいなくて困っております。大学の中にポスターをはろうと思います。みなさん、宣伝して下さい。みつこさんてば、とても前むきでバイタリティーのある人なのに、障害があるというだけで好きなところに行けないなんてなんとも不公平な世の中です。もっと気軽に障害をもった人も旅行に行ける時代が来ますように。みつこさんはその先駆的な人物なのですね。みつこさんはアーモンドがきらいらしい。

みつこさんはアーモンドがついていない

クッキーをえらんで、“モンドー無用”と言っています。さっ…、さむい。知的なみつこでした。

エンチ

1999.2.23

食後は、充子さんにとても素敵なビデオを見せていただき、心もあたたまってます。はぁ、なんだか、いいかんじです。今、充子さんはおフロ中です。今日もまた、とてもヘンなシャレを言っていました。おやつに私がココアピーナッツをいただいていたときのことです。“ここあどこだ?”と充子さん。“…しーん”。まだまだ寒い冬ですね(笑)。これからも、おもしろいことたくさんきかせて下さいね。ではおやすみなさい。

ぐしけんようこ

1999.2.28

今日テレビを見ていて、ターザンの映画についてやっていたところ、「あー、私、ターザン大好きなの～」と充子さん。どうやらターザンは充子さんの思い出の映画らしい。ターザンの「あ～あぁ～」という声は、『ヨーデル+動物の鳴き声+その他(バイオリンの音とか)』なんだって。さすがターザン。「あ～あぁ～」もいろいろ工夫してるんだね。みんなも覚えとこうね。マメ知識。ではまた。

クマガイ・ヒトミでした。

1999.3.1

充子さんと話をしていると、心がホカホカ。人間“肉マン”のような人です。いや“カイロ”のような人です。寒い日には、充子さんとこたつで心も体も温まりましょう。

森脇

1999.3.10

けんちん汁をおかわりし、チョコレートケーキ(デザート)をたいらげ、満足しています。そのあと、あまりの満腹さによこになっていたら、充子さんに“牛になる”と言われました。そして今、よこで充子さんは“ぐしけんようこ、ならぬ、ぐしけんモー子”と言って、大笑いしています。ひどいです。そういえばねー、むっちゃん、私たち2人のプリクラを見て、充子さんは“2人ともアホっぽい”て言うんだよー。ひどいよね。アホなのは、むっちゃんだけなのにね。こんなかわいい子たちをつかまえて……。充子さんの目は、おかしいようです。むっちゃん、みつこさんがどうしてもカラオケへ行きたいんだって。私たちと。だから、つれてってあげましょう(笑)。プリクラも一緒にとるのが夢だそうです(笑)。たのしみだねー。いつにする? マイクはわたさないようにしようね(“マイクは私の一人じめ”と充子さん、言ってるよーー)。じゃ、充子さん、またね。ぜったい、あそびにいこうね。

ぐしけんようこ

1999.3.15

こんにちは、初めて書いています。大金です。4年の終わりになってやっと充子さんとお知り合いになり、最近よくおじゃまさせてもらっています。今、充子さんは“木のパズル”に熱中しており、私の「おふろ入ろうか?」という言葉も耳に入っていない様子です。今日は東武デパートでお買い物をして、雨の中とても楽しい1日を過ごしました。夕ごはんは、そよかがおいし～いお鍋を作ってくれたので、おなかもすっかり満足しています。なんだか心身ともにとっても満たされた1日でございました。充子さんは“木のパズル”のハトー1ができなくて、くやしそう。充子さんがおふろに入っている間に、充子さんをだしぬいて私がハトー1を完成させます。おわり。

1999.3.16

充子さんと“スウェーデン”へ行ってきます。楽しみなのと同時に、4月20日まで、けっこうイソガし日々を送る予定となっているので、旅行前のルンルン気分を楽しむ間もなく、その日はやって来そうです。あっという間に、スウェーデンへ行く日を迎えそうです。充子さん、よろしくね。皆さんの代表(!?)として行ってきます。自分自身(つい先日、初飛行機体験したばかりなのに)、半月前に海外旅行へ行くことを決めるとは思ってもいませんでした。日程(4月20日ー4月30日)を聞いたのが2月中旬…。私が決心したのが、半月前の3月の頭…。パスポートのない私は、これからが忙しい! でも笑顔で始まり、笑顔で終わる旅にできるよう準備をがんばるね。充子さん!

森脇より

1999.3.19

みつこさんの熱が高い!! 泊まってちゃんと看病するつもりがつい少しねむってしまいました。充子さん、ごめんね。あまり役にたてませんでした。でも、朝ごはんのとき、いっしょに食べることが出来て、しかも私が食べおえるまで待っててくれてありがとう。とても嬉しかったよ。はやく元気になって、いっぱいいろんな話とかしようね。何もできなかったけど、少しでも良くなるように祈ってます。お大事に。

はづき

1999.4.13

今は2人でNHKの歌謡番組をみてます。私は知らない曲ばかりだけれど、充子さんは楽しそうにうたっています。とてもお上手。

ぐしけんようこ

1999.4.22

1999.4.30

充子、スウェーデンより帰国! 充子さんは想像していた以上に、パワフルな生活をしている人でした。日々、「○○へ行こう!」の連続で、私は充子パワーに圧倒されっぱなしでした。怖い位にパワフルでした……。

森脇

1999.5.2

今日は、充子さんに、“おみやげ話”、た

くさん聞きました。22歳の若いカッコイイ男の人とデートをしてきたとか…。しかも、3人!!　みなさんもぜひ、充子さんのみやげ話聞いて下さいね。おもしろいです。

とこちゃん

1999.5.3

スウェーデンから帰国して、久しぶりに会った充子さん。何だか、またひとまわり大きくなったような気がしました。いろんなことにチャレンジして、いろんなことを吸収していく充子さん、カッコいいなぁって思うよ。スウェーデンの話、本当はもっともっとあると思います。2週間だもんねー。1日話したってたりないよね。

睦美

はじめまして、むっちゃんのお母さんです。充子さんはとても勉強家で、いつも前向きの姿勢には感心させられます。ここにくると、私も勉強させられます。ステキな心をもった充子さんでいてほしいです。また、むっちゃんと夕食を作りにきたいです。これからも、むっちゃんをご指導して下さい。

1999.5.5

こんにちは。スウェーデンから無事帰ってきた充子さんから、みなさん、みやげ話をいろいろ聞いてください。3人の男性との浮いた話も。「3人の男の人とデートしちゃったわー」とうれしそうに話してくれましたが、そのうちの1人の人の名前をまちがえていました。「あっ、ちがった」と言っています。ひどい人だわ…。

ひろみ

1999.5.10

今日は、充子さんに、またスウェーデンの写真を見せてもらいました。みなさん、充子さん、カッコいい人と、ツーショットで写ってます!!　しかも、その人、棒に地面と水平につかまることのできる神業のもち主（笑）。けっこう、笑えます。充子さんいわく、ツーショットの写真は“かたくなっちゃった”とか。まったく、おちゃめなんだからぁ。

睦美

1999.5.15

秋元です。充子さんから様々なスウェーデン体験話を聞き、ふぇ～と感激してしまいました。もちろん、充子さんと某男性の激写もバッチリ拝見しました。あー。充子さんってすごいなぁ。私もがんばるぞって思いました。

1999.5.20

御報告「充子さん、大学の講義でお話を!」正式な日付はまだ未定なのですが、木曜日3コマの池本先生（教育・養ゴの教官です）の講義にて、充子さんがお話をする予定です。都合がつけば、ぜひ、“もぐり”で充子さんの晴れ姿をみにいらして下さい。

森脇

1999.6.6

1999.7.3

今日はじめて来ました。ごはん作るのにかなり時間かかったり、しかも今日は電車とバスに乗り遅れたりもして迷惑ばっかかけてしまった気がします。おフロもなかなか沸かせず何時間も経ってしまいました。でもみつ子さんと楽しくおしゃべりできて私はとっても満足 してますよ。おかしももらったし楽しい時間、ありがとうございます。今度来るときはもっといろんなおいしいごはんをごちそうできるように練習しておきますね。じゃあまたね。

やまださゆか

1999.7.12

こんにちは、初めてこのノートに書きます。充子さんちに来てはや1ヵ月がたちました。月日がたつのは早いですネ。充子さんと出会ってそんなに時間がたっていないのに、ずっと前からの知り合いみたいな感じに思ってしまうのは私だけでしょうか?私は4年生なので、充子さんのお料理を作って一緒に食べたり、話す時がだんだん少なくなってくると思うと、少しさびしいですネ。でも少ない時間でも楽しく一緒の思い出を作っていきましょうネ。これからもヨロシクネ。

乙貫

1999.8.23

お久しぶりです。久美子です。みつ子さんちにも久しぶりに来ました。私はとうとう卒業してしまいました。でも今は学生でもなく社会人でもなく、何なんでしょうねぇ???　もしかして○—かも…。でも来月からは学生復帰というわけで、今日お別れをいいに来ました。それでは何かの機会がありましたら、ここでお会いしましょう!!再見。

久美子

1999.9.4

こんにちは。ユウコです。今日はともこちゃんの豚キムチチャーハンを食べに呼ばれました。ミツコさんに会うのは初めてです。ミツコさんはすごくおもしろいですね。そしてとっても食いしんぼうでした。お腹いっぱいと言いつつ、デザートを要求していました。そしてミツコさんのおもしろ話もいっぱいしてもらいました。スウェーデンのすごい技の持ち主の写真も見ました。ところでミツコさんにはたくさんの愛人がいるそうです。すごいね。うらやましいよ。ミツコさん、ナンパはほどほどに。

ユウコ

ハ〜イ。私はともこちゃん＝とこちゃんです。ユウコを呼んだおかげで、いつもの3倍、いや、もっともっと楽しいです。充子さんは、麦ジュースをゴクゴクと飲んでいます。かなりの勢いです…。　充子さんは、けいたいを持ったんですね。「とこちゃんの番号教えてくれるーー。…ピッピッピ…入れ方分かんないわ〜〜」。どういうことでしょう。私とユウコは笑いがとまりませんでした。私たちは、充子さんに「もう1本!!」と言われる前に帰ります。みなさん、酔っぱらいには気を付けましょう。

とこちゃん

6冊目 1999.9.6-2002.7.15

1999.9.6

私は9月27日(月)～実習になるので、又、充子さんとはなかなか会えなくなってしまうので残念なのですが…。でも、今日、充子さんの笑顔を見ていたら、元気になってしまいました。時間のある日は、なるべく充子さんのおうちに来たいです。

乙貫

1999.9.24

私は書く事が苦手なので、なのでず～と書かなかったケド、今日は充子さんにお願いされました。久しぶりに来たら、角田さんにも会えてうれしかった。ここに来ると、たくさんの人に出会えてとってもたのしい時間がすごせるからくせになりそう。

浜島貴美枝

1999.9.26

充子さんは明日お出かけだそうです。明日着る洋服を2人でウキウキ♡しながら決めました。充子さんが持っている服って、みんなおしゃれですね。

秋元沙友里

1999.9.27

今日は充子さんとロビンソンへ買い物にでかけました。出産のお祝い、ということで子ども服を見に行ったのですが…、どれもカワイイ！充子さんと二人でどれにしようか、とっても迷ってしまいました。迷った末に選んだのはこんな感じ（男の子なの）。子ども服はティンカーベルということで（?）、2点ともティンカーベルで購入。んー、子ども服ながら結構なお値段でした。

その後、喫茶店でひと休み…。アイスコーヒーとケーキを食べました。美味…。とっても楽しかったネ、充子さん。また行こうね。

熊谷

1999.9.30

今日は充子さんと出会った記念日。今日は、伸江chanと二人で来ました。来るって決まった日から、充子さんてどんな人かなってワクワクドキドキしてました。康子ちゃん(以下やっちゃん)の紹介で来たのですが、料理を作ってってということでビックリ!! なんと、私は料理が下手だった…。十九歳でこれってマズイですよね。でも、ちょっと失敗した炒めものを、充子さんが「おいしい」と行ってくれてすごく嬉しかったです。また、来ます。私はいつでも充子さんのスーパーマンですよ（←???)。

かなりドジな花塚亮子こと花ちゃんです。

1999.10.4

充子さんに強制的（?）に“ノートかいてー!”と言われ、いつも書き忘れていることに気づきました。本当にお久しぶりです。今日は充子さんに“充子さんの運び方（?）”を習いました。これは非常にやりやすいのですね。知らなかった。勉強になりました(まだ知らない人は充子さんに教えてもらって下さい。もっと早く知ってればよかった…)。

まゆみ

1999.10.22

今日は北海道の紅鮭をさばきに来ました。紅鮭というだけあって、あざやかな身の色です。冷凍庫に入ってるので、先着12名様味わって下さい（横で充子さんが違うと言っています。「私がいっしょだから6名」だそうです）。

松本

ノートに書くのは今日が初めての そうまです。今日は私の姉を呼んで、みつこさんと3人で夕食を食べました。ひらめのあんかけを作ったのですが、魚のホネを取らずにあんをかけてしまって、みつこさん、食べるの大変でしたネ。ゴメンなさい。

でも、それでも、笑顔でおいしい！と言って下さるので、その言葉がうれしくってたまりません。みつこさん、ありがとうネ。

みつえ

1999.12.17

今から充子さんを黒磯まで送ってきます。新しいブーツをおろして忘年会だそうです！ 25日は箱クラブのクリスマス会、我が家の子供達は楽しみにしています。もちろん私も…。皆さんに会えるのも楽しみです…。

松本

1999.12.25

年に1度、Xmas会の時だけ顔を出している（?）大塚優代（おおつかまさよ）です。遅れて来たので、集まった皆さん全員にお会いできなくて残念です。

大学を卒業してから2年が経ちましたが、今でもこうして充子さんにXmas会のお誘いをしてもらえるなんて、とても嬉しく思います。充子さんは、「まさよちゃんが来てくれてた頃ほど、体が動かなくなっちゃったの…」と悲しそうにおっしゃってましたが、それは私も同じ。「どっこいしょ」とか言いながら充子さんのおフロを手伝うなんて、私も体力つけて頑張らなきゃと思いました。

2000.1.12

2000年、第1号はとこちゃんです。突然ですが、私の趣味の話。「さをり」にハマッてます!! マフラー作ったので〜す。充子ボスに見せた所、「とこちゃんらしい色だわぁ」とおっしゃっておりました。みなさんもさをりやってみませんか？ 詳しいことは充子さんに聞いてみて下さい。

2000.1.20

今日は、充子さん、久々のおふろだったそうで、おふろの中で「幸せ〜」と連発で叫んでいてすごく「私も早くおふろに入りたいナ」と思ってしまいました。だいぶ充子さんは満足していましたよ。あと、トイレをみて下さい。すごいですネ。結構早くトイレが直ったので、安心しました。充子さん、今度は気をつけましょう。

乙貫

2000.1.23

2000.2.3

こんばんは。今日は私の成人パーティーを鍋とケーキという豪華な料理でもてなしてくれてアリガトウ。それから暖かい手袋もアリガトウネ。大事にいっぱい使わせてもらうね。こんな風にお祝いしてもらうのは、すごくうれしいです。シャンパンも2本もあけてしまいました。

From むっち

2000.2.10

今日は色々相談にのってくれてアリガトウ。すごく助かりました。明日からまたがんばる！

今日は話してるうちにクローンの話になって二人で何かコワーイ気分になっちゃったね。夜みつこさん眠れるかなー…。

2000.3.2

お久しぶりです。睦美です。かれこれ1ヵ月ぶりくらいかな。ごぶさたしてました。みつこさん、おかわりないようで何よりです。睦美も、かわることなく元気です。相かわらず、ちっちゃい。

いやはや、今日は、すごく“春”だったね。3月に入ったら、すぐ春がきたってかんじだね。あと20日ぐらいで、私も大学卒業です（できんのかな?)。4年間早いねぇ。充子さんとのつきあいも、もうすぐ4年です。これまた早いもんだね。

私が初めて来た日のこと、おぼえてる?私はよーく覚えてるよ。陽子と2人で来たんだよね。2人とも料理なんかしたことなくってさ、はじめのうちは、失敗ばっかりだったなぁ。唯一の得意技は、“シャケ焼き”と“みそ汁”。これは今でもかわらないか（笑）。何か、くるたび大笑いして、帰ってったような気がします。

毎年、春がくるのは、ほんとうにたのしみでうれしかったけど、今年の春は、ちょっぴりさびしいよ。大好きな季節なんだけどな。センチメンタルだ。卒業しても、ずっと友達でいようね。約束。さて、そろそろおわりにします。じゃね、おやすみ!!

むつみ

2000.3.6

今日は充子さんにいろんなこと聞いてもらって、ストレス発散になりました。ありがとう。

ぐしけんようこより

2000.3.8

充子さんが「内臓が丈夫なのよ。みせてあげる」とタンスを開けた。「充子さんの内臓はタンスの中にあるの?」ときくと、「内臓を内蔵してるの」と血液検査の結果表をみせてくれました。充子さんのトークには不思議なことがいっぱいです。

乙貫

2000.3.10

おひさしぶりです。オバタです。今日のみつこ語録をかきます。テレビのお料理番組で超有名なお料理の専門家が「最後にゴマをかけるとよりおいしくなります」と自信満々にいってたのを見て、みつこさんは「ゴマでゴマかしてる」といって一人で笑っていました。ちょっとこわかった…。

2000.3.11

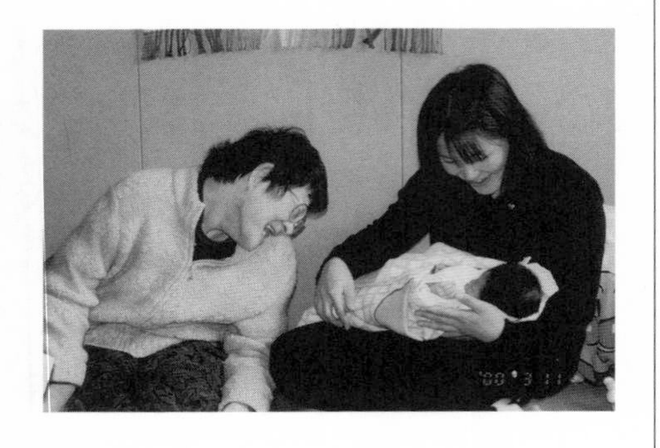

2000.3.13

お初です。ハッ!?じめまして。栃木市の福祉専門学校へ通っている、えみちゃんこと、鈴木恵美さんです。現在は十九歳であさって15日で大船の20代になってしまいますぅ。悲しいですネェ。初めてなので少〜し緊張していましたが。が…が。充子さんという方は、ん——。本当は、くいしん坊かもしれないナァ。初めて会って、失礼かもしれないけど、けっこうくいしん坊だぞ!ぞ!!ぞ——!!! 笑。ヨーグルトを食べるって。なかなかツウかもヨ!? だって〜、リンゴをすって入れるみたい。オ—ウ。今から作ってみます(とこchanが調理中)。

こんばんは。とこちゃんです。今日は、えみちゃんを連れて来たので充子さんはルンルンです!えみちゃんは、とても話しやすく優しいので、これからも充子さんとは気が合いそうですね(今日は2人でイイ感じ)。私は4月から社会人なので、もしかしたら、今日で最後?!(学生生活の中で)かも…。でも、また来られる日はバンバンきますヨ。お茶しに来ようと思います!! 充子さん、これからもえみちゃんと仲よくね。また、かわいい後輩をみつけて、連れてこようと思います。それでは、さようなら。

とこちゃん

2000.3.16

今日で、しばらく充子さんちには来られなくなります。さびしいです。引っ越し先が決まったら、教えるからね。今度も市内に住むので、仕事始まっても遊びに来るからね! 充子さん、ずっと元気でいてね。じゃ、またね。

ようこ

2000.3.17

充子さんの弟さんと4人でたくさん語らいながらのごはんは、実家(もともと私は自宅生ですが)で食べるのとはまた違って楽しかったです。ごちそーさまでした!

大澤みのり

2000.3.20

今日は、と〜っても風が強〜い日。私、恵美ちゃんとしては予想。春一番が吹いたと思いますよ。オ〜!! ただ今、充子さんがギャーグを飛ばしたぞ〜。ナカカワさん特製のみそ汁を…で、その中にしょうがをすって入れるのですが〜。そしたら…。充子さんが“ショーガナイネェ”。だって。ナカカワさん、“サムー”って。私の周りも寒くなったーー。今日一番の寒〜い風が。ショーガナイネェ。

明日、充子さんTokyoさ〜♫ 行くみたい。明日髪の毛をピンク、紫、緑、青にした充子さんが登場する予定どぇ〜す。この頭にして、今、ハヤリのパラパラを躍るようです。スカートはひざ上15センチで、厚ぞこのブーツ12センチ。さて、明日の充子さん、どうなるでしょ——か? 楽しみ、楽し――――み。

入浴介助で学んだこと。初めて充子さんの入浴介助をさせて頂きました。学校では、友達同士での体験をしました。…が…。きちんと障がい者の方を介助したことがなかったのでとても不安でした。一つ一つ細かく充子さんに教えてもらいながら、危なげながら無事成功。お湯のはりぐあい、ピンクのマットをしくなどちょっと、忘れた（まちがった）所もありましたが。でも、こういう体験ができて良かったと思います。

2000.3.24

5日ぶりに充子さんに会ったのですが、ろ天ぶろで足をこすって、タンスに肩をはさんで、入れ歯で口を切ってしまったそうで、充子さんにとってはとても大変な日々をすごしていたのかと思うと…。充子さん、気を付けて下さいネ。心配ですよ。

乙貫

2000.3.29

充子さんとお互いの愛犬について親バカ談ギに花を咲かせ、イエス様についてお話していただきました。今日も内容の濃い1日でした。

さゆり

2000.4.10

あー、充子さんは今お風呂に入ってます。久しぶりに、充子さんのお風呂に入った瞬間のため息「はぁ～」を聞きました。なんと幸せそうなのかしら!? これを聞くたび、私も今日ここへ来てよかったな～とつくづく思うのです。幸せ…。そして今日もそんな幸せな気分で帰れることがまた幸せ…♡ というわけで幸せいっぱいいただいて帰ることにします。

あや

2000.4.23

今日は充子さんにはじめてお逢い出来てとってもうれしかったです。おいしいコーヒーを2人で飲みながら色々なお話が出来、これからもよろしくお願いします。

飯村博子

2000.4.28

こんばんは。お久し振り（ホント）の和田千絵子です。知ってる方、少ないと思います。今日は久びさにここに来れ、充子さん、さゆりちゃん、さとこちゃんにお会いでき、嬉しかった。どうもありがとう。充子さん、温かく迎え入れてくれて、どうもありがとう。充子さん、限られた時だけど､共に過ごせ､よかった。また次会うのは、1年後になると思うけれど、それまでお互い、励まし合っていきましょう。宜しくお願いします。さゆりちゃん、さとこちゃんをはじめ、皆さん、ワツィが言うの、おかしいかもしれないのですが、充子さんを宜しくお願いします（やっぱり変ですね、私が言うの）。又、皆さんもきっと充子さんの内から出る魅力にひかれ、ここに通ってらっしゃるのだと思います。

明日（というか今日）、私は実家の方へむかいます。皆さんもお元気で。

充子さん、ありがとう。いってくるね。また1年後に。

私は栃木市のマロニエ医療福祉専門学校に入学してまだ二週間の、介護福祉士を目指している者であります。充子さんに出会えてとってもHAPPYな気持ちです。男なので、充子さんを入浴させてあげる事は出来ません。今日は、恵美ちゃんと一緒だったので入浴は恵美ちゃん、食事は私が作りました。また来ますので、出会った方はよろしくお願い致します。

塩田直義

2000.5.12

えみちゃんから、カナリ↑真面目な話を…。今日初めて充子さんのお風呂でのリハビリを拝見しました。手すりにつかまっての立ち上がり練習。週に何回かリハビリを行なっているようですが、家庭でのリハビリも大切だと思うのです。医療福祉センターでのリハビリはもちろんのこと、そこの機関だけでなく個人的に何か自分のためになるような物をさがしてリハビリをする! 少しのことでもリハビリになります。何か良い案があったら、充子さんと相談して行なってみて下さい。とても役に立つと思います。

恵美ちゃんより

2000.6.1

私も今日初めてみつこさんの家に来ました。来る前は、少し緊張してたけど、みつこさんはとてもいい人でよかったです。とても勉強になりました。

里美

2000.6.2

夕食はチャーハン&ニラ卵汁&サラダでした。充子さんもきれいに残さず食べてくれた。充子さん&えみちゃんと食事をすると、2人共良く食べてくれるので作りがいがある。自分も食べ過ぎてしまうのが心配である!?

塩田直義

だいたい毎週金曜日に来て、TV。Mステーションを見ています。ここで充子さんのひと言。“最近の曲は、何を言ってるかわからない。どなってるみたいだ!”。……そうです。充子さん、最近の曲にどうやら不服のようです。

恵美chanより

2000.6.7

充子さんは、直ちゃんのみそ汁はいつもおいしいと言ってくれるので自信になります。

直

初めて充子さん家にうかがいました。充子さんと沙友里とおしゃべりしました。充子さん家は居心地がとっても良いでーす! なんか帰りたくなくなってしまいました。いつか、充子さんと一緒に飲みたいなー(←その時は、沙友里、泊めておくんなまし)

小井田久実

2000.6.9

午後9時30分。またまたもう何回聞いたかな!? ニューヨーク=入浴に行って来ますと言い残し、恵美ちゃんとお風呂へ行きました。充子さん、この前お風呂で転倒して、おでこ、ケガしたみたいなので今日はすべって転倒しない様に気を付けて下さいね。

直

2000.6.12

今日は、“にんにくしょう油”を使った油いためをつくりました。にんにくのいい香りがして、とてもおいしかった!! みつこさんは「精力がついた!」と喜んでいました。もっと、充子さんが元気になったら、みんなビックリしちゃうかも。

はづき

2000.6.16

皆さん!! 充子さんは味のこい物が好きそうなので、うす味に慣れさせて下さい。バランスの良い食事をしていれば、ケガの治りも早くなる事でしょう。最初に来た頃はケガなどしなかった充子さん、最近ガラスに突っ込んでしまったり、深ヅメ、やけどとケガだらけ。ケガには注意してね、充子さん。おやすみなさい。

FROM　直

2000.6.17

体長3ミリくらいの虫がテーブルの上を歩いていました。みつこさんはパニックになりました。外へにがしてあげました。みつこさんと虫の両方を助けたので、いい気分になりました。

今村

2000.6.24

お風呂後の出来事!
恵：さて、充子さん、直ちゃんの麦茶のうもうかネ?
充：私は、ホンモノの麦茶を飲もうかナ。
恵：ホンモノ?　ン?　ン?　……ア〜〜〜。
皆さん、充子さんはお風呂上がりにアレを飲んだのでぇ〜アリマス!

理解不能な方は充子さんにお聞き下さい。私は、CarのためOH MY GOD. MITSUKO'S麦茶は…ホンモノの麦茶は別名“札幌”と言うらしい。

恵美

2000.6.30

今日、おふろ初体験!!　みつこさん幸せそうで、私もうれしくなりました。

里美

2000.7.7

七夕なので近所の山へ笹をとりに。天の川を見よう〜♡な〜んて、台風だよ!　警報×2。《栃木県大雨洪水暴風警報》。

あ〜〜!?　充子さん、札幌のんどるぅ〜。私達、直chan & 恵美chanは、CARのためヨダレをだら〜んとたらして…見〜て〜る〜だ〜け〜。お風呂あがりの充子さんのお笑いは、青江三奈のマネをしたのであ〜る。タラッタ、タラララッタ―ラッ、ア〜ア〜ア〜。

2000.8.19

今日は、初めて充子さん宅におじゃましました。かずみchanとまさひろくん、めぐみchanとたかひろchanと小川さんと中川さんとしーちゃん（かずみちゃんいわく）と田崎のびと、そして充子さんの総勢究明のにぎやかなお食事でした。その後充子さんとお風呂で、『風呂話』。充子さん本当に風呂好きですね。でも私の手際が悪くてつかれさせてしまったかも…。ごめんなさい。しかーし、今日はとても楽しかったです。充子さん、ありがと。

小牧詩織

2000.8.26

2000.8.27

2000.8.30

今日ははじめてこの家に来ました。今まであまり興味がなくて（みなさんにはおはずかしいことだと思ってます。すいません）、でも、今日は充子さんに出会えてよかったと思います。私も充子さんとこれからも接したいと思っています。ボランティアということでここに来たけど、本当は充子さんにとてもたくさんのことを学ばせてもらったと思います。これからはいろんなことに挑戦したいです。

あべ。

2000.9.14

渡辺ゆうこです。九月九日に文化祭がありました。で充子さんと康子さんが来てくれました。初めて康子さんとあいました。すごくやさしそうで、いい人です。またあえたらいいです。こんどみんなで飲みましょうね。たぶん大酒のみは、もちろんミ・ツ・コさんだと思うけど。

2000.9.20

ここ何日間か卒論にはまってます。この充子はんのことを卒論にしてみようと3年間最後のシメです。今日は、その為に充子はんとIY堂へ外出。一階を散策し、帰ろうと思ったが…、私はある物を見つけてしまった。それは…おいすぃ～試食コーナー!? ひと～つ、黒ゴマプリン＆パンプキンプリン、もひと～つ、ハーゲンダッツ限定品（今）のシナモンアイス。サ～イコ～！ このおいしさは充子はんに聞いておくれやす～

FROM恵美

2000.10.6

只今、Mステspecialを見てます。やはり充子さん、最近の曲わからないみたい。私も同じですが。But、T.Mレボリューション（西川くん）のことを、18歳と言っており、20歳（ハタチ）である私はなんなのサァ～って一発、充子はんにパンチくれてあげたわ（ウソ×2）。充子はんのギャグ一発。馬の絵柄のCupでお茶を飲むとウマイヨ～!!! だってサ。皆さん、ムリに笑ってやって下さい！ 充子はんに2発目おみま～い。“お茶って淹れたことあるの?”だって～。ナニオ～、許さ～ん。お茶を淹れながら、“私が”淹れたお茶です！と言ってやったワ。ク～ヤ～シ～。

えみ

2000.10.7

来週の土ようにブラジルの方がくるみたいです。でも日本語しゃべれるみたいですんで安心です。今日はミツコさんの弟さんとその娘さんにお会いしました。

きのう前期の単位でました。予想をうわまわって14単位とれました。来週からまたがんばります。

今村将則

2000.10.13

充子はんには、驚かされてばかり。だってー、恵美ちゃん、今日元気ないネ!って。えーーー!!!　なぜわかるぅ。…。ま、色々あるんだよ!　充子相談員。

えみぞー

19時～21時までにチャンネルで動物の番組をやっていて、充子さんは夢中になって見ていました。充子さんは本当に動物好きなんですね。夕食が済み、梨を食べお茶を飲もうと中川さんに馬のカップを渡したら、このカップで飲むお茶はきっとウマいと言っていました。しかしそのカップは充子さんの元へと。充子さん、そんなに馬のカップで飲むお茶はウマいのですか?　今度おかりしますね。

塩田直義

2000.10.16

とても久しぶり（半年くらい?）みっちゃんに会いに来ました。そして久しぶりにこのノートを見させてもらって本当にたくさんの皆さんがみっちゃんの毎日を支えているなだってあらためて感動してしまいました（男性もいるのネ～!）。みっちゃんと知り合って約五年…。今は私も主婦となって以前のようにみっちゃんのお手伝いができなくなってしまいましたが、これから時間を作って時々みっちゃんの笑顔を見に来たいです。

あけみ

2000.10.21

小川サンがきました。ブラジルからきました。独身で事務やってるそうです。日本語うまいです。でもミツ子サンのギャグ理解できず。

2000.10.28

今日初めて来た橋場かおりです。ミツコさん、これからよろしくね。少年法について話したけど、あたしもちょっと勉強してくるね。っていうか、テレビとか新聞とか見ないから、最近の世の中のことぜんぜん知らないから、ミツコさん教えてね。

2000.10.31

今日初めて充子さんの家におじゃましました。充子さんの家に着くまで、ドキドキしていたけれど、充子さんが私のことを覚えていてくれてホッとしました。充子さん、りんご風呂はどうでしたか?!　明日になったら、りんごはどんな形になっているのでしょうか?!

今日は勉強になりました。楽しかったです。また充子さんに会いに来ます!

美香

2000.11.10

今日は、いや今日も卒論でお世話に!　充子さんのいつもの脳ミソをいつも以上にフル回転させましてアンケート（質問）に答えてもらいやした（イヤ～熱弁×2）。良い材料がありました。充子さ～ん、ありがとよ～!

恵美より

2000.11.12

おふろのときは、他人が何気なく言い放った言葉にショックをうけた話をしました。みつ子さんは、お母さまと姉妹にまちがわれるそうで、失礼しちゃうと言っていましたよ。

東北・福島人のさらしなさとこ。

2000.11.15

いつぶりかしら〜。直ちゃんとではなく、1人で充子さん家におじゃまするの。それもウフフッ♡　デートしちゃった、女2人で。怪。パセオ＆ロビンソンへ。ロビの方はエレベーターがあってとても便利。それ比べまして、パセオの方は、エレベーターはともかく自動doorがナイ。パセオでのひとコマ。私が重いトビラを片手で閉まらない様に止めておいて、そのスキマを充子さんのクルマイスをもう片方で移動。誰も手伝ってくれない事に今の日本の冷たさを知りました。But、女性の方で親切にドアを持ってくれた人がいました。その人はキラ×2とオーラが出ていましたヨ。
恵美ちゃんより→名前かいてなかったら、充子さんがうる〜さく言うのよね。

2000.11.22

今日は学祭前日で、準備を手伝わない私は1日休日です。のほほんとはじめて充子さんの家に遊びにきました。はじめまして、宇大3年養護の瀬脇光です。よろしく。充子さん、洋服もちですなァ…。すごすぎる、かわいいし、多い、とにかく多い、あっちも洋服、こっちも洋服…。あれも服、こっちも服!!　多っ!!　なかなか探すの大変でした。うそうそ、けっこう的確な指示ですぐ見つかったけど。でも多くておどろきでございました。

瀬脇と同じバイトで知り合った宇大4年社会科のサイトウトモミです。充子さんは優しくて、お話上手で、ファンになってしまいました。家で家事をあまりせず、不慣れな私ですが、これからもよろしくお願いなのです！

2000.11.24

今日やっと看護実習が終わった〜。この1週間は終われば楽しかったと思うけれど、とても長かった。さっそく、みつこさんにぐちをきいてもらった。そういえば明日、みつこさんと宇大の学祭にいくのだ、楽しみ!!

雅代

2000.12.5

今日はみつこさんの夢の話を聞きました。みつこさんが白いドレスとネックレスを着けていて、そこに昔の好きな人がでてくるという夢。いいなぁー。なんて幸せな夢かしら！

みつこさんもすごい嬉しそうで、こっちまでなんかハッピーになっちゃいました。みつこさん、これからもたくさん幸せをわけてくださいね。さてさて、3日のクリスマスパーティーはいろいろな人に会えて楽しかったです。みなさん、これからもよろしくお願いします。

はづき

2000.12.27

本日、みつ子さんはFKDに行って、グレー、黒、赤、茶色を買われたそうです。あっ、スパッツね。でも、チャックがついていて残念ですが返品!!　やっちゃんさんが何とかひもを工夫してつけようとしたり工夫を重ねましたが、断念。無念、残念、今年最後のみつ子さんの自分へのプレゼントだったのに…。来年もっとよいスパッツに出会えるはずです。私にも、みつ子さんにも!!　そしてみなさまにも!!　それでは良いお年を!!

2000.12.29

今日の夕食はおでんスープとおもち! ちょっと早いけどお正月気分。おもちを温めすぎてしまって、食べるのが大変でした。だって、みつこさん、1人3コじゃたりないよって言うんだもん。多いんじゃないかなとは思ったけどさ。

里美

2001.1.24

あけまして、おめでとうございます。今年もよろしくお願い致します。年明け、直ちゃんナシの恵美ちゃんのみで来客しにきました。充子さん、お元気?という間もなく、"正月ボケ"がカナリ残っているようです。いつもの"充子ギャグ"ですヨ。"嫌ですねぇ～"。寒いのに、誰かさんはも～～っと寒くしちゃってわたくしの耳はカナリの寒さです!

皆さん、大変です。あの充子さんが霜ヤケにオカサレテおりま～す。あまりのかゆさで、車イスの運転もままなりません。なかなかこういうムズガユイ充子も良いワヨ。皆さん! オ～ホッホッ。

恵美

2001.1.31

明日から如月きさらぎです。

では、これより如月、充子さんの抱負を! 只今、悩んでおります。

第1声：わかりません。ガビ～ン。

第2声：Friendを探す（できれば、Boy friendを)。負けないワ。へ～ンだ。

第3声：食べ歩く! 太るぞ～。

ここから、別名"下栗の母(相談をきく側、充子さん)"に恋愛相談して頂いております。 なかなか良～いアドバイスをもらいました。サナギから成虫になればと! "下栗の母"の分析によりますと、私の性格はさっぱりしていて多情という診断に終わりました。料金：1200えん也。

ニュース。

時刻18時すぎ。いつものように充子さんトイレへ。用を済まし車イスへ乗りこもうとした瞬間、ドッコイショ! ん? あれれ? 充子さん～、私の膝の上へ座っている。アハハハハ。オ～イ、あなたの座る場所違うでしょ～。私は充子さんの下着直しを終えて座っていたのです(床へ)。さ～て、立とうかと思ったら…。充子さんも車イスに座ろうとしたその時、な～にをまちがったのか私のひざへ。

そして今、な、なんと充子さんが直立してまぁ～す。オ～。すばらすぃ～。リハビリですね。 充子様へ。チョット～、タダで座ろうなんてなんつ～根性してるのオ。お金払ってチョーダイ!

下栗の母の1200円で"ちゃら"にしてあげるワ!

2001.2.16

～事件簿～

トイレで。車イスから便座に腰を下ろそうとした時、充子さん、冷たい床へジャンプ。ヒェ～。"ドカン、ゴツン、バキ×2""イデェ～"。便座にいくはずが、な～ぜ床に? サイアク～。なんでいつも私が来ると、充子さんはヤバイ行動をとってしまうのでしょうか。誰か教えて! もぉ～、いつも来るとネタが尽きないワァ。

恵美

2001.2.21

今日は、2月7日に果たせなかったFKD

にデート。どのくらい居たと思います？ 四時間ですよ、4時間！ 色々と中をブッショクして、ケーキセットを食べて、ブヘ〜。色気より食い気。ワ〜オ、帰宅時間8時ごろ。全く時間を気にせず買い物をしていた2人。笑。帰宅後、Tableにいた充子さん。すると…？ 充子さんがいない。充子さんは？ 事件一、車イスから落車。イデデ〜〜。なんでいつもこ〜なるの〜？ 皆も、こ〜なのカナァ。ん〜〜。

えみ

2001.3.2

今日は、いり豆腐と煮物を作りました。充子氏、TVで動物が出てくると、もう夢中…。うおぃっ!! 頼んます、先生…。先生がいないとお料理できないのに〜〜。というわけでなかなかすすまず…。「私は両方とも見てる」とM子氏。うそーん、見てなかったでしょ!? TVの動物番組にあそこまで釘づけになってしまうとはねぇ〜。

2001.3.4

今日は、みつこさんに頼まれて、たいらやに寄ってから来ました。とうふとたまごと、グレープフルーツ、にんじん、ビニールのひも（荷づくり用）で完ペキだったはずなのに…。いざ、御飯のじゅんびをはじめると…。みつこさん：「ちくわ出して」と言うのだが、いくらさがしてもみつからず、「ちくわないよー」と私が言うと、「ちくわも買ってきてって言ったでしょ？」→うろたえる私。ちくわを買いわすれていました。ははは…。ごめんなさい。それでも、今日の夕飯も「おいしいよ」と言ってくれたみつこさんに感謝。みつこさんの言う通りに作れば、まずいはずがないのですよ。私だけで作ったら、どうなるやら。

さらしなさとこ

2001.3.8

さて、皆様、今日、充子氏は何をしたとおもいます？ 窓に…ドーン!!と追突されてしまったようです。前の家から数えて通算四度目だと、充子さん笑って申しておりました。みてみてね。こんなんなってるから！ ナイスドライブ!? グッドドライバーめざしてね、充子サン！

せわきひかる

2001.3.20

今日は世界の犬猫展に行きました。充子さんは、盲導犬の桃子かパピーだかに気に入られて顔をきれいになめられておりました。顔が半分なくなっていました。おもしろかったです。ユニクロにも行きました。

雅代

今日は盲導犬センターに行きました。充子さんはワンワンに顔をいっぱいなめられてました。充子さんの顔はどうやらおいしいらしいです。

里美

2001.3.27

ひさしぶりの充子さんとの対面でした。私は今日はじめてこちらの部屋を見ました。とってもかいてきで感動！ だって充子さんが部屋中自由に動きまわっているのですもの！ こんなスピーディーな充子さんを見てびっくり！ そして久しぶりすぎて話が長くなってしまい、食事＆お風呂がおそくなってしまいました。

浜島貴美枝

2001.3.28

初めまして。石井つぐみです。今日は、充子さんと2人で、虫の話やヘビの話をして、さむくなったりして楽しみました。

つぐ

2001.3.30

今日は遅刻をしてしまい、夕食がコンビニ弁当になってしまった。本当に申し訳ありません。しかもおそくなってしまったので、とまらせて頂きました。充子さんと飲んだ朝のコーヒーは最高でした。

雅代

2001.4.2

初めまして。荒川拓之です。今日は、上村さんと充子さんと3人で色々な話をしました。面白かったです。

荒川拓之

2001.4.4

今日、「ひよこ」を買ってきた。はずなのに、開けてみると、なんと「ぽっぽ」だった。いつのまにか出世してるし…。でも味は同じみたい。みつこさんは♪ぽっぽっぽーはとぽっぽーとごきげんだった。よかった。

里美

2001.4.5

11日(ぐらい)ぶりにみつこさんの家にやってきました。しかも、今日はお泊まりです。そして、おふろに入る前、でんきをつけるまで、おふろ場がまっくらだった、しばしの間、みつこさんは"なにからなにまで真っ暗闇"と「まっくらやみのうた」(?)をうたってくれました。しばらく頭からはなれなくなった「まっくらやみのうた(?)」、おそるべし。

あと、料理の鉄人のように、フライパンをふるには、どうすればいいんだろう?みつこさんいわく「腕をふるのではなく、フライパンをうごかす」…わかるような、わからないような?

さら

2001.4.13

川原波奈子です。材料も買ってきて、いざ肉じゃがを作るぞ!とはりきっていたら…。テレビでは、金曜こうれいの『かわいい動物達』。もう充子さんはテレビに夢中!犬のダンスと自分のごはんどっちが大切なのでしょうか?

というわけで勝手に作りはじめてしまいました。私の家では肉じゃがにニンニクを入れるので、当然なべにはニンニクを投入!無事完成。今までニンニク入りの肉じゃがを食べたことない充子さん、1口食べて「おいしい!」といってくださいました。

2001.4.15

今日もいつものように生協の注文をしました。生協には誘惑のページがあって、いつも誘惑に負けそうになります。そのページがくると、みつこさんの目は(私も)キラーンと光っている…(おかしの誘惑です)。みつこさんと私のあやしい関係(とみつこさんが言っていた)はもうすぐ1年。月日がたつのははやいねぇ。しみじみ。

さら

2001.4.18

こんにちは(?) 石井亜美です。今日は、みつこさんがふくだやへ行ったようで、きみどり色の花柄Tシャツを見せてもらいました。すると、そこへ高島屋の配達がきて。ジャケットを買ったようです。やっぱり花柄でした。春らしいみつこさん。また衣しょうが増えました。オシャレさん♡

2001.5.5

今日はさとみさんが巫女のバイトをする安住神社に行って来ました。神社では「黄金の狛犬」に文句をつけていると、天罰が箱石さんにいってしまい、僕はかなり反省しています。改めて介助者の意識を深めようと思います。

荒川

2001.5.14

今日は、えみさんと初めてお会いしました。このノートでいつも楽しい話を書いてあって、どんな方なんだろう?って思ってたら、ノートに書いてあるとおり話が面白くてステキな方でした。充子さんとのトークはまんざいしてるみたいで聞いてて笑っちゃった。

はづき

2001.5.18

はじめまして、栃介の山田麻由子デス。今日はドキドキしながら、どんな方なんだろうと不安と楽しみでやってきました。TELしかなかった(声しか聞いた事無かった)ので、お会いした時、疑問は消え、楽しい時間を過ごす時が出来、不安はなくなりました。

2001.5.26

久しぶりの充子さん宅でゆ〜っくり。お約束していた卒業写真をもってきて色々とおしゃべり。直ちゃんには失礼して一緒に写っているフォトをプレゼント!

これで私もあなた(充子ちゃん)のおそばに居るわよぉ〜。今度いつ来れるか分からないけど、体に気〜〜つけて。ひからびないよぉに。お風呂でのことでチョット♡肌の触れ合い♡が名残惜しいわァ。

えみより

2001.6.16

今日は、家に来たら、そのまま外食へ行く事になりました。箱石さんの迷案内でかなり安全なドライブでした。

荒川

2001.6.20

今日のみつこさんは、お疲れの様です。車いすの充電の音が気になるかな…と心配。とりあえず、今、みつこさんの寝息がきこえるので寝つけたかな…。朝までぐっすり眠れると良いけれど。それでは。

さらしなさとこ

2001.6.22

今日初めて充子サンのお家に来ました。充子サンに会うのは、教会で会った以来2回目だね♪　でも何だかもっと会ってる感じがするネ…ハイ。

あやか

充子サン、今日はグッドタイミングが3回もあったらしく、イイ日だった?(夕食ぬかして)　新しい彼女もゲットしちゃって…(あやかちゃんのこと)。会える日をたのしみにしています。

美香でした。

2001.6.28

ミツコさん、今度本当に彼氏をつれてくるので、厳しくチェックをして下さいね!

今日は、高級マニキュア、どうもありがとう!

彩香

2001.7.26

めずらしく食欲がなかったのに、そんな日にかぎって充子さんにケーキやらアイスやらプラムやらヨーグルトやらすすめられてしまって、苦しいお腹をかかえて帰路につくことになってしまった。

雅代

2001.8.24

今日は来てスグに公園までお散歩したね♪　とても良いお散歩コースだ☆　帰りに、ミツコさんが自分の家をまちがえたのは忘れない→!　あはは→♪　今日も楽しかったあ☆

あやか

2001.9.2

今日は、充子さんにとって、さんざんな1日だったようです。昼食をたべてきたあと、きもち悪くなってしまったそうです。そして、夕食もおふろも終えてのんびりすごしていたら、玄関の方で物音が。行ってみると、例のゴキ○○!!

なんとか退治して、わりばしでつまんで外へ出そうと、はしの入ったひき出しを開けたら、またびっくりで、中にもゴ○○○が。おそろしかったです。本当に。私のびっくり声に、充子さんもおどろかせてしまいました。ごめんね。なんで、私が来るときのゴ○○○出現率は高いんだろう。はぁぁ…。明日は平和な1日になるといいね。このことをのぞけば、今日は、おせんべいの味くらべをしたり、旅行のお話をきいたりで、たのしかったのにさ。

さら

2001.9.5

お久しぶりです。久美です。このノートになってはじめてかくなぁ。日本を2年もあけていたものでー。またまたみつ子さん宅におじゃましております。いや～、いつもみつ子さんにはお世話になっております。今はみつ子さんとちこちゃんとデザートtime。至福の時です。あ～、眠くなってきてしまった(最悪パターン…)。

2001.9.9

はじめまして。村田有美です。ここで自己紹介を。宇都宮大学四年です。栃木弁を自在にあやつり、よく「だいじけ?」と言っています。今日もみつこさんにからかわれてしまいました。

2001.10.16

今日は久し振りに来たよ。そしたらみつこさんは風邪を引いていたね。4日前からずっと治らないみたいだけど、早く治るといいね。ごはんも全部食べたし、歌謡コンサート見て、熱唱してたからきっともうすぐ治るよ。パソコン習いに行ってるんだってね。引っ越してもう結構なるけど、前からやりたいって言ってたのが叶って本当によかったね。素敵なポスターできるといいね。

むっち

2001.11.30

今日で11月も終わりです。その前にはじめまして斎藤佳愛（サイトウ カアイ）です!!　今日は美香にくっついて初めて充子サンの家に来ました。初めてだっつーのに、夕食食べまくってしまいました。作り方もおそわったし、今度作ってみようかなー。次来るときは、何かお役に立てることがしたいなぁー。おっし今度は秋田名物のきりたんぽをごちそうしようかな♡　今日は本当にありがとうございました。楽しかったワ。

2002.1.16

充子さん、男の方に耳そうじをしていただいていてとても楽しそうです。…今日はこれがメインですね。充子さん♡

by佳奈美

2002.1.18

今年はじめてきました。2人で夕食を終えていろいろと世間話に“花”が咲いてます。——というと年齢がバレ…かもしれないけど、充子さんも私も気持ちは18歳、頭も18歳!!　あれれ、もう9時。入浴の準備してこよっとー。

Shino♡

2002.1.20

これを見て充子さんは思い出すのだろうか…と思いつつ、書きますが、今日充子さんは酔っぱらいになりました。「あぁ、いい気持ち。酔っぱらった。…でもまだ運転（車いす）できるから大丈夫」と言っていました。本当か？　と思いつつも、いつも以上に♪ごきげん♪になった程度なので、まぁ、良し。私も、やや陽気に帰ります。それではおやすみなさい。

さら

2002.1.28

お誕生日おめでとう、充子さん。とても久し振りに来ました。しかも充子さんのお誕生日に。ここにいれて、嬉しいです。充子さんあまり来れないけど、これからもよろしくね。いつもありがとう。ありがとうね。

2002.2.3

みつこさん、さをりのワンピース、すてきです。みつこさん色だからねぇ。

さら

2002.2.8

今日は本当に久し振りにはづきちゃんとむっちゃんに会えて、とても嬉しい。充子さんも色々、こう、スケジュール合わせてくれて、どうもありがとう。充子さんの夢（その一つ?）を聞いて、こう心が少しあたたかくなったよ、充子さん。今、その夢あるから、「書いて!」っていうことで、書いてます。人は大切だなと今思いました。みんなは今歌を歌っていて、私が今思ってることは全然知らなくって、なんだかそれもいいと感じてます。充子さん、はづきちゃん。むっちゃん…、今まで会った1人1人と会ったということは、すごいことなんだろうな。大切にしたいな、出会い、と思います。ありがたいなと思います。2人が歌、歌っていてかわいい。では、おやすみーー。

千絵子

充子さんのパソコンも今月に届くみたいで楽しみです。早くメールできるようになるといいね。充子さんとのつながりがまた一つ増えるのが嬉しいな。

はづき

2002.2.13

たら鍋で満プクプクプクになったのに、充子さんはおじやを食べたいと…充子さん。あなたのおなかはどーなっていらっしゃる!? 腹こわしちゃうよ。食べすぎには注意してね。

中村

2002.2.16

本日パソコンがきました。充子さんは、はしゃいでいます。メールアドレスある人は登ろくしよう!

イマムラ　マサノリ

2002.2.27

充子さん、押入れの中に服を掛ける所が欲しいとのことでしたので、早速、来週でもとりかかります。う～～ん。うまく作れる少し不安です…。

中村

今日、私は耳そうじ失格と言われてしまいました。次はガンバリます!! …だから、また機会を下さいね。充子さん。お願いします。

小高

2002.3.13

充子さんたら、中村家のダイちゃん（猫くん）のシャシンに夢中で顔がほにゃんてなってる。今度はウチの猫たちをゆうめいにしに来ますのでその時は見て下さいね!!

小高

2002.3.15

パソコン! すごいね。充子さんもインターネットデビューだ! そのうち私もインターネットできるようにするから、私ともメールしてね（ケータイでなら今でもOKだけど）。

里美

2002.3.21

ひさしぶりに書きます。でも、今日はなんだか複雑な思いがします。充子さんに初めて会ったのは1年生のときで、よく来るようになったのは2年生のころからだったよなぁ…。早いもので来週の26日には大学を卒業します。もう今までのように充子さんの家へ来て、ごはんを一緒に食べたり、テレビを見たり、おしゃべりしたり、充子さんが大好きなお風呂に入ったときの「はぁ～!」というため息もなかなか聞けないのかと思うと、ホンットにさびしいな。充子さんに会えて本当によかったです。ステキな時間を共に過ごすことができて、とても嬉しいです。本当にどうもありがとうございました。これから距離は遠くなるけど、心はいつまでも近くでいようね。私も自分の決めたことを後悔しないように精一杯がんばります。これからもメールや電話しますのでよろしくお願いします。本当にありがとうございました。また会いましょうネ。

はづき

2002.3.24

今日は、デザートのデザートとしてフルーツみつ豆を食べてしまいました。
〈みつ子さんの、みつ豆の正しい食べ方〉
1. 豆のみをひたすら、食べ尽くす（※底の方もしっかり確認する。一粒たりとも残さずに)。
2. かんてんとフルーツを楽しむ。以上。大満足でした。

御卒業おめでとうございます。お別れの季節で、みつこさん、すこしさびしいみたいです。“出会いの分だけ、別れもあるからね”と話していたのが印象的でした。今年は桜が咲くのはやいなぁ…。

さら

2002.3.27

今日は先週から計画していた桜の花見に行ってきました。桜が満開ですごくきれいだったね。充子さん。と、言いたかったのに今日は朝からずっと雨、雨、雨…。ということで、がっかりしている充子さんじゃ～ない。早速、気をとり直し、一言「フクダ屋へ行かな～い?」。参りました。。。ドコまでもお供します。そしてフクダ屋へ…。品物を選ぶときの充子さんの目はスルドイ…。眼鏡の奥が光っている。そんなこんなで気がつけば、フクダ屋に4時間半も滞在してしまいました。帰りに宇大の工学部前の桜を見て来たけど、すごくきれいで感動しちゃった。ありがとう! 充子さん。またいろんな所に遊びに行こうね。

中村

2002.4.3

食後突然始まったナゾナゾ大会…。わからず悩んでいる姿をうれしそうに微笑む充子さん。来週はリベンジします。みなさんもチャレンジしてみて下さい。

中村

2002.4.5

充子さん、ケン玉に夢中なため、日記を書いてまーす。

山田麻由子

今、充子さんは、すっぱいヨーグルトと、つぶつぶイチゴと闘っています。辛いものは大好きだけど、すっぱいものは苦手なようです、そしてイチゴのつぶつぶも、ゴマと同様、入れ歯にはさまるととても痛いのだそうです。

里美

2002.4.10

今週の金曜日は宇大で充子さんボランティアのビラ200枚(予定)を配り、来週は栃介にボランティア勧誘に行ったりと、大忙しの充子さん。たくさんの人が充子ファミリーになってくれるといいね。

中村

2002.4.18

はじめまして。宇大の教育学部1ねんの恒川すみれです。今日は充子さんの家に来れてとっても嬉しいです!! とってもきれいな家ですね!! 本当に何も知らず〝タダめし食らい〟だっただけかも!? すみません。これからもっと勉強しますんで。お料理作れるようになりたいよぉ。中村さん煮物おいしかったです。なにはともあれこれからよろしくお願いします!!

2002.4.21

そういえば、充子さんに出会って2周年です。みんな、そうだと思うけれど、初めてみつこさんの家に来たときのことはよーく覚えています。「動物奇想天外」を、充子さんと、何回ぐらいみたんだろうね?

気分の浮き沈みのはげしい私にいつもつきあってくれてありがとう。少し、しみじみ。

さら。

2002.4.23

今日初めて充子さんの家に来ました。久しぶりの料理（?）自信がなかったけど、みんなで作って充子さんに「おいしい!」って言ってもらえてうれしかったです。これからもっと腕をみがかなければ!! まだまだ不慣れな所ばかりですが、よろしくお願いします。

君島

私も今日初めておじゃましました。充子さんの1人暮らしを始めた頃の話など聞かせて頂いて、とても感動しました。あと、充子さんと今度一緒に♪カラオケ♪に行く約束をしました。とっても楽しみにしています!! 充子さんの美声を聞かせて下さいね! 今日はたくさんお話しさせて頂いてとっても楽しかったです。

里麻

2002.4.24

はじめまして、栃介から来た字塚と申します。はじめて来たのに非常にまったりとくつろいでしまいました。お料理もおいしかったです。充子さんとお話しできて自分自身、あらためて知った気分です。また機会がありましたら、是非是非よらして下さい。それではまた後ほど。

字塚でした。

栃木介護福祉士専門学校の小沢です。今日初めて充子さんの家に遊びに来ました。沢山お話し出来てとても楽しかったです。又遊びに来るね。そして14回目の1人ぐらしの記念日本当におめでとう。この次、来た時はもっともっとお話ししましょう。

小沢

充子さん、今日で1人暮らし始めて14周年だそうですね。おめでとうございます。一言で14年といっても、ホントにスゴイ。尊敬します。みんなで飲んだワイン（市原君のプレゼント）おいしかったね。今日は栃介の新1年生（若手のホープ!?）が2人来てくれたから、充子さんの嬉しそうな顔を見てこっちまで嬉しくなってしまった。

中村

2002.4.25

はじめまして。栃介1年の川田です。僕も今日初めて充子さんの家に来ました。充子さんの笑顔は人を元気にする力がありますね。たくさん元気とパワーをいただいた気がします。また来ますので、その時も充子さんパワーをわけてくださいね。それではおじゃましました!!

川田

2002.5.2

今日、みつこさんに言われたこと。「長い物に巻かれることも必要。もしくは、巻かれたふりをしなさい」。…わかりました。以上、さらしなでした。

2002.5.8

食後は、明日木曜日のボランティアの人が決まっていなかったために、夕食と入浴のボランティア探しでした。みなさん忙しいらしく、なかなか見つからなかったけど、栃介1年生の里麻さんと君島さんが来てくれることになり、ひと安心。充子さんと、カナミちゃんと3人で「ヤッターッ!」って大声で喜びました。里麻さん、君島さん、アリガトー!! 栃介のカガミです。その他の電話をかけたみなさんも予定を調整してくれようとしてくれた努力、ありがとうございました。充子さんのまわりにはホントにいい人が沢山いるね。これも充子さんの人望のなせるワザですね。

中村

<u>2002.5.9</u>

今日も「あ～! 気持ちい～わ～♪」という一言がきけるかと思うと、今から顔がニヤけてしまいます!

さとま

<u>2002.5.12</u>

またまた充子さんの所に来て、友達が増えました。嬉しいです!! 充子さんの周りにはたくさんの友達（家族）が集まるね。今日はお風呂の入れ方や服の着せ方がうまくなったってほめられたよ。ますますやる気が増して来ましたよ。ふふふ。

<u>2002.5.14</u>

須藤です。ちなみに、きのう13日の須藤さんとは別人です。もう一人の須藤さん、よろしく～!! 彼と区別するために充子さんが僕を『スーくん』と命名しました。いいね! 今日の会話のメインテーマは「教育」だったかな。充子さんの小さい頃のことや独学で字を覚えたことなんかを聞きました。そうだ! 充子さんの一番の夢の話も聞いたんだ! いいお話をありがとうございました。

<u>2002.5.24</u>

今日は充子さんと2人であれこれ歌って楽しかったね。充子さんはソプラノだよね。私はあるとだから、そのうち2人でアンサンブルしようよ。

すみれ

<u>2002.5.25</u>

充子さんとの出会いから、たくさんの人とのふれあいができ、とてもうれしく思います。

サトミ

<u>2002.5.27</u>

東京の厚生労働省から22時すぎに帰宅されました。充子さん、見るからにお疲れの様子です。東京の人ごみにも疲れたけど、何といっても電動車いすで人ごみの中を歩いたのが初めてで、気疲れが大きかった様です。今日はゆっくりお風呂に入って、体を休めて下さい。本当にお疲れ様でした。

さとま

<u>2002.5.29</u>

本日の充子さんといえば、食後は犬でした。ヨーグルトの用意をしていると「ワン! ワン!」と吠えるので「何ですか?」と聞くと、「おあずけワン!」とポーズを決めて言っていました。メチャ×2かわいかった♡&大爆笑。最近おちゃめな充子さんを見かけることが多くてとてもうれしいです。いつも来るのが楽しみ。しかしながら、充子さんの家にくると何故にこうお腹がパンパンになるまで食べてしまうのでしょう? 毎回のことながら疑問です。充子さんの辞書には「遠慮」という文字はないそうですね。あ～、お腹が痛い。

中村

2002.5.30

こんばんは。初めて来ました。あいデス☆　よろしくお願いします。最初はちょっと緊張したけど、みつ子さんとても明るくてダジャレ連発でとぉっっても楽しかったデス。

2002.6.4

今、これを書いていたら、お風呂から充子さんの笑い声が聞こえてきました。こんな時だよなぁ、幸せだと感じるのは。最近、自分は本当に充子さんの役に立っているか自信がない。単なるただ飯食らいのような気もするけれど、もう少しがんばってみようと思う。

すとう

2002.6.6

皆さんご存知？　充子さんは18歳なんですよ!!!!　誰が何と言おうと永遠の18歳!!　ねっ、充子さん!?　今日の充子さんは花柄のスカートですごく可愛かった♡　充子さんピンク色似合うよなぁ…、しみじみ。ちょっとずつウチの学科の人が増えてきてうれしいねっ、すみれ（笑い）！　スーさん、俺だってただ飯くらいだよ。すごい充子さんに助けてもらってしまってるし。でもがんばろーぜ。「もう少し」じゃなくて「もっとがんばろうッ!!」…自分ががんばれってーーのな…（笑）。がんばります!!

あきこ。

一週間ぶりに来ました。やっぱり、みつ子さんち最高!!　もう毎日でも来たいッと思いました。早く来週になってほしい!!　毎回々々、ここ来るの楽しみデス♡！

あいでした。

今日初めてで、朝からワクワクしてて、かなり気合い入れてきました。みつ子さんが想像以上の若者でびっくりしました。一緒に『うたばん』見たけど、みつ子さん、松田せい子の子供のこととか知ってたし、やっぱ十八歳ってかんじでした。ピンクの服も似合ってるし、すっげ→かわいいな♡　あたしも見習ってピンク着ようっと。来週も来ます。今度肉じゃがの作り方おしえてもらいたいし♡

りえ。

2002.6.12

なんか最近ほぼ？毎日来てます。毎日会えて嬉しいぞ、充子さん！　失敗ばっかですまんだよ!!　Yeah! なんとかばんがってるけど空まわり。あうう。明日も来るよっ。

あきこ

2002.6.13

月よう日もまた、みつ子さんのダジャレ楽しみにしてます。解凍ルパンとかとか…。

りえ。

2002.6.15

今日、充子さんにグレープフルーツの上手なむき方を教えてもらいました!!　みんなも是非、充子さんにきいてみましょう!!

あきこ

2002.6.19

今日は、和食でした。久しぶりに食べる家庭の味でした。ほんとにここに来るのを楽しみに毎日過ごしている気がする…。

亜衣でした。

本当に久々の登場。すみれ君です。今日

は充子さんの顔を見れただけで幸せです!「すみれちゃん、会いたかったわぁぁぁ」という充子さんの言葉に嬉しくて嬉しくて胸がいっぱい。宇大生もめきめきと増えて嬉しさ倍増。

担当：すみれ

2002.6.20

今日、充子さんち来る前にバイト面接行ってきました。そして、ごはん食べよっか!って時にバイト先から電話きて見事、採用されました。充子さんもあき子もおめでとーッて言ってくれてめちゃくちゃうれしかったゾ!! 採用よりも、おめでとーって言ってくれたことの方がうれしかった。

あいでした。

2002.6.25

今日、充子さん宅に入ってびっくり、充子さんが紙の山の中に座ってたのです。「どーしたんです?」ときくと、「お医者さんの紹介状さがしてるの」。何と3時30分頃から探して6時頃に見つかったのです!! お疲れ様です、充子さん。

by キリ

2002.6.26

すみれが来るまで2人でカラオケ大会しておりました。今はまだすみれが来てないんですが、彼女が来たらもっとすごくなるであろう。そうにちがいない。充子さんはとってもきれいな美声で私をたのしませてくれました～。また歌ってねー。

あきこ

今日の我々のトーク。す「やっぱ充子さんにはかなわないなあ」充「でもアッコちゃんにはかなわないよ」ア「でもすみれには負けるよ」。どうどうめぐり。3人でジョークの飛ばし合い。

担当：すみれ

2002.6.27

今日は栃介生と充子さんの念願の♪カラオケ♪に行って来ました。充子さんのお友達のキクチさんという方も加わり大盛り上がりでした（特に充子さん、若い男の人達に囲まれて嬉しそうでした♡）。今日は充子さんに島倉千代子の“恋してるんだもん”を教えて頂きました。夕飯作りながらレッスンして頂きました。

さとま

2002.6.28

♪♪充子さんが『島谷ひとみ』の歌を口ずさんでました♪♪　充子さんは歌を歌うのがすごく上手でうらやましかったですよー。その美声を私に…。

よしみでした

2002.6.29

充子さんち家庭ってかんじでいいね☆ここ来ると少しホームシック解消です。

あい

2002.7.1

充子さんが水曜日の日を心待ちにされています。理由をおききすると栃介の2年生の中村さんと小高さんに1カ月振りにお会いできるカラとのこと。早くお会いできるといいですね! 7月7日（日）に充子さんの実家の馬頭で君島さんと3人で♡デート♡する事になりました（女ばかりですみません）。

さとま

2002.7.2

「まねき猫」→「まぬけ猫」。今日のミツコさんのダジャレ。大ヒット。ミツコさん笑いっぱなしでした。「カラオケいきましょーね!」てゆったら、「木曜日来なかったでしょ!」と怒られました。ごめんなちゃい。

by キリ

2002.7.3

充子さん、久しぶり。3週間の実習を終えて再びやってきたよ。今日は充子さんの栃木弁が飛びかっている。栃木県民でない僕は「だいじだよ」ぐらいしかわがらねなぁ〜。

中村

2002.7.4

楽しいときはどうしてこんなに早くすぎてしまって、それを待つときはこんなに切ないのでしょうか。しばらく来られない人のことばでした。

by キリ

2002.7.10

あ〜〜!!　最終ページを秘かに狙ってたのに。この日記帳は今日で最後かな…。来週からは新しい日記帳で新しい失敗の数々を…ではなくて充子さんとの成長の日々(!?)をいっぱい書いていかなくては!!

中村

2002.7.11

髪型かえたら、充子さんに「誰ですか、あなたは?」ときかれました（笑）。確かに…。しかも何度もきかれましたよ〜!!

そんなに変わりましたか?

久々のAkiko

2002.7.15

今日でこのノートは終わります。1999年の9月24日からなので、3年と9ヵ月くらいの歴史でした。新しいノートは7冊目です。今後とも充子（18歳）をよろしくお願いします。

イマムラ

7冊目 2002.7.15-2003.12.25

2002.7.15

早いもので私が充子さんと出会ってから2ヵ月になります。その間、ドジしたり、成功したり、ドジしたり、ドジしたり色々あったけど（殆どドジ）、これからも見捨てないで料理教えて下さいね、充子さん。私ももっと手際良く行動するようにしたいです。あとドジを減らしたい…。

暁子

2002.7.17

充子さん、この日記は今年中に終わらせるんだって!?（1年間?）毎回の失敗談を書いたらすぐに終わるかも…。

中村

2002.7.18

今日は充子さんとしまむらでショッピング。すごくかわいいサンダルスリッパと、フリフリピンクの花柄のパジャマを購入。センスいいなぁ、充子さん。

とことん勉強嫌いの暁子

2002.7.20

今日は、充子さんがケータイのメールを（初めて）しました♡　パソコンを習っているからか頭がいいからか覚えがすごく早い早い。手はじめにあいちゃんにメールしてみました。ショートメールだからドコモ以外の携帯には送れないかもしれないけれど、ドコモの携帯の人は是非充子さんに教えてあげて下さい。もしかして突然メールがくるかもしれません。

今日のひとこま→充「煮物たべな～」暁「あ、これ、おくら?　おくらですね?」充「おくらっていくら?」[…（爆笑）…] 暁「おくらがおくられた…（対抗）」[…（爆笑）…] 充「永遠におくら入り…（お蔵入り）」[…（爆笑）…] …ダジャレが冴える日でしたね、今日は。暑かったからねぇ。充「あんにんどうふで、かんにんな～♡」…今日は本当にどうしちゃったんだろう、充子さん…（笑）。暁子はもう何がなんだかわからないよ…（大笑）。面白いけどね（笑）。

最近よく眠れない暁子

2002.7.22

またまたスミレです!!　只今充子さんはアッコにメールを送ろうと悪戦苦闘中です。本人は「もういやだー」とさじを投げております。

あいです☆　ヨーグルト食べた後も充子さんはメールにはまっております。もう、真剣そのものです。一生懸命がんばっている姿がなんとも可愛らしくもあります♡

2002.7.23

キリです。充子さんは「服のセンスが悪い!」と森進一に怒ってました。面白かったです。おわり。

2002.7.24

今日は夕飯が焼魚と野菜炒めとみそ汁。

作ってる最中に充子さんはオセロにハマッてしまって食べ始めたのがなんと午後7時30分をすぎてしまった。夕食後のヨーグルトを食べようとしたらグレープフルーツが一コしかなくて、それからヨークベニマルに買い物へ…。店内に入ると目の前のサングラスコーナーの前で止まり、「私はサングラスも似合うわよ～♡」とサングラス姿を披露。予想外（失礼!!）予想通りとても似合っててビックリ!!（これまた失礼!!）
帰ってきてヨーグルトを食べ終えて森進一、氷川きよしの服装について熱く熱く語り終えて浴室へ向かう充子さん。しかしマッハのスピードでお部屋に戻ってきた。充子さんにすすめられて浴室に行ってみると、充子さんちに来て半年で初対面。そこにいたのは、ひろし（ごきぶり）。数分の格闘の末なんとか外へ追い出すことに成功。も～体力の限界…。

中村

2002.7.29

バーベキュー、ダメっ（行けない）ぽくてすまん（泣）って感じですが、話し合いを聞いててちょっとワクワク。暁「充子サン、あと何が必要かな?」充「ビール」暁「え?」充「ビール」…皆様、程々に頑張って下さい（笑）。

あきこ

2002.7.30

ただ今、充子さんと桐ちゃんがオセロ対戦を繰り広げているが、桐ちゃんは負け続けている。充子さんいわく、「初めてオセロで勝った!」桐ちゃんって一体…。がんばれ、桐丸！ 明日を信じて今日も飛べ!!

すとう

2002.7.31

今、目の前では充子さんVS中村さんのオセロ対戦が行われています。なんか2人共笑顔がオソロシイです…。現在充子さんが勝っているのか、中村さんが勝っているのか全然分かりません。…2人共コワすぎ!!

充子さん、今日はオセロ勝たせてもらったよ。もう、いつでも挑戦まってるからね!!それと、土曜日のバーベキューは天気がいいといいんだけど…。充子さんの食べっぷりが晴天の空の下で見れたらいいな。

中村

2002.8.1

今日のオセロの結果ですが、勝敗よりも何よりも回を増やすごとに充子さんがいじわるによっていくような気がする今日この頃でした。みなさんもお気を付けて下さいませ。
P.S. 私はもう2度と充子さんとは対戦いたしません。勝ち逃げさせていただきます。卑怯でもかまいません!!

小高

2002.8.2

今日は充子さんとオセロしました！ 負けちゃったけど…う～ん、こんどはピンチの時、ヒントnothingでいくぞ～!? でも、充子さん…オセロ上手です。

七恵

2002.8.6

佐野仁美です。今日初めて来ました。来る前はちょっと緊張してたけど、充子さんとってもいい人だし楽しくて、すごく良かったです。でもオセロ負けて（3連敗! 39—25、49—15、33—31）悔しかったです。

次は負けませんよ〜!! これからも充子さんちに来たいです。よろしくお願いします♡

2002.8.13

昨日に引き続き、今日も私、鈴木里美です。入浴後には、“のどが渇いた”と言うので、ビールとノンアルコールビールでかんぱいしました。そして、他人の恋話をバクロして盛り上がりました（自分のではなく、他人のという所がポイントです）。

2002.8.20

今日はイマムラさんが置いていったという、“金の卵”を充子さんとワクワクしながら開けてみました。「ヘビとか入ってたらどーしよー」なんて充子さんは心配していたけれど、確かにイマムラさんならやりかねない気が…。

すとう

2002.8.21

食後に1局…。将棋とオセロを1戦ずつ行って充子さんをギャフンと言わせました。おやおや時計が10時をすぎてしまった。次の勝負は次回です。いつでもかかってきなさい!!

中村

2002.8.27

2002.9. 4

今日の充子さんは“オセロの鬼、ミツコ”でした。今日の相手は充子さんが1度負けたカナミちゃん。序盤は充子さんが押されぎみ。「あれ!? おく場所ないよぉ〜」なんて言っておいて、最後の最後に大逆転勝利!! “罠”を作っていました。このお方…。

中村

2002.9.7

充子さん家は和むね。私のどんなミスも笑顔でカバーしてくれる充子さん。あなたは天使だ!! そうそう。重大ニュース。充子さんに隠し子がいました。3年前に撮ったという証拠写真を見せられました。その子の父親（充子さんの恋人!?）はどうしたかと問い詰めたところ、若いので親と一緒に暮らしているのだそうです。って、普段の話からいくと充子さんは18歳。3年前は15歳、それより若い夫って…。どんどん無理が出て来たね。さすがの私も騙されないぞ!!

すみれ

2002.9.9

今お風呂上がりで充子さんはお酒を飲んでます。私が夏休みに帰省した時のお土産の新潟のお酒です。話にはきいていましたが、充子さんのお酒の強いこと!! この強さははんぱじゃないデス!!

さとま

2002.9.14

しまむらへデート(*^_^*)。引き続き充子さんのママへのプレゼントを探しに行ったんですな。…で、二時間、しまむらをスミからスミまでぐるぐるした結果!! ディスプレイの、ステキな赤紫の洋服をGetしましたぁ!!! Yeah!!! すごくセンスの良いブラウスでしたぁ。今、充子さんと充子ママTalk中。“どんな洋服買ってきたの～”という話なんですが、「見なきゃわかんないよ。電話じゃどんなのかわかんない」…ごもっとも充子ママ。ナイスつっこみ（笑）。他には、充子さんのズボン（すそが二段レース!! ワオ!!）と、おフロのマットを買いました。ついでに私にもバタフライのジーパンを買ってくれました～。ごめんよ＆ありがとう、充子さーーん!! 大事にしますー。

…で、「久々に来て何か足りないと思ったら、充子さんのダジャレを聞いてないんだ」と文句を言った所、

暁「トーカイってママさんばっかりだけど、いいのおいてあるね」

充「トーカイ（そうかい）…」

…とステキなのをかまして下さいました。私も悔しくなってしまい、

暁「じゃあ、メモしとくよ!! ダジャレ」

充「いいよ、メモしなくて」

暁「メモ（目も）くれずに書き残すよ」…。

…誰も止める人がいないと、こんなんなります。ああ、恐ろしい。恐ろしい。

by 久々に働いた暁子。

2002.9.16

行ってきました、アクアワールド。充子さんはラッコの所からなかなか離れませんでした。ははは。

そういえば箱石家の近くにある○○ト（ファミレス）!! トイレ狭すぎで車イス通らないじゃんよ。キーーーッ（怒）!!!

by ゲーセンのトロッコゲームで
上半身筋肉痛の暁子。

2002.9.17

充子さんは一生懸命、今村くんをダンスに誘っていました。「髪伸ばして赤くそめて一緒にダンスに行こうよ～!」って。今村くんは学校で囲碁をやっているそうで近々試合があって、負けると髪を短く切らなきゃいけないという話をすると、「そんなんなら囲碁なんかやめちゃえっ!」と充子さん、そこまで言ってられました。充子さんは今村くんのこと好きなんですね♡ 今日はそれがよーくわかりました。

さとま

2002.9.20

今、有加＆充子さんが体重を当てっこしてます♡ 充子さん、体重を当てられるでしょーか? 3回言っても残念でしたあ。当てられませんでした。22日に三人でデートの約束しました。初デート、今からスゴク楽しみ。

2002.9.21

今日、5時10分頃来たら、鍵はあいているのに充子さんの姿が見当たらなかった。嫌な予感を感じつつ、探しまわるがどこにもいない。最近、宇都宮では物騒な事件が多い上、北朝鮮拉致問題がよくTVでやっているので、私は単純に「もしや充子さんが拉致されたのでは…」と考えてしまい、落ち着かない20分間をすごしました。どうやら散歩していたらしい。あぁ、びっくり。寿命が少々、縮まった。充子さんは、その後パソコンと格闘。パソコンに勝利したのち、おじやを作っていたら、荒川さんが丁度良いタイミングでいらしたので、「食べて来たばっかりです」と言ってるのにもかかわらず、夕飯を御一緒させて頂きまし

た。「ゆべし」も。「そう言うべし（ゆべし）」という充子さんのダジャレは聞かなかった事にしておきまっす。明日も充子さんとデートです（笑）。遊んでばっかりですみません。←またコバンザメ。

本日のダジャレ：「Docomoのケータイ料金はどこも同じ?」(by充子さん)…。…。(絶句)。

今日はおじやしか作らなかった暁子。

2002.9.24

いろいろ悩みを聞いてもらいました。何とか前向きになれました。充子さん、アリガトゴザイマシタ。

by キリ

2002.9.25

あ～!! 充子さん、来週から2週間施設実習だ。しかも就職試験まで…明日施設に書類提出に行かなくては…。はぁ～。充子さんに励ましてもらって頑張れそうだよ。ありがとう。

中村

2002.9.27

充子さんは10月19・20日で富士登山をするそうです。いいな～ぁ…。楽しんできてくださいね! 今度わたしも充子さんと山行きたいです☆

仁美

2002.10.2

充子さん。今日はパソコン教室で何を習ってきたのやら。また作品作ったら是非見せて下さいね。楽しみにしてます。 今日は生協の注文シート（?）を書きました。目うつりしてしまいますね～、あれは。「充子さん、誘惑されないでよっ」と言いつつ、自分も誘惑されてたり（苦笑）。だってだってあのブ厚いチラシを見るとついつい…。ねぇ？（笑） 今充子さんはあの強い地酒を飲んでおります。

暁子

生協の注文をやった時、充子さんが誘惑されそうになってたのをあっこさんが止めてておもしろかったです。変な名前の品(ゆず谷村のゆず一味ほか）に「なんだ～ぁ?」とか言っててておもしろかったです。

仁美

2002.10.8

最近、充子さんのオセロの腕がメキメキと上がっているのを感じます。先週はわずか二つ差の辛勝。今日も後半、冷々させられました。ちょっと前までは簡単にひとひねりだったのに…。

すとう

2002.10.9

私は今日凄い発見をしました。ブラックタイガー←えび（黒）を煮たら真っ赤になりました。その感動を目をキラキラさせながら充子さんに事細かに伝えた所、「そんなの当たり前じゃないの!」と言われてしまいました。自分の無知っぷりに腹が立ったり立たなかったり。

暁子

今日、約2ヶ月ぶりの充子さんとの再会です。充子さん、全然変わってなかったぁ♡ でも、でも…充子さんに「どこのどなただったけ?」って言われてしまいました。そんなぁぁぁ。くっそー!! でも、バイト

帰りの私にってもおいしい鍋焼きうどん用意してくれたから許してあ・げ・る♡

ひさびさの亜衣でした

2002.10.14

充子さんが須藤さんとラヴラヴしまくりだったので、ひとり者の暁子は少々疎外感を感じたり感じなかったり。2人で楽しげに計画を練るその光景は、なんとも言えない空気がただよっていて、しいて言うならばそのアツアツから、ほぼ締め出された人が、「ヒドイ!! 私を捨てたのね!!」と泣き叫んで走りたくなるような空気です。わかるようなわからんような…(汗)。

暁子

2002.10.15

充子さんは鹿児島の桜島へ行ったそうです。ヘリで!! いいなァ、飛ぶノリモノ。乗ってみたぁイ! おいおい聞かせてもらいまショ、いろいろな話。

by キリ

2002.10.16

食後のヨーグルトはちと危険。賞味期限10月7日って!! それでも充子さんは「大丈夫。食べちゃおう」だって。あ〜くわばら、明日どーなっても知らないよ! …ちょっと何!? その視線!! …何!? …だから何だっつーの!! …負けました。お供させていただきます。というわけで、3人仲良くヨーグルトいただきました。みなさんも気をつけて!!

中村

2002.10.17

今日は。今日、4日ぶりに来たら充子さんに「あなた誰?」と言われたので思わず「マキコです。タナカマキコ」と答えたアキコです。今日は何故かダジャレが沢山出ました。

充:「ホッケ焼いてー」
暁:「あぁ、ホッケ…。冷凍してあるから、コレが本当のアイスホッケー♬」(氷河期)
充:「ホッケー♪(OK)」(間氷期)

止める人が誰もいないので凄い事に。誰か止めて…。

今日はあいが来てくれました。で、今オセロ戦争中。パールハーバーにも負けない激しさで、第一次オセロ大戦はあいが勝利。ただ今、第二次オセロ大戦中で、そろそろ充子さんから原爆が落とされそう、といった雰囲気です。…何それ(一人つっこみ)。中村さん、相変わらず日記面白いです(笑)。10月7日のヨーグルトの残りと、シチューの残りを頂きました。ごちそう様です。

さて、戦争はどうなったかな…。どれどれ。あッ!! あッ!! あぁーーー!!! 今、原爆が!! ひえーーーーっ……。

by 物理の予習で今日は寝れない暁子。

2002.10.18

藤君に誘われて来てみました。そこそこ役に立てた模様。ジャガイモ切って玉ねぎ切って、長ねぎ切って白菜切って小松菜切って…とかそんな感じでスープ作ってみんなで食べました。結構うまかったです。というか、久しぶりにまともな食事しました。いろいろ勉強になりました。

神戸

2002.10.24

今日は充子さんの富士山話を聞かせても

らいました。紅葉がきれいだったみたいでうらやましい!! 私は早く車の免許とって車買って、充子さんとみんなで一緒に山行くのが夢です♡

仁美

2002.10.28

昨日は働いたなぁ…、しみじみ。充子さんのナンパの手口も目撃したし。あ、これ愛人に見られないようにね、充子さん(笑)。鮮やかな落としっぷりでございました。皆様、見習いましょう

今週、物理が休講なので寂しい暁子

2002.10.31

今日は相原さんやら地元の小6生やら国際の美人さん(注:国際医療福祉大の方で、先日充子さんがナンパした人の友釣りの方…笑)やら、お客様が沢山!!! うれしそうだよ、充子さん!! 暁子も楽しいぞ!!

あきこ。

今日初めて箱石家におじゃましました。初めて見るバリアフリーのお宅に感激した。いろんな話を聞けてよかった。また来週も来るゾ!!

とも

2002.11.6

充子さん。今日は誠にかたじけない。私、『彼氏2号』の誕生日のお祝いをして下さって。おいしいケーキ、ごちそうさまでした。充子さん、今日は本当にありがとう(涙、涙)。

中村

2002.11.8

今日、充子さんは姿川第2小に行ってきて、小3生に熱いトークをしてきたそうです。で、前に行った時にはなかった、スロープや手すりがついていて、充子さん効果が顕著に表れていたそうです。良かったね、充子さん。私も嬉しいよ。そういう、いわゆるバリアフリーって奴が当然の世の中にしなくちゃね。あたりまえの事で本来あるべきなんだけどな〜。バリアフリーってさ。

暁子

2002.11.21

初めまして。国際医療福祉大の宇野圭一です。初めてだったから、きんちょうしたけど、とても楽しかったです。次に来た時は、もっといっぱいしゃべりたいです。今度は大田原にも遊びに来てください。ミツコさんのNo.1になれるようにがんばるので、これからもヨロシクお願いします。

ウノケイイチより

今までの中で僕達が作った味噌汁が一番おいしかったと、充子さんが言ってくれました。うれしかったです。

河野

2002.11.28

充子さんは、あっこにいろいろ聞いていたので、予想通りおもしろい人でした。充子さんはもてもてでうらやましいです! 私も充子さんの輝かしいボディを見習って、がんばろうかなと思いました。充子さん、もてるヒケツをぜひ教えてください!! また、ぜひ来たいです。

ゆきえ

2002.12.3

（オセロの話）ついにスーくんから、充子さんが勝ちをうばいました!! おめでとう、充子さん!! やっぱり指環からの愛の力か?! さて、第2戦、どうなることでしょう？ 目指せ、V2！

By キリムラ

2002.12.4

久しぶりに充子さんと二人きりの時間を満喫しております。充子さんいわく『ラブ×2タイム』だそうです♡

ひさびさの小高でした。

2002.12.12

最近、充子さんがオセロの腕を上げたそうです。恐ろしや…。なんと中村さんや料理長をも負かしたそうです。次のターゲットは仁美!! お前だ!!（笑）

けちょんけちょんに負かすつもりのようです。気をつけてね。

毎週木曜はレポート地獄。暁子

2002.12.15

今日は充子さん、初銀ブラの日でした。銀座の人の多さにはびっくりだったらしいです。“本当にすごかったよ”と語っています。私は宇都宮でもう十分です。銀座は高い…といろんな物のねだんについての感想も語っておりました。あと、銀座のえきで、充子さんを駅員さん三人がとりまいて、なんかVIP待遇でした。マダムでした。そんなこんなで今日は銀座記念日です。

さら

2002.12.18

今日は夕食時、珍しく充子さんと彼氏2号（自分）が、障害者について熱く熱く（強調）討論を繰り広げる。…やっぱ充子さんはすげーよ！ いろいろ勉強になります！と感激する彼氏2号。この人についてきて間違いない!!と確信するのだった。愛人2号も心うたれて感激。

中村

2002.12.19

今日、あっこがポルテをもってきてくれました。おなかがすいたので、食事前に一コつまみぐい!! そしたら、充子さん「食事前に食べるとデブに…」と言われてしまいました…。うぅ～、先に言ってくれ!! 充子さんいわく、科学的に証明されているらしいですよ。あと別腹も（←あっこいわく）。もう食事前に甘い物は食べません。勉強になった1日でした…。

ゆきえ

2002.12.23

今日になって充子さんからTelがあり、SEIBUでデートすることになりました。初のデートだったのでうきうきで小山からやって来たのです。SEIBUで充子さんとあっこと待ち合わせをして、SEIBUの中をうろうろ…。閉店セールともあって、人、人、人…。かきわけて動きまわりました。充子さんはなんとプラチナネックレスを￥○○○○○（ピー）でお買い上げ!! やっぱりアイドルは違うわ。そしてお昼は3人で釜飯を食べました。充子さんはカニ。あっこはほたて。あたしはしめじ。3つともおいしくて、3人で「あぁ、おいしい!」って言いながら食べました。もちろんキレイに完食。充子さんにおごっていただきました。ごちそう様です。その後も、3人でデパートの中をぷらりぷらり。充子さんは何人かの人のためにプレゼントを探し回ってました。まるでサンタクロース。あさってはchristmasです☆　充子さんの家に帰ってきたら、3人でちょっぴりクタクタになってました。やっぱり人ごみの中で行動すると疲れますね。と言うことでおいしいコーヒーとパンで復活!!　三人で「あぁ、おいしい♡♡♡」って言いながら食べました。やっぱり女の子はおいしいものが一番のお薬ですよね。初デートは楽しかったです。一緒にプレゼントを選べて嬉しかった。またデートしましょうね。

菜津子でした。

2002.12.24

みなさん、今日はクリスマス・イヴです。充子さんとの素敵な夜は僕がいただきました(グヘヘ…)←ちょっといやらしい!?まぁ、暁子&真代という邪魔者たちはいなかったことにして…（エヘヘ)。

すとう

2002.12.25

メェリ～クリスマス。そう!　今日はクリスマス♡　おいしいケーキと七面鳥、そしてシャンパン。というわけにはいかず、それでも豪華に煮込みうどん。やっぱり冬はコレ!!　とてもおいしかったよ。食後は電気を消してローソクを灯して、充子さん夕の「きよしこの夜」を聞きました。こんな暖かなクリスマスを過ごしたのは何年ぶりだろーか?　ホカホカです。感激。充子さんは明日から馬頭へ里帰りです。…ということは、充子さんとは今年会うのはもう最後!?　寂しいなぁ～。

中村

2003.1.5

今日は、お正月（?）らしく、みつこさんとおせち料理やお雑煮について語り合いました。あと、つい何日か前は、私の誕生日だったのですが、充子さんが覚えていてくれて“おめでとう”と言ってくれたのが嬉しかったです。みつこさんの誕生日も、もうすぐだね。忘れないで、「おめでとう」を言います。

さら

2003.1.9

本日は弟さんが来ていました。帰る時に一言。「充っちゃん、伝言メモに笑い声だけ残すのやめてくれ。何が何だかわかんないから」。…その後、大爆笑したのは言うまでもありません。ハイ。

暁子

2003.1.12

今日は、充子さんにすすめられ、仕方なく、いっしょにお酒をのみました。いい気分になった充子さんは、ワインを飲んだ後、焼酎をさらにすすめるので、仕方なく飲みました。今、目の前の充子さんは“いい気持ちだぁ♡”と言っていて、とても可愛らしいです。充子さんは、“私が、酒飲みだってことを、ばらさないでー!”とも言っていましたが、書いちゃいましたよ。仕方なく飲んだ焼酎、とてもおいしかったです。そんなこんなで、今日は、私の焼酎記念日です、決して、いつも飲んでいる訳ではなく、今日はたまたまです…。

さら

2003.1.15

今週の充子さんは、先日の日曜日、成人

式を迎えたばかりの“大人”の愛人2号の晴れ着姿の写真にウットリ♡　ニヤけている充子さんの口元がゆるんで、よだ、いや生ツバゴックン。しばし妄想にふけっていました。

中村

2003.1.17

今日は写真の整理をちょっとだけ（?）しました。今年のX'mas会の写真も三枚あり、中でも、『鼻の下を伸ばして水島さんを見つめる充子さん』の写真は最高です。皆様、見てみて下さいね（笑）。

暁子

2003.1.28

今日は充子さんの誕生日です。自分のプレゼントは、シュークリームとモンブランと白ビールでした。何持っていけばいいのか本気でわからなかったのでとりあえずケーキと酒！　充子さん18歳の誕生日おめでとうございます。

神戸

2003.1.29

28日、お誕生日おめでとうございます。今日は先週に続き、沖縄土産パートIIということで持ってきました。泡盛（やっぱりコレ!）。40度の泡盛をそのまま飲んで「おいしいね」だって。すごすぎです。充子さん。

中村

2003.2.13

みなさんこんばんわ！　というより初めまして☆　許田です（笑）あっこにはキョマリで通ってますけど、なぜか日記にはすでに何度か登場しているらしく…本名は知らないですよね!?　では改めて…「許田真理子」です。宇大の国社1年です。あーなんか書くことが思いつかなくなってきた…ので今日はこの辺で。

2003.2.16

ついつい充子さんと激真面目Talkで盛り上がってしまうのよね。なぜか。

すみれ

2003.2.18

今日は子どもたちからお手紙を持ってきていただきました。良かったですね、充子さん。かわいい絵に元気な字で「箱石さんはすごいと思いました」。子どもたちよ！ワンパクでもいい、たくましく育ってほしい!!　これからもどんどん子どもたちとかいろんな人に充子さんと会ってほしいし、充子ファンを増やしていこう!!

by キリ

2003.2.19

今日は、作った煮物を初めて素直に「おいしい」とほめてくれてありがとう。最近なんか「おれって料理できんじゃん」ってひそかに思っていたからうれしかったよ。

中村

2003.2.20

初めまして。澄香です。今日はあっこと一緒に充子さんのところに遊びにきました。ごはんとってもおいしかったです。あっこアリキュー♡♡♡

充子さんとオセロしました。2回やってどっちも勝てました。やったー!!　1回目は22対42で、2回目は29対35でした。すごいせっせんだったので、ドキドキしました

☆　こんどは、はるまきつくりにおじゃまします♪♪

すみか。

2003.2.26

充子さん、とりあえず今日で週1ペースで来るのは最後になります。いろいろありがとうございました。沢山勉強になりました。これからは気まぐれでやってきます。ときどきのデート楽しみに♡　それでは。

中村

2003.2.27

今日は、ちくぜん煮作りました。でも、味つけで砂糖を入れすぎてしまったらしく充子さんがビックリしてました（半分あきれ顔で）。でも、食べてみたらけっこうイケてた…と思います

亜衣でした。

2003.3.2

謎の女登場というか、再び。いや〜、今日は久し振りに充子さん家に遊びに来ました。かれこれ○年ぶりです。皆サマ、お元気でしょうか？　って、私を知ってる人がもう全然いないでしょって、ひとりつっこみ。このノートを読んで、今時の若い衆といえどもなかなかやるの〜と、しみじみ思いました。ガンバレ、ワカゾウ（→ってちびのりだーだったと知ってた？　というかチビノリダー自体知らない人たち?）。そんなわけで、私の充子さんをよろしくね♡

君たちのちょっと先輩　謎の女キャサリン

2003.3.3

みつこさんに、「私はもう、お酒をのみません」と宣言していたのにもかかわらず、2人でワイン1本を飲んでしまい、立派なよっぱらいになりました。やれやれ…。

さとこ

2003.3.7

充子さんは宝くじを買って、秘かに3億円当てることをねらっているらしい……。皆さん、楽しみにしてましょうね。フフフ……。

すとう

2003.3.10

今日は充子さんのと〜ってもタメになる講座が聞けて良かったです☆　実践にうつずゾ!!

仁美

2003.3.23

あさって3月25日は、宇大の卒業式です。どうやら、卒業できそうです。充子さん、みなさんには卒論の際には大変お世話になりました。ありがとうございました。卒業後は、とりあえず実家の方に戻ってみます。1年間の教育実習みたいなもので、養護学校の講師をやる予定です。どうなることやら…。充子さんは、宝くじ3億×2＝6億円を当てたら、私の家の近くに別荘をつくるらしいので、充子さんの強運に期待しております。これからも、お世話になるのは目に見えているので、みつこさん、どうぞよろしく。「何かこれから先、こまったこと、悩むことがあったら、私に言ってね」…と以前、充子さんが言ってくれたことがすごく嬉しかったよ。とりあえず、大学卒業の“締め”としてどうもありがとう。私がてきとうに作る食事を“おいしい”と言ってくれてありがとう。愚痴を聞いてくれてありが

とう。いろいろ話しをきかせてくれてありがとう。充子さんのおかげで、私の考え方にも前よりすこーし、幅が出てきたような気がします。3年間、うっかり者で、頑固な私と、よく一緒にいてくれたなぁ…と思うよ。やはり、充子さんはすごいです。出かけると、度々、「娘さんですか」と聞かれることがあったよね。…考えてみると、ここ数年、母と話をした時間より、友達と遊んだ時間より、充子さんと一緒にいた時間の方が長いような気がします。充子さんの何番目かの娘にはなれたのでしょうか? 私。

充子さんは、覚えていないであろうと思われる、小さなことだけど、引っ越す前の家にいたとき、充子さんと“マダムごっこ”をしたこととか、月食を見たこととか、なぜかよく覚えています。

これから先、どうなることやら、と弱気になりそうな時もありますが、とりあえず、話を聞いてくれる充子さんがいるということで、頑張れそうな気がします（何やら、私が言うのも、変なのですが、あえて言いますが、おこられそうですが、どうぞ、酒飲み充子さんをよろしくお願いします)。…ということで、これからもよろしくね。みつこさーーん。少—し、しみじみ。

晒名聡子

2003.3.31

キリムラです!

今日は充子さんが新聞に載った!! とうことでびっくりでした。下野新聞のナント一面!! 戦争反対のデモだそうでしっかりうつってらっしゃいました。ハイ。

2003.4.5

今日の充子さんは「落とす人」でした。来たら小さい引き出しが“ドサ!!”と落ちてて、直した直後に化粧水のビンを“ガチャ”と落としました。なので化粧水用のビンを買ってきて下さい、どなたかお願いします。で、最後に私がクリームの入れ物を落としました。すんませんでした。ビールおいしいですか? 充子さん。キリは飲めないのでうらやましいです。

by キリ

2003.4.6

相変わらずの充子さん。元気そうでよかった〜。でも充子さん、「今村くーん、今村くんに似た後輩つれてきてよ〜」…それはつまり充子さん好みの男をつれてこいということですね…。ずーずーしすぎですよ、充子さん! 可愛いから許すけど（笑)。

by 体重増暁子。

2003.4.9

充子作　俳句

おつかいの　帰りに寄り道　桜並木

お花見の　帰り道かな　千鳥足（酔っ払い)

ヨーグルト まぜたらうまいぞ フルーツかな

花見酒　充子飲みすぎ　大暴れ

あっこちゃん　飲んだらすごいぞ　ひひき樽

2003.4.12

今日は充子さんに頼まれて買い物をしてきましたが、野菜やちくわetcを買ってきた後、充子さん一言。「ビールかってきてもらえばよかった…。もうないの」…なんでそんな大事なものを先に言わないのッと逆ギレした暁子でありました。

暁子

2003.4.17

充子さんちくるの半年ぶり位です。昼間学校で充子さんにそうぐうして、本っ当なつかしかった。充子さんのヨーグルト食べるのも久々で、あたしの知らぬまにヨーグルト手づくりになっててびっくり！ はじめて食べたけどうまかったです。今日、成人のお祝いもらいました。充子さん本当ありがと♡♡♡ 一生使わせていただきます。

りえ

2003.5.1

今日わ。初めまして安達未奈と申します。今日初めて充子さんちに来ました。暁子ちゃん若人じゃなくてごめんなさい（笑）柳沢さんって呼ばれてるらしいですね。今日はすみれちゃんに家まで案内してもらいました。すみれちゃんありがとう♡ 充子さんおもしろいっす。今日の夕食はぐらたんとサラダとみそ汁とご飯でした。私はほとんど何もしてませんが…ごめんなさい。おいしかったです。そしてこれからカスピ海ヨーグルトを頂くところです。

2003.5.11

松井紅史子（くみこ）と申します。初めましてです。1年生です。すみれさんと一緒に来ました。今日のメニューはサラダ&シチュー。美味しかった

充子さん可愛いですね。一緒にTVを観ています。今日はあんまし役に立てなかったな。

2003.5.13

ハイ、どーも！ キリです。今日はミツコさんにグチをきいてもらいまくり。もうつかれた！でもみんな頑張ってるし、ちょっと休憩したらまたやるぞ！ てなカンジです。今日はみなちゃんとです。たのしかったよん。

2003.5.16

今日は充子さん1人暮らし15周年記念パーティーでした。僕は6時くらいに来たんですが、すでに人がいっぱいいました。いろんな話を聞いて、いろいろ勉強になりました。学校の勉強大変だけど、たまにはこういう話もいいかなー、なんて思ったり。そんなこんなで楽しいひとときを過ごせました。

神戸

2003.5.17

初めまして。落合真由美と申します。充子さんの親戚の子と同じ名前なので、その子と同じく“まみちゃん”と呼んでくれるそうです♪ 友達（まっち）に紹介されて充子さんへのお家へ来たんですが、今日充子さんとたくさんお話ができてすごく楽しかったです。充子さんの笑顔がすごく素敵で見ていてこっちが幸せになれます。ご飯もすごくおいしかったです。これからもっともっと充子さんとお話ができたらいいなと思います。どうぞよろしくお願いします。ケーキ、おいしかった☆

まゆみ

2003.5.21

今日は充子さんと暴力団の話をしました。栃木には多いですね、暴力団。この前

初めてたくさんの暴走族をみました。こわかったです。話がかわって今梅酒を頂いてます。充子さんと飲んでます。体が熱いです。今度はもっと大勢でのみたいですね、充子さん。おいしいです。では、おやすみなさい。

安達

2003.5.28

—参上!!— お久しぶりです、充子さん。約2ヵ月ぶりですね。充子さんはパワフルだねぇ〜。昨日は東京行ってきたらしいし、日立の公園にも行ってきた形跡もあるし…。また、そのうち遊びに行きます。サクランボ、今度持ってくるね。

中村

2003.6.11

みなさん初めまして。大沢由紀です。充子さんの所は今日で2回目です。仁美さんと一緒で私も今日初発見でヨーグルトにハチミツを入れるとおいしい^_^ これからみんなにひろめよーっと! みなさんこれからよろしくお願いしまぁーす♡

同じく初めまして! 栃介1年の石川奈々恵です。今日で充子さんの所へ来るのは3度目になります。これからも来ます! なので皆さんよろしくお願いします。色んな人と会いたいな。では…またお会いしましょう。

2003.6.13

久しぶりに充子さんちに来ました! やっぱ可愛いですね、充子さん。充子さんにマニキュアを塗ったよ! 充子さんはピンクが素敵です。私も若くいこう…。

2003.6.18

すっごーくお久しぶりです。澄香です。今日は充子さんと素敵な約束をしてしまいましたよ!! 実は…私、禁煙してるんです!! 2ヵ月禁煙したら、充子さんがごはんおごってくれるそうです!! でも、1回でも吸ったら…、逆におごらなきゃならない…。がんばるぞ——!!

2003.6.21

すどうひろよしさんへ。突然の出だしで失礼します。何やら先日“日光”へデートしたようですね。その帰りに…。まんまと充子の“計画的犯行”に引っ掛かってしまったようで。…何って?? あれですヨ!! ハ〜〜ゲン〜〜ダッツ。彼女は、イヤらしいくらいに車の窓にへばりついてすどうさんをお店に向かうよう、あらゆる手で犯行を重ねたようで。なんたる腹黒い女!!! なのかしら。食事後、2人でその話をして爆笑〜〜。話を聞けば、ナント! すどうさん、あなたもハーゲンが好きとかで。まったく2人は〜〜! …と言いつつ、現在私と充子はハーゲンのバニラ&グリーンティアイスを完食したのである。

まだ書くよ〜〜。チョット聞いてくれるぅ↗ 充子さん、ゴミ捨てに行ったら、便所ムシとそうぐう!!! ギャ〜〜〜!!! ← 充子、絶叫〜〜。ギャー!!で終われば良いのにさ。ったく、逃げるつもりがブジュ……。何かが出た。ムシ。虫を踏むなよ。そんで、またギャ〜!! そんな大声はムシ(虫)して、私はウェッティで床と車イスのタイヤを拭く。ギャ〜!!と騒ぎたいのは、私の方だぁ〜〜。ウォ〜〜。学生の時に色々と充子さんに傷ものにされたけど、やっぱり久々に来ても、何かしら事件が起きる。

EMIZO

2003.6.24

今日はSMAPの「世界にひとつだけの花」をひたすら練習してる、みつこ姉さんです。でも、あのSMAPの名曲も「ゴエイ歌（お盆にやるお経ね）みたいねぇ～」といわれてしまう…。かなり1日で上達したけどね。でも美空ひばりには勝てないねぇ。「雨、さんさんとぉ～♪」。がんばって歌ってきてね！　キリ

2003.6.25

今日は本当に久しぶり、本当に久しぶりの箱石宅です。やはりこの家というか、充子さんは最高ですね。「生きてる教材」と充子さんが言うように本当にお話しが深いっ!!!　半年も来てなかったのにもかかわらず、充子さんもあってもすっと受け入れてくれて…（涙）ありがとう♪　7月もテストあるけど来たいですね。またちょっと時間があくかもしれないけど、こさせてください（るん）。まぁ、宇都宮はなかなか遠い。充子さんに引っ越しを求めまする（笑）。

朋美

2003.7.4

今日はいつも一緒に来ているくんちゃんが部活のため来れなくなってしまったので1人で充子さんの家に来ました。最初は1人で平気かなと不安に思ったんですけど、いざ充子さんに会うとそんな不安も吹き飛んでしまいました。あいかわらずおいしいごはんを食べることができて、充子さんとtalkもはずみ今日一日楽しかったです。今日の充子さんは歌番組を見ながら歌っていてとても楽しそうで見ている私も嬉しかったです。

落合

2003.7.9

あと約1週間でこのノートを使い切りたい……そんな野望に燃える暁子です。今日はタバコ臭いですが許してね充子さん。食べに行ったレストランで、隣の席の人が吸ってたので移った様子です。ごめんね充子さん、タバコ嫌いなのにね。今日は箱石家に来る「コーヒーブラックじゃない党」の人々の為にクリープを持ってきました。皆様、クリープ使って下さい。母から送られてきたのですが知る人ぞ知る、わたしはブラック党なのですよ。充子さんと同じでっす。Yeah-!!

で、クリープのお礼にパンを貰ってしまいました。すんませんです。ありがたく明日の朝ごはんにさせて頂きます♡うふ。←生活苦

明日の夜…久っ々にごはんで来ます!!やっべぇ…どんなすげーものがでてくるやら…怖。充子さん、体は大事にしてね。ムリはしないでね。では。

最近自分が伝書鳩のようだと思う 暁子
高校の頃、「目の動きがハト」と言われていました。

2003.7.10

今日は1カ月ぶりくらいに来ました★充子さんかなり髪が伸びててビックリした。そして今日は暁子と3人で結構真剣な話をしてしまいました☆なかなか人生勉強になりました!!ひさびさの充子家は楽しかったよぉー♡いつ来ても笑いが絶えなくてよいですね♡

そろそろテスト始まります☆今回はまじでがんばるぞ!!今回こそは本気です…（いつも同じようなこと言ってるけど、今回はマジでございます）

とりあえず、明日は午後からだから今日はゆーっくり寝るゾ☆最近涼しいから寝やすくて良いわ☆では、おやすみなさい!!

亜衣

2003.7.29

ひさしぶり!! 全くサボっててごめんなさいです。日記も食事も。だって来たらいっつもおいしーもん用意してあるんやもん! 先週は充子ママ様の肉じゃが、先々週もおいしーカボチャの煮付け。今週にいたっては、何もしなかった。ヘルパーさんがおいしーナスのいためモノを。ああ、幸せ…いやいやその分働きますのでm(__)m みんなテスト頑張ろーねぇ…。

そうそう、7月10、11日に演劇の公演を充子さんみにきてくれました。「面白かった」といってもらえてホントうれしかった。学祭も見にきて下さいませ!!

2003.7.30

実習も終わり久しぶりに充子さんの家に来ました。やっぱり、充子さんの家で食べるご飯は美味しいですね。次回はご飯からお風呂まで1人なので頑張らないと

ななえ

2003.8.5

夏休みに入って初 充子さんの家に来ました。1人で来てみました。今日はお風呂もだったけど中島さんに教えてもらいながら一緒にやらせて頂きました。次回はホントに1人なので頑張ります。今日は、充子さんは寝る前にビールを1杯飲んでごきげんでした。きっと良い夢見られますね。それに明日はNo.2の彼氏が来るそうですね。ウキ×2ですね。それではおやすみなさぁ〜い♪

nanae

2003.8.15

10日ぶりに来ました。充子さん宅♪しかし!!日記が全然ススんでない!どゆことでしょ!?みなさん日記は書きましょう。

今日はTVを見ながらご飯を食べました。そのTVは「ドリームハウス」という番組でした。充子さんは「いいねぇ〜」と言いながら集中して見ていました。でも、本当にうらやましかった。理想の家が建てられるっていいですね。私も新築に住みたか〜。と思う今日この頃でした。

ななえ

2003.8.29

私あまり日記を書く性質ではないのですが、暁子が嘆いているので久々に書くッスね。折角描くので少しまじめトークでもしますか…。この間、最近充子さん宅に来ていない。

S君や、もう1年来ていないNさんと話をしたのですが、「これからしばらく来れませんのでよろしく。」とは言えないとか、「しばらく行ってないと行きにくいし、行ってもその後、沢山入れるわけではないので申し訳ない。」とか言っていました。みなさんどう思います? 私はむしろ充子さんと話している時は親しげにしているのに、気まずいことが有ると急に何も言わずにいなくなってしまう方が申し訳ないのでは? と思います。充子さんがヘルパーさんを頼まないで学生さんにお願いしているのは、学生さんと話をしたいからなのだから、何も話をしないで消えてしまうのは充子さんの目的?とは違うはず。お風呂に入れても

らったりとかをしたいと言うのではなく、話がしたいのよ。充子さんは。なので間があいて申し訳ないと思っているみなさんはcome back! please!! と思うのですがそういう人は読まないか…。もしそういう人に会ったら是非声を掛けて欲しいです。宜しく!!　さてここで今日の世間話でもするか…。今日は充子さんは「輪になって〜」のナス旅行から帰って来ました。でも渋滞して帰宅は7時。待つ間は中島さん宅でコーヒーをごちそうになりました。でもやっと帰って来た充子さんにいわれた一言。「すみれちゃん、今日はなんかボロボロね。」……なぬー!! なかなか冗談きついっすよ。

すみれ

2003.8.30

今日はとっても遅くなってしまいました。今、すでに0:05　ご飯も8:00すぎだったし……。充子さんとおしゃべりをしながら、デザートを食べていたのが原因かな。今日は沢山お話しできて良かったです。急ぎのため字がキタなくてごめんなさいです。では充子さんおやすみなさい。良い夢見て下さいね☆
P.S. 那須楽しかったです。又、一緒にどこか旅行したいですです^o^

ななえでした

2003.9.3

すみれの日記にお返事ー。確かにそうなんだよね。充子さんの目的は学生とのコミュニケーションだと思う。しかし、ま、ボランティアはボランティアだしなぁ。忙しくなったら間があいちゃうのは仕方ないとも思うな。寂しいけどね。私も前よりは来てないけどな（涙）それぞれのペースでいいのかな？

充子さんの言うように、来たくなったら来ればよいと思うな。(^_^) 私も一時相当やばくて来れなかった。来たくなかった時もあったから、強制はとても出来ないし。寂しいけどね、本当。

さて、今日は沢山の人々に会いました。七重、すどうさんことパパ、中島さん、飯村さん、斎藤さん。パパは半年ぶりの再会(!?) でした。パパー!!!Yeahー!!

今日は澄香を連れてきてみました。マジ話しながらサンマ食ってました。今年のサンマはスゴオク良いそうですよ!! 皆食いましょう！ドコサヘキサヘン酸!!

まだまだ集中講義はノンストップです!!すみれ、カゼ早よ治せよーー!! 周りがみんなカゼで、なんで私カゼひかないんだろう…良いことなんだけどねーー。ちょっと切ないわーー。でわでわ、また1ヶ月後 (?)。

ねむい　暁子

この間も充子さんは私とのデートの約束の時間を30分以上遅刻しましたが、今日は60分以上の遅刻だ!! しくしくっ…てのは嘘だけど、この間も今日も中島さんのお宅で待たせていただきました。今日は充子さんは池袋の水族館へ須藤さんと行って来たそうです。楽しかったようですよ。たまには勉強だけじゃなくて息抜きも必要よ。そうそうヘルパーの資格どうしようか迷ってたけど私の姿勢がそちらに向いてなくて申し訳ないし、中途半ぱはよくないのでやめることにしました。ごめんなさいね!! 私もっと今やってることを充実させていきたいと思います。

つねかわ ^_^

2003.9.8

お久しぶりです!! 3ヶ月ぶりに来ました。今日は3時頃遊びに来て、そのまま食事に入りました。今日のメニューは肉じゃが♡家庭的な料理〜って感じで嬉しかった!…のですが、私の手際の悪さといったら…情けない↓↓充子さんも相当疲れたことでしょう。本当ごめんなさい。明日実家に帰るので、夕飯の手伝いとかして料理勉強してきます。

今日はたくさんの方にお会いしました。…いつのまにか、初めて充子さんちに来た日から1年以上たちました。といっても1年間で入った日は数えるくらいですが、充子さんお世話になってマス

これからもお願いしますね〜♡それではまた9/22に来ます。実家に帰って大人になって帰ってきま〜す(年齢のめんで。あぁ20才だぁ)

仁美

2003.9.12

約2週間ぶりに充子さん宅に来ました。試験も終わり、ホッとしている今日この頃です。赤点…。それだけが心配です。心配しなくてもとると思いますが(￣◇￣;)

本日も充子さんはおデート♡だったそうです。県立美術館へ行ったって言ってました。しかしお休みでしたとのことです。これほど悲しいことはないでしょうT_T でも、予定変更で東京インテリアに行ってたんですって^o^　そこでラックを買ってきたんですが…「じゃま。」とのことです。見る度「やっぱりじゃま。」とぼやいていました。でも素敵です。どうにかじゃまにならないようにしたいですね!

中島さん、飯村さん、お出掛けお疲れ様でした↗色々大変そうですね　でも頑張って下さい。私ももっと福祉の勉強頑張ります。

秋になりつつあると思ったらまた夏がやって来た! みたいな最近です。みなさん体調には気をつけましょ〜

ななえ

2003.9.19

またまた 来てしまいました! 充子邸。日記が…さいきん私ばかり書いているような。my日記になっちゃうよ(＞＜) 日記を書く前に充子さん家に来る人が少ないような…。来た人だけでもいいから書きましょう。日記だけどコミュニケーションとれたらいいなと思います☆

今日は充子さんにゴーヤチャンプルの作り方教えてもらいました♪ 作るのも食べるのも初めてで、何が何だかよく分からなかったけど、なかなかおいしかったり…。じぶんで言うのもなんですが。もっと料理できるように頑張ります!

今日は、私の発言にウケまくりの充子さんでした…。そんなにおもしろいこと言ってないのに(￣◇￣;) でも充子さんが笑ってくれると、とても嬉しいな(^o^) これからもよろしくお願いします。

ななえでした☆

2003.10.1

こんばんわ。お久しぶりです。すみかです☆今日は突発的に遊びに来たのですが、久しぶりに充子さんに逢えてよかったです。オセロも久々にやったら、とんでもない結果になってビックリ!! でした。(1回目は55-9で私、2回目は49-15で充子さんが勝ちました。すごい差…!!) そのあとは、

少しですが充子さんのお勉強を手伝わせてもらいました。すごくむずかしくて頭がパンクしそうでした…。

私は来週実習です。今から怖くて…!!(震)あきこが作ったごはんは、ほっけと春雨サラダとおみそしるでした。とってもおいしかったです。ごちそうさまでした☆

☆澄香☆

2003.10. 6

今日は久しぶりに充子さん家に来てご飯を作りました。これから初めてのお風呂をします。頑張りたいと思います。

上野尚美

か〜なり久々に充子さんの所に来ました栃介1年の大沢由紀です。今日はご飯とお風呂を尚美と一緒にしてます。お風呂は今日が初で緊張してます。今、充子さんはTELでお話中で暇してます(笑)

あっ!終わったみたい(^_^)では、これからお風呂に行ってきまぁ〜す♡

2003.10.9

充子さん退院後初入りです。入院と聞いたときは本当にビックリでした。入院する数日前、「腰が痛いのよ…」と充子さんが言っていたのを聞きましたが、これ程ひどかったとは。でもたいいんできて良かった^o^

只今充子さんは、理恵chanとお勉強中…。頑張って充子さん。既に理恵chanとなれなれしく呼んでしまっていますが…。初めまして、栃介1年の石川奈々恵です。あっこちゃんから今日来ること楽しみにしていました^o^続々と宇大生に会えて嬉しいです。もっと仲良くなりたいと思う今日この頃です。こんな私ですがヨロシクお願いします。

ななえ

2003.10.10

何年ぶりに日記を書くだろう。きっと3、4年ぶりになります。宇大を卒業してから、なかなかここに来る機会がなくなっちゃったけど。でも久しぶりに充子さんに会っても、そんなに久しぶりの気がしないんですよね。充子さんも同じ匂いがして。すごく安心します。

日記をみてて、自分がボランティアにき始めた時のことを思い返しました。〝夕飯は魚が得意だったなぁ〟〝食後はきまってヨーグルトだったなぁ〟〝彼とケンカして泣きついたこともあったなぁ〟〝進路を話しあったなぁ〟〝夜おそくまでバカ笑いしてたなぁ〟…なんて(笑)。ね、充子さん♪

今は竹林で1人くらしをしています。充子さんちでみがいた料理の腕前が今生かされてるよ。仕事は、とてもやりがいを感じてます。向いてるか向いてないか、そんなのわかんないけど、すごくひとつの仕事をおわした後の達成感が気もちいい。きっとどんな仕事でも同じかな。もちろん記事で批判をうけることもしばしば。でも負けないぞ(笑)。

今度充子さんに折り入って話したいことがあるよ。仕事のことだけじゃなく、というか、仕事のことじゃなく。名字をかえようかなぁ…なんてね。

腰、だいじにしてね。むりはしちゃだめだよ。充子さんは〝がんばりやさんのウサギ〟だから…むっちゃんは〝さぼりやのカメ〟だけどね(笑)。また電話するね。

元教育学部　睦美

2003.10.16

本日も来てしまいました。充子さんのおうち♪今日は夕食に煮物とおみそ汁とおひたしを作りました。煮物はさといも・にんじん・いかを使いました。材料の準備のとき充子さんが一言、「いかはいかが?」…(￣◇￣;)今どきそれは…みたいな感じでした。自分で言ってウケてる充子さん…それも何とも…でも充子さんだから許せちゃうんですよね ^o^ これがまた♡充子さんちにいると笑いが絶えません。シワが増えたらどおーするんですか!? なんて思う今日この頃です。さてさて今度はいつ来よう…来月から実習が始まるのでしばらく空いちゃうし、今月もう1回来ようかなと考え中の私。

只今充子さん入浴中♨今日のお風呂は「登別」あ～温泉行きたい。スーパー銭湯はダメよ。という感じで、今日はこのへんで…。充子さんおやすみなさい。

ななえ ^o^

2003.10.22

今日はお風呂に来ました。充子さんが退院して初です。まだ腰痛いようだけど退院できて良かった…

そして久しぶりに充子さんに会えて良かったです ^o^（充子さんが入院しちゃった日、私が入っててその時は会えなかったから1ヶ月半ぶりくらいかな?）

あのハイテクなベッドに感動しました!!
体験してまた感動、本当すごいな～☆
最後に…充子さん今日は本当にごめんなさい（トイレ）

仁美

2003.10.28

「冬が来る前に」より

♫冬がぁ～くっるっまえっにい～♪もぉーいちっどォ～あっのっひとっにィ～め～ぐりィあ～えちゃいましたよ、スドウさん。（この歌が分かるアナタ、なかなかの年齢…グフ!!）今日は2人で上野に行かれたそうで、大雨で動物園に行かず、美術館に行ったそうです。そしたらパブロ・ピカソの絵っていってもけっこう小さい（ハガキサイズとか）ものばっかりだったそうで。イメージ違うなア。新鮮だねぇ。

キリ

2003.10.30

2しゅうかんぶりに充子さんの所へ来ました ^o^ 今日は充子さんのお母様と初めてお会い致しました♪おうわさどおりお若い!! 全然お年と一致しないです。充子さんとお母様は親子というより、姉妹のようでした。なんかあこがれちゃいますね ^o^ いつまでもお元気で!!

今日のごはんはお鍋でした♪お野菜たっぷりでおいしかったです。3人にしてはちょっと多めで頑張って食べました。残り汁でおじやを作り、充子母の味で頂きました。これまたおいしかったです。今日はいつもよりたくさん食べて、おなかがふくれちゃって大変でした ^o^

来月の4日から実習が始まる為、しばらくの間充子さんの所へは来られなくなります。さみしいよぉ～実習終わったらスグに、また来ます!待ってて下さいね。では、また21日以降お会いしましょう。おやすみなさい☆

ななえ

2003.11.11

初めまして。ヘルパーで来ている荒川で

す。充子さんのところには火曜日に来ています。昨日、充子さんのお母様が87才になられたそうです。すばらしい!! 宇大の学生さんにはまだ2人ほどしかお会いしたことがないので、火曜日に充子さんのところに遊びに来たらお友達になって下さい♡
えーっと、少し自己紹介をさせて頂くと、私はヘルパー歴はまだ1ヵ月程で、以前は大学病院で看護師をしていました。5ヵ月間位働いて病院を辞め、ヘルパーになりました。まだまだ勉強中(ヘルパーの)ですが、一生懸命頑張ります♡ 看護師はヘルパー1級と同じあつかいって聞くけど、お役に立てているかどうかはナゾ。とにかくこれからいっぱい勉強してお役に立てたらなぁと思います。…それと、箱クラブにもたくさん参加できるようにがんばります。学生さんも箱クラブ、いっぱい参加して下さい♡
今度、15日にリンゴ狩りがあるので、充子さんと一緒にリンゴを食べたい方!! 充子さんまで♡♡♡

では、どこかでみなさんにお会いできればと思います。ばいびー☆

荒川有子

P.S. この前のお鍋、とってもおいしかったっっ! またやりましょーね、充子さん♡
手作りコンニャク最高☆

ドーモ初めましてクマサカです。今日は晩ゴハンを食べにきました。(朝は何かな?)
いつもは斎藤さんにお世話になってます。(ヘルパーですよ)23才です。これからヨロシク。

2003.11.12

今晩はー♡♡お久しぶりです♡すみかです。今日もタダメシを食らいに参上したのです。今日のメニューはシチューでしたー! すごくたべたかったので、幸せでした♡♡
かなりおいしかったです。また作って下さい暁子母さん。今日は我らが後輩が来ています。かわいいので充子さんもお気に入りになったみたいでよかった。またそのうち暁子にくっついてご飯を食べに来るつもりですー!!!

すみかでした☆

2003.11.13

ドーモ熊坂です。今日も充子さん宅で晩ご飯をいただきました。今度箱石宅ででも一緒にごはんでも食べながら話でもしませんか?(誰でもO.K.です)。

2003.11.15

今日は箱クラブでりんご狩り♡ こんどみんなで飲みたいナ。晴れますよーに。

荒川有子

2003.11.19

今日は人がたくさん来てました。とにかくたくさんきてたので、てんてこまいで皆様でごはん作ってギョウザパーチー。パーチー。ステキ。しあさってから文化祭です。皆様きて下さいネ。

絶不調acco

一緒に参上したこいけすみかです。今日はたくさんの人とお食事を共にしました☆
久々です、こんなに多ぜいの人とごはんたべたの。たのしかったです。ギョーザもサラダも煮物もリンゴも牧場しぼりも大変おいしかったです。あと、人生相談らしきものを飯村さんにのっていただきました。すごく目からウロコでした。ほんとうにありがとうございましたー!!

暁子同様不良MAX すみか(>_<)

2003.12.9

どーもどーも！ 充子サマに火曜日の女と呼ばれている荒川です。今日も火曜だしね。先日、12/6は箱クラブ X'mas party に参加させて頂き、ありがとうございました。学生さん達にもお会いすることができてうれしかったです。お料理 and ケーキもおいしかったし♡ でも有子はあっこちゃんやすみかちゃん達の若いパワーにのまれました。とくにあっこちゃんのキャラはすごい！ いちどみたら忘れないよ…。X'mas party のとき、この日記のことも話していたので書いてみました。またどこかでお会いしましょう☆

♡荒川有子♡

どうもどうも。もう1人の「火曜日の女」キリです。クリスマスパーチーたのしかったですね！ また来年もやりましょう！

来年のサンタはだれがやるんだろう？

2003.12.17

こんばんわ、充子さん！ 久しぶりの3回目の訪問です。さすが充子さん、私の事を忘れないで覚えてくれて（?）いました。今日の夕飯は私の作ったおみそ汁と〝シカゴ〟のグランドスラムMサイズとポテト（1ケース）を頂きました。でも充子さんてば少食！ 残ったピザを私と暁子さんで食べろって！ そんなのダメですよ、ちゃんと割り当てなんだから食べなきゃ〜。私は充子さんに押して押して押しまくって充子さんに勝利してしまった！（充子さんも太鼓判っ）。明日の朝、残りのピザとポテト食べて下さいね♡ウフ

山リエ

2003.12.21

こんばんは！ 栃介の橋本です。昨日の雪の中、皆さんは何してましたか？ 私はチャリこいでましたよ。大掃除お疲れサマでした。冷蔵庫の中の化石達は昇天出来たのですね…。今日は充子さんの昔の写真を少し見せて頂きました。ほんとにたくさんの方とすごして来たんだなぁと思います。人とのつながりは大切にしたいものですね。来年の抱負「平常心」の橋本でした。耳かきしてたら遅くなってしまったのでので終わりにします。みんないい子にしてるんだよー。

ハシ

2003.12.22

山城アッコです。今日肉じゃがを作ろうとじゃがいものダンボールをあけたらうにょろうにょろと新しいエナジーが激しく自己主張してました。言い変えると、芽がとてつもなく伸びてからまってました。充子さん家の伸びたさぼてんをほうふつとさせるいでたちでございました。皆様、じゃがいものダンボールあける時は気をつけてね。すごいから。

これからMy後輩・未来ちゃんが来るのですが、あんなステキな生命体（じゃがいも）見たら食べる気を無くしてしまうかもしれなかった…まだダンボールの中にたくさんいますので勇気のある女の子（特に環境っ子）どうぞ見てみて下さい。では、また明後日。今日はクリスマスイヴイヴイヴ

暁子

はじめまして。宇大障害児教育1年の手塚未来です。今日初めてあっこさんにつれられ充子さんの家に来ました。あっこさんが作ってくれた肉じゃがおいしかったで

す。あとからじゃがいものこと知りましたが…。充子さんが「家は農家?」って聞いた理由がわかりました。農家ですとも。だっておいしかったんですもん。充子さんがスウェーデンと日本の障害者に対する意識のちがいとか、スロープをとりつけてくれたマスターの話とかが聞けて感動しました。介護は難しいこといっぱいでしたが、とっても楽しかったので、都合のあうときにまた来てみたいです。

2003.12.23

はじめまして!! 宇大教育地域社会教育2年の髙橋亜希子です^-^　今回が2回目になります。今日は充子さんとキリと飯村さんと4人で、教会のクリスマスパーティーにでかけました。今日の充子さんは赤いワンピースに黒のタートルネック、金色のロザリオで、ピンクのジャケットでした。おされでした。おされ。

フルーツポンチ&お菓子を携え、出発♪oh! いえー! 会場では、いろんな人々がいっぱいでした。子供もいっぱい。ジムっていう男の(大人の)人と、その子供達とキリと、鬼ごっこをしました。最後はキリとあたしが鬼で終わり…年??　微妙(T_T)

お腹いっぱい食べて帰ってきて、充子さんと初入浴time 充子さん肌スベスベ* 充子さんのところに来るとちゃんとしたご飯がもらえて嬉しい〜!! 早く一人前になりたいよぅ。また来る日が楽しみです!!　キリ様、またよろしく!!

亜希子ことキコ

は〜い!! キリです!!　今日のパーティーは楽しかったねぇ。また来週の月曜に来ますのでヨロシク。子どもたちとのオニごっこ、楽しかったですな。また会えるといいね♡

2003.12.24

充子さんは今、ファミリーとクリスマスイヴコール中です。たのしそうです。お母さんは1人きりのクリスマスイヴみたいだけど…(>_<)電話もらってお母さんうれしそうだったよ、充子さん。

暁子は2年連続で箱石家でX'mas Eveをすごしました。来年もここで過ごすような気がしないでもない…(涙)いいの、私はそれで良いの。だって充子さんラヴですもの。今日は充子さん、2回もパーティーやったようで、まだまだノリノリ。良いことだ。楽しげだ。暁子も楽しいよ。てかおなかいっぱいでもはや眠いよ。(笑)

皆様、良いX'mas(Eve)を!!　私の分まで!!　どうか私の分まで!!(T_T)お、これで日記も終わりですね。よっしゃ、前回の今村さんみたいなことやっちゃうぞ!!

暁子

2003.12.25

早いもので7冊目も今日でおわりです。はじめとおわりしか書いていませんが、いい日でした。

今村マサノリ

8冊目 2003.12.25-2005.4.21

2003.12.25

一番のりです。今村将則

2003.12.26

夢にまで見た念願の1ページ目!! 7冊目では書けなかったからうれしい! っていうか久しぶり、充子さん。1ヵ月ぶりだね。日記は春以来だし…。これからも月1ペースでこられればいいな。というわけで、今年はこれで最後だね。それでは充子さん、ボランティアのみなさん、来年もよい1年を向かえて下さい。来年の干支って確か〝サル〟だよね。

中村

2004.1.6

2004年初☆ 嬉すぃー限りですな。2004年最初のノートです♪♪ (^-^) 今日はキリと充子さんと3人でうどん食いました。うどん。具材たっっぷりの力うどんでした。もちがうまっ!! 農家の人がついてくれたもちらしい…。いーいのびっぷりでした。うまいうまい。デザートと充子さんが育成したかわゆいカスピ海ヨーグルト♡ まろやかーん。他の雑菌が入ると食べられちゃうという何ともデリケイトなカスピン。充子さんの手によっておいーしいおいーしいヨーグルトになり、私どものお腹の中へ…うまかった!!

お正月明けて体重計にのって驚いてから早3日経過…。こんなにたんまり充子さんにえづけされて、またぷくぷく肥えてしまいそうです。やれやれ。次の火曜はキリがいない…。

充子さんに怒られないよう頑張らねば。いろいろやらかしちゃいそうな気がするけど、充子さん、ご指導よろしくお願いします。

By. キコ太郎

2004.1.13

今日は充子さんと初めて夕飯を作りました。私、料理全くできないから、充子さんに手とり足とり教えてもらって…。本っ当ーにダメダメでした。充子さんに注意されてしまいました。軽く凹み↓ でも今日ひじきの煮物の作り方を教わりました。家でひじきを作ったことなんてなかったし、親も作ったことがなかったからちょっと感動☆ 次回は肉じゃがの予定です（楽）♪ 充子さんとカウンセリングについてトークもしました。講義で依存症者の心理や対処がどういうものか、みたいなことを学んで、それを充子さんに話したら、充子さんも障害者の人のカウンセリングをやろうとしていることを教えてくれました。あたしもカウンセラーに興味を持ったところなので、いろいろ相談にのってもらおう♪♪♪ では、お風呂にいざ出陣。

キコ

2004.1.20

どうもー♡ 荒川です。今日は充子さんのところにお客様いっぱい 電話もたくさんでてんやわんやでした(>_<) お昼はお

もちと充子さん作の白菜のつけものを分けて頂きました。ゆーこはお弁当持参+おもち白菜だったので、おなかいっぱいです。お菓子もいただいてしまい…。これはヘルパーとしてどうなのかしら…? 食べすぎだねー、ちょっと。24日、会える方もいらっしゃると思います。そのときはどうか、よろしくお願いします。

2004.1.21

こんばんは☆充子さん!! この間の成人パーティーにお招き頂きありがとうございました。お好み焼きとてもおいしかったです。バイト帰り充子さんのうちに来たら、ホカホカ御飯ができてて嬉しかったです☆ 今日は、ワンタンスープを作りました。私ワンタンスープを作ったことなかったんですけど、充子さんの的確な指示のお陰でとても美味しくできました☆皆がよろこんでくれて嬉しいーーッ♡ あと、バイトの試飲会で配っていたダノンのとろけるプリンを持ってきました。あとで食べて下さいね♡

By. 山リエ

2004.1.25

充子さんへ 先日は演奏会見に来てくれてありがとうございました。花束頂いて本当に嬉しかったみょー。しばらく来れなくて悪かったねぇ。一段落ついたのでまた通わせてもらいます。

By. すみれ

2004.1.27

荒川です。みなさま、先日は新年会お疲れ様でした(>_<) 岡倉さん、とってもいい方で面白かったです。今日は、火曜日というわけでまたまた参上です。明日、充子さんのBirthdayということで今夜は前夜祭ですかね…? 充子さんは明日、18歳になられるそうです。でもなぜか、今日も18歳みたいです!! 永遠に若々しく、美しい充子さま。いつまでもその若さを保ってお元気でいてください♡

By. 有子

充子さん♡誕生日おめでとうございます♡ 今年もまた18歳(!!) ですよね☆ いいですねー。永遠の18歳。充子さんへのBirthdayプレゼントのドアチャイム(?)。箱を開けた瞬間、組み立ててなくてインパクト弱し…。選ぶ時、あのチャイムの見た目で決めてしまったのでごめんなさい。でも充子さんとても嬉しそうに受け取ってくれて、ありがとうございます(感動)♡ 苦心して選んできた甲斐がありました。充子さんいつまでも若々しく…。

By. 山リエです♡

2004.2.1

初めまして。充子さん! 橋本かおりと申します。北国出身。これからいろいろとお世話になる!? かも!? よろしくおねがいしまーす^_^

By. かおり

2004.2.11

今日は久々に真岡に行ってきました。自宅じゃないけどね。今日、充子さんは福田屋に行ってきた御様子。本人いわく、「チョコレートが映画に化けちゃった。」…だそうです。「ラブストーリー」がすごくよかったそうな。ふきっさらしで渋滞に巻き込まれている飯村さん&充子嬢を待つことが出来ず、しまむらへ避難するオバちゃん女子大生ズ。そして300円の服を購入したA子(仮)でした。

By.A子(仮)

2004.3.5

今日も風が冷たいです。ちょっと久しぶりに来ました、もう卒業シーズンになってしまいました。今年卒業の皆様、おめでとうございます** 私も来年は卒業…できるかな(￣◇￣;) 頑張らなくては…。充子さんはお風邪を引いてしまった様で…今以上にひどくならないように気を付けて下さいね。ではお大事にです。それではおやすみなさい☆

奈々恵

お久しぶりです。今日は初めて充子さんと一夜を共にするのでドキドキです♡ 風邪もだいぶよくなったようで、就寝前のお熱も36.3℃でした。よかったです。明日はお風呂に入れそうですね。ではおやすみなさい。

有子

2004.3.12

祝卒業（自分自身に）いままでお世話になりました。充子さんをよろしくお願いします。またね。

須藤

栃介の皆様、卒業おめでとうございます。晴れて社会人の仲間入りということで、これからも頑張って下さい。橋本さん! おめでとーう! 知り合ってはや5ヵ月が経ちますが、一度もお酒をくみかわしたことがないとは!! ぜひ卒業祝いを♡ お時間あるときメール待ってます。

今日は充子さんもお風呂に入って、ビールを飲んでごきげんです♡ ではまた☆

荒川有子

2004.3.18

はじめましてではない!!っすね。でも家に来たのは初な、私! 工藤美奈子と申します。栃介のもうすぐ2年ですが、充子さんとは、もー→、すんごく楽しくごはんをいただき♡ どーもでした。また来ます。っていうか来る。んでよろしくです。充子さんとはもっとおしゃべりしてもっと楽しくしたーい! ではでは

ナナエちゃんのとも 工藤 みなこ

2004.3.19

今日も少々寒い日となりました。2夜連続で訪問させて頂きました。なぜなら、昨日の帰り充子さんに「明日ヒマ～?」なんてナンパをされ、来てしまったということです。只今、高橋真梨子のコンサートチケットについて中島さんと飯村さん達と談話中の充子さんですが、いい席とれると良いですね^o^ では…おやすみなさい…又来週おじゃまします。おやすみなさい☆
P.S. 皆、日記書いて下さい。さみしいです…。

奈々恵でした♪

2004.3.23

2週間ぶりです。すごく久々に来ました…。昨日充子邸に電話をかけた時、充子さんに「キコです」と名のったらわかってもらえずとてもあせった～まちがい電話をしたかと思いました(＞＜) 今日はお魚（焼き）と、野菜の卵焼きでした。久々に作ったらなかなか手ぎわよくできて、充子さん

にほめていただきました〜♡ 今日は歌謡ショーがあったけど、お忙しい充子さんはゆっくりTVも見られず…TELしたり何したり、結局ほとんど見られなかったみたいです。せづねぇ…。

キコ

2004.3.23

只今、充子さんは火サス観ておられます。今日は充子さんにおしるこを頂いて、またまたえづけされてしまいました。ごちそうさまです♡　おいしかったです。

有子

2004.3.24

宇大の皆々様、ご卒業おめでとうございます!!　春は何だか切ない季節ですね。私が言うのも変ですが、学生時代の友達は長くつきあっていけると思うので、大切にして下さいね。今村くんの「かんてんパパ」シリーズはまだたくさんあるので、宇大の皆様、彼の意志を継いで作って下さい。充子さんが今見ているのは松本清張「鬼畜」です。ドロッドロです。

橋本

2004.3.26

私が丁度充子さんの家に来たとき新聞やさんが集金に来ました。充子さんは只今とっているしんぶんを止め、新しい新聞をとることにしたそうです。そこで（旧）新聞やさんが、又とってもらおうと、充子さんと戦い始めたのです！　充子さんも負けじと反撃…そして見ごと充子さんの勝利!!　しかし、（旧）新聞やさんは一言「また半年後伺います」

あきらめ悪い…!　皆さんもこんな新聞やさんにはご注意を!!　今日は注意書きになってしまいました。ではこのへんで…。おやすみなさい。

ななえ

2004.3.28

今日は充子さん東京に行かれたそうで、少しお疲れのご様子。日本酒を飲んで就寝です。今日は帰りの電車でカップルがイチャついていたらしく、充子さんは「目のやり場に困った」そうです。みなさんも公共の場では慎みましょう…（笑）橋本さんも遠路はるばる　お疲れさまでした。また今度♡

荒川有子

2004.4.3

今日はとおってもいいお天気で、充子さんとお花見三昧でした＊芳賀町のHONDAまで行って、桜並木を散歩しました。2人で歩いて数えただけで桜は208本!!　いったい全部で何本あるんだろう…。スゴすぎ。その他、3〜4ヵ所ほど宇都宮市内の名所をめぐり、とっても幸せ。充子さんは1ヵ所目でビールをあおり、若干眠そうでした（笑）。

P.S.みんな日記書いてよぉ。。。1週間ぶりなのに連続ダヨ(＞＜)

荒川有子

2004.4.9

2週間ブリにやって参りました。久しぶりに訪問したら、充子さんは、又又お風邪を引いてしまっていました…。せっかく長い時間かけて治したのに(T．T)　充子さん曰く「私は自分では風邪ひかないのよ〜」とのことです。ということは誰かから頂いてきたのだろうか??　皆様も風邪には十分気を付けましょう☆　今日はこのへんで。充子さんお大事にして下さいね!

ななえ

2004.4.13

志村けんみたいな幾三親ぶんを充子さんとキリと3人で見ました。見事にはまっていて、あり。あれは。充子さん咳がひどくて、ご飯食べてる時は鼻水もかなり辛そうでした(T-T)　でもやっぱりギャグは欠かせない。あれ?　病人…??　結構元気???　皆言ってたみたいですね。はい。充子さん、穴あいたジーンズ、アップリケためしてみますね。(_ _).。o○

キコ

2004.4.16

こんばんわ☆　最近日記が進んでいるようでなんだか嬉しいななえです(^◇^)　本日はたいやきごちそうになりました。あんこが甘くておいすぃかった。幸せです。充子さんの風邪はなかなか治らず…。その為お花見も中止(T-T)　早く良くなって下さい!!　皆がかなりしんどります。そして復活を祈ってます**　では、おやすみなさい。なんつー終わり方なんだ…。失礼しました↓↓

ななえ

2004.4.20

キリです

今日も充子さんはカゼが完治しません。けど先日やっとお風呂に入れてうれしかったようです。早くなおして下さいましまし。そしてカゼひいてもテレビの歌に合わせて歌ってました。それから、9:00～BSの動物番組の特集をみました。なんかヘンなホ乳類の姿ばっかし。ずら～っとつながって歩くジャコウネズミ。充子さん「電車ゴッコだわぁ…」。とてつもない速さで走るジネズミ。♂がひたすらノコノコ♀を追いかけるハリネズミ…。なんかさぁ、愛くるしい、ていうよりマヌケやねぇ…。

荒川です

今日は充子さん、風邪が治りきってないけれどもお風呂には入るそうで♡　よかったですね。はやく咳もとまるといいですねー。では、お風呂に行ってきまーす!!　ばいびー

2004.4.23

みなこです

栃介2ねんとなりました。ななえちゃんとともにやってまいりました。今回2かい目の充子さん宅です。キムチドレッシングにはまりましたぁ!　充子さんが「あまりからくないのよ♡」と言っていたのにけっこうピリカラでした。んでもうまい!　1ℓで1000いくらかだと聞いて少し高価なものでした。今までなかった車を手に入れることができ、ななえちゃんに乗せてきてもらっていましたが、これからは1人で来れますよ。きっと「明日ヒマ～?」ってきかれるようになると思うし、うれすぃです。

今日はひさしぶりに寒い日で、充子さんさんもまだカゼだといって薬を飲んでいたしで心配だぁ。早くなおして下さいよぉ!　ポチタマを見てて、充子さんが「かわいい♡」ってネコ、いぬ見ながら言ってました…その充子さんもかわゆいですよ。では!　このへんで、また来まーす。

2004.4.26

もう少しで花粉シーズンも終わりで嬉しい!! 充子さんの風邪もほぼ治っているようで何よりですね。きのうは充子さんと壬生のわんぱく公園(「わんぱく」って…)に行きました。黒川沿いの八重桜や青い麦の穂が風になびくのを見て幸せな気分にひたれました。みんなはどんな「春らしいかんじ」を味わったかな?

橋本でした

2004.4.29

今日からGW♡ 充子さんは初日からとばしまくりです。今日益子までサイトウさんとディトしてきたらしいです。とうき市を見てきたそうです。いいなぁ!!(｀ω´)いいなぁいいなぁゆってたら、5/2にFKDインターパークに行くのに連れてってくれるって言っていただきました☆ 母の日のプレゼント購入してきたいと。親孝行ですねー!!

GW、充子さんにお世話してもらお。充子さん、住ませて??? 尽くすから。好きにさせてあげて!! 5/2、楽しみです〜〜♪(≧∇≦)わくわく!!

木曜の女になりたいキコでしたm(_ _)m

2004.4.30

今日は「すいとん」を作りました♡まず材料探しで悪戦苦闘しました。何故か充子さん家の冷凍庫でいつも宝探しのごとく材料を見つけるのに苦労しております…。今日は「たらのすり身」を探しました。とても大変でした。どうしていつも見付からないんだろう。誰か簡単に見つける秘訣教えてくださいm(_ _)m

事は変わって…。本日のデザートのグレープフルーツですが…すっぱい!! すごくすっぱい!! 今日のはルビーではなくホワイトだったからなのです。充子さんも「参った」と言う程のすっぱさでした。私も参りました…。ハプニング有りの今日でした。それでは…おやすみなさいzzz

ななえ

2004.5.1

こんばんはー。只今、充子さんはサスペンス鑑賞中。題「温泉若おかみの殺人推理・南紀白浜夕焼け小焼け復讐の連続殺人〜若おかみの初恋の人が真犯人!?」です。タイトル長くない!? 長すぎない!? ちなみに有子は新聞を見ながら書きました(笑)テレ朝のサスペンスって題名だけで話の内容が見えかくれするような長いタイトルが多いねー(笑)

荒川

馬塚睦美です。24才、今は社会人3年目に入り、静岡の浜松で働いてます。大学の頃、充子さんのトコに通っていて、今日は大学の先輩の結婚式で宇都宮へ久しぶりに来ました。2年ぶりくらい?? みつこさんに会えて良かったなー。元気そうでほっとしたよ。NPOを立ち上げたという話を聞き、充子さんの考えてるコトを現実にする力ってすごいなと思いました。ほんとにうまくいってみつこさんの理想が形になるといいね。みつこさんならきっとやってくれるでしょう。楽しみだ。私も頑張るから、みつこさんも頑張ってね。

2004.5.4

火曜日の女キリです。キコちゃんがんばって木曜の女になっておくれ!! 期待してるよ!! 今ミツコさんは「火曜サスペンス」をみてます。死んだことになった山岳部の男、ジツは生きてる…!? ドキドキのストーリーです。ハイ。ところでドキドキのストーリーといえば我が宇大演劇研究会、5月13日14日に公演をさせていただくことにあいなりました。私も出てます。見てやってもらえるとうれしいです。ちなみにミツコさんも来てくれます。ありがとう♡ そろそろ「火サス」もクライマックス。ミツコ夢中。外は雨。火曜はたいがい雨。ミツコさんカゼもうひかないでね。ではでは。

2004.5.6

今日は充子さんに怒られっぱなしでした…(涙) まず5/2のFKDの帰りのカワチでのお買物についてから始まり、本日のお夕食に至り、更に洗い物が遅れデザートにひびいてしまい…。あぁ、全てまとめてゴメンナサイ。お魚をこがしました。味そ汁多少しょっぱかったし。はうはうはうーーーーーーーー。

5/2のお買物についてはいろいろ数が足りなかったみたいで、後で「ないーーないーー」と探したらしいです。もう、ゴメンナサイーーーー(＞＜) ああ、もう今日はそれしか言うことがない。ああ、ゴメンナサイ(T-T) 来週までにはもっとまともな木曜女になってくるよーー。まっててね。

キコ

2004.5.12

暁子です。今日は単品です。充子さんはとてもすごい問題発言を連発していました…知りたい方は充子さんに直接問いただして下さい。ニヤリ。今日は野菜いためとみそ汁でしたー。最近失敗少ないけど安心したとたんにいろいろやりそうで怖い。初心忘るべからずでんな。日々精進!

自称乙女 暁子

こんばんはー!! 充子さんに「お久しぶりですー」と言ったら「えーっ? 2日ぶりよー?」「荒川さんボケたのー? (笑)」と言われてしまいました(笑)。そうなんですよー(＞＜) よく考えたら月曜の朝もお会いしましたね!? 会ったと言うより朝までいましたよね。最近忙しすぎてじかんの感覚がないっていうか体内時計がくるってる…!!! 今日、充子さんのお宅に来て、久しぶり(?)にのんびりした気分です。今日はあっこちゃんにも久しぶりに会いました。相変わらず元気ダネ(^v^) ではこのへんでー。

荒川有子

2004.5.14

ななえです。…日にちを間違えるとは、私もヤバイかしら…(´Д`) 本日も工藤さんとやって参りました。先日1年生歓迎会を行い数名確保致しました! しかーし!! 肝心の男の子はGETできず…。やっぱり直接充子さんに行って頂かないと無理のようで。なのでおヒマを見て是非栃介に出陣して下さい(＞＜) 只今充子さんは美奈chanとオセロ中。最近毎週やってる…。その間私はグレープフルーツをむきむき。おっ!?終わったみたい。またもや工藤美奈子完敗です☆そんなこんなでまた来週!…おぉっっ来週は私来ないんだったってなわけで…さ来週。

2004.5.27

充子さん、昨日から今日にかけて、日光の方におんせんに行ってたみたいです。どーりでるすでんの返事がないと…。昨日温泉行って、今日はドライブしたらしい。栃木県めぐり。すごいいっぱいいろんなところいったんだって。鬼怒川、塩原、矢坂…あと忘れた。「日焼けしちゃった」って言ってた。今日のお風呂はつらそうだ(><) 晩ごはんはぎょーざだよ。〝お隣作〟おーいーしーそーう!! ありがとうございまーす♡（≧∇≦）腹へりはらへり。では、いただきます♡

キコ

2004.5.28

今日は単品でお邪魔一の暁子です。今日はミソスープ気味のおうどん（ニラたま）とお魚とほうれんそうです。ほうれんそうおいしいです♡ 今日は充子さんはたくさん働いてきたみたいでとても疲れているみたいで…。でも「ポチたま」の誘惑には勝てなかったみたい（笑）はやくごはんたべて、あとで休むことに。あうー。ゆっくり休んでほしいです。

暁子

2004.6.1

今日から6月です。早いです。ツユ入りです。私がここにお邪魔して2年目となります。やっぱり早いです。ミツコさんこれからもどうぞよろしくお願いします! 今日はミツコママ様にたよりっパであります。手ギワが違います! さすがです! バイ。私もガンバリます!!

2004.6.3

こんばんわ♡ 本日久しぶりにやってまいりました（≧∇≦）ほぼ2週間ブリでしょうか。何かウキウキ（≧∇≦）です。それもそのはず。本日栃介のピカピカの1年生を連れてきました☆ きっとこれからも来てくれるよね♡ ミツコさん(^∇^) 今日は肉ジャガとサラダを作りました。1年生2人も初めてなのに色々お手伝いをしてくれたのでとても助かりました。久しぶりにゆっくりできました(^v^) ありがと♪ 来週はななななんと!! 4人も連れてきます。男の子も来ないかな? ねぇ、ミツコさん♡

明日から山口へお出かけということで、お気を付けて行って来てくださいね! 帰りを首をなが〜〜〜くして待ってます。それでは又来週。おやすみなさい

ななえ

栃介1年の福田聡美です。ヨロシクお願いします。充子さんはとても明るくて、優しくて、時にはおもしろくて、これからも来たいと思いました ^∇^ どうぞお願いします。また、お料理教えて下さい!!

同じく栃介1年の藤本有紀です。今日は初めてここに来ました。ここは、何かなつかしい感じがしていごこちが良いです♡ 料理全然できないので充子さん、たくさん教えてくださいね!! 今日はたくさん笑いました。お腹が痛い。。。充子さんもたくさん笑ってましたね。おもしろくて、時間がたつのがとても早い!! 今度はいつ来れるかな〜!? また来ます。来てたくさん笑って。。。はい!! グレープフルーツのデザートはびっくり、スゴイ美味しかった♡オセ

ロもやりました。もちろん負けました。「0勝1負」。キムチドレッシングもびっくりしたぁ。初めてばっかだ今日。今日1日ありがとうございました♡ 充子さん、またたくさん笑わせて下さいね!! 今度はハラペコできますね、もうパンパン。それじゃまた。山口行ってらっしゃいませ☆

2004.6.9

初めまして。後藤麻衣です。さっそく充子さんに〝ゴマちゃん〟と命名していただきました。なので、私はゴマちゃんです。今日、あっこさんにココに連れて来て頂きました。初めて来たはずなのに、初めての気がしないのはなぜ??? すっごい楽しい時間を過ごせました♪♪そして、おなかがいっぱいです。今度はもっとおなかすかせて来ます。それからお友だちも連れて来ます!!

少し私の自己紹介を…宇大の障害児教育1年です。山形出身です。身長164cm、体重45kg（予定☆）まぁ、ボチボチ私も皆さんの仲間入りをさせて下さい。これからもヨロシクお願いします。

おおーっ！ ゴマちゃん！ 充子さん、ナイスネーミング!! 最近、学生さん達が新入りさんを続々つれてきているので、私も楽しいです。ただ1つ問題なのは私が会うのは大抵夜勤のときなのでスッピンだということ!! 新入りさんはみんな若いのでちょっとはずかしい…。さいきん、疲れやすいのは、充子さんが私の「若さ」を吸いとってる（!?）ことが判明☆えぇっと、えー、そろそろー辞めさせて頂きマス（笑）!! ではではお風呂へLet's GOー☆

有子

2004.6.10

初めまして！ 栃介1年の飯野圭子です。宜しくお願いします。今日初めて充子さんを見て、とても明るくて元気がよくてビックリしました!! 料理についても詳しいし…スゴイです。「キムチドレッシング」おいしかったですよ。また食べたいなぁ～ 今度来る時も楽しいお話たくさん聞かせて下さいね!!

同じく栃介1年の碇真由美です。よろしくお願い致します。充子さんは元気いっぱいでお友達もたくさんいてとってもうらやましかったです。お料理も教えてもらいさっそく自宅でも作ってみようと思います。少し年を取った自称18才です。これからもよろしくお願い致します。

2004.6.16

2度目の登場です。こんばんわ。ごまちゃんです!! 充子さんに会うまでの1しゅうかんがとぉ～～～っても長かった。先週から、今日が来るのをずっと待ってました。また充子さんに会えてすっごいうれしいです☆今日は同じ学科の友だちも一緒に来ました。どんどん新顔を増やしていこうっ!! とひそかにたくらんでいます。

神戸さんはじめまして。私はこれからもどんどんココに出没する予定なので、これからも会えるといいですね。充子さんのお家で友だちの輪を広げていきたいです。今日はニンジントークで盛り上がりました（笑）

お久しぶりでございます。宇都宮大学工学部3年電気電子工学科に所属している神戸 耕亮と申します。合氣道部の幹部で書記を務めています。宇大合氣道部は現在部員を大募集中なので興味ある方はご気軽に連絡ください。宣伝してすいません。それから全然ココに来てなくてすいません。気づいたら日記帳が新しいものに代わっていました。パソコンも事務所に移ってしまって、本当にいろいろあったようですね。まあ、僕の方でもいろいろあったわけで。学校、部活、…。結構手いっぱいな感じで今が正念場です。ここを乗り切れば自分が一回り大きくなれそう。試されてます、自分。ゴマちゃん（こと、後藤まいさん）、大竹なおさん、初めまして。名前と顔を覚えるのは得意なので、しっかりインプットしましたよ。学校で会ったらあいさつしてください。喜びますので。まぁ、そうですね。みなさん元気そうで何よりです。僕は次回はいつ来れるかわかりませんが、また皆さんと会える日を期待しつつ、チクワさんがオセロで負けているのを見つつ、山城さんが作ったデザートを食べようと思います。

かんべ

初めまして。今日初めて充子さん家にやってきました。苗字が「大竹」ってゆうんですけど、充子さんに「ちくわ」ってあだ名つけてもらいました。でも…なんでだろうと思いますよね?? 実は大竹の「竹」から「ちく」とよみ、ちくわになったらしいです（笑）充子さんのギャグすごく高度です（≧∇≦）!! 今日はかんべさんとあっこさんとごまちゃんの計5人で「野菜スープ」いただきました。すごい具だくさんでしかも寒天が入っていてビックリでした!! でも最高においしかったぁ。いつも1人でたべてたので、本当になんとゆうか…実家がこいしくなっちゃいました。充子さん家、すごく温かくて好きです♡ 食後のデザートでグレープフルーツヨーグルト食べました!!

もっとビタミンCをとって充子さんみたいなツルツルのお肌目指します!! ほんと充子さん肌キレイです♡ それと…オセロ完敗です。強すぎです。出直してきますね。それでは、また来ます!! 「ちくわ」のコト忘れないで下さいね♡♡ では。

ちくわ

有子デス。

なんだか日記を書くのが随分と久しぶりな気がします。新顔ぞろいで…みんな!! 充子さんに「若さ」をすいとられないように気を　つけてね!!（笑）同じ部屋にいるだけで結構やられてるらしいから!! 有子はお風呂のときに、「今、吸ったよ（笑）」みたいなことを言われてちょっとビビリ入ってます。話かわって…なんか台風すげー☆ 雨やんでたけど風がつよぉーい!! こわーい!! でもなんで台風ってこんなにワクワクしちゃうんだろーネ(^_-) 夏大好き♡♡ はやく海行きまくりたーい!! 隣でまさに今、オセロ大会が幕をとじました。なんだかなぜかしんみりしているよ? ではまた週末に♡

<u>2004.6.24</u>

今日もあっこさんと登場です。今週が日よう日にも現れる予定ですので、ヨロシクお願いします。充子さん、今日はお疲れのようですね。暑い日が続くので体調には気をつけて下さいね。そうそう、今日はみそ汁を作りました。豆腐とキャベツです。案外いけてたと個人的には思っているのですが…。そして今日はニンニクのおいしいヤツを教えてもらいました。私もおうちでtry

してみますっ!! 27日には私のお友だちも連れてくるので楽しみにしていて下さい☆
P.S. 今日はヒロシが出ました…。

ゴマ

2004.6.25

こんばんわ♪2しゅうかんぶりくらいですね。今日は充子さんに「手作りのお花」を持ってきてあげたら事務所にかざってくれると言ってくれたのでとても嬉しいです。ありがとうございますね♡充子さん♡晩ご飯も〝豪華〟でお腹いっぱいになりました。ごちそうさまでした。今度も楽しみにしてますヨ。

圭子

こんばんわ! 碇です、今日も充子さんにお料理を教えてもらいました。さっそく家に帰って作りたいと思います。今日も元気いっぱい明るい充子さんにパワーをもらいました。とってもとっても楽しい時間をすごせて来週も元気に学校へ行けそうです。

2004.6.27

♡初めて来ました♡ お嬢（四條正美）です!! 充子さんにステキな名前をつけて頂き、満足しながら、今、このノートを書いています。なんだか充子さんには初めて会った気がしません。今日はおみそ汁を教えていただいたので、是非次回はもっと手ぎわ良く作れるように、復習したいと思います! 本当に楽しい時間をありがとうございました!! 充子さんの笑顔に元気をもらいました☆ ぜひ、またお会いできたらと思います! 「お嬢」を覚えておいて下さいね! （充子さんと同じピンク好きなので…♡）では、失礼しましたっ!

2004.6.29

今日は充子さん、病院に行ってきたそうです。そこで若いステキなドクターに、「お姫さまだっこ」されてしまったそうです! キャー!! ハズカシー!! ウラヤマシー!! 「充子さん、軽いですね」といわれたそうで。キャー、ウラヤマシィー!! 「なかなかそんな経験する人、いないよねぇ」と散々自慢されてしまいました。楽しそうな充子さんでした。

キリ

2004.6.30

次郎長でーす♡

初めまして。清水沙貴です。今日初めて充子さんのおうちに連れてきてもらいました!! 充子さんはとっても楽しい人ですぐにとけこめた気がします。充子さんの笑顔はとってもかわいらしいデス♡ あっ、充子さんとオセロをやらせていただきました。1年生初の勝利です!! 途中充子さんのチワワのようなまなざしにまどわされそうになりましたが、何とか頑張りました(^▽^;) 充子さんの左手の薬指に光るちょうちょうの指輪がとってもかわいかったです♪ また、ぜひ遊びにこさせていただきたいと思います♡

瀬藤 仁美

今日はじめて来ました。オセロを2回やったけど、2回とも負けました。やってる最中に、充子さんが笑うのがこわかった。「もうあなたは私の術にはまってるのよ♡♡」的な笑顔で。あと、私のあだ名は「ふうちゃん」になりました。かわいいけど、しみの「次郎長」には負けます。充子さんが笑っちゃって「次郎長」って呼べないのが楽しかったです。夕ごはんのシチューおいしかったです。新じゃが最高☆☆

2004.7.6

ウガジン　なつこ

はじめまして♡♡　今はもうおなかいっぱいで動けな～～い。今日は餃子パーティーでした。やっぱり栃木人は餃子だね!! そーだ！ 今度、絶対「納豆ぎょうざ」やってみてくださいネ！ あと、チョコとかラムネとかわさびも…。また餃子パーティーやりましょう。今度は「はずれ」の餃子も作ってやりましょう☆　では、ごちそーさまでした。

2004.7.7

瀬藤のフーちゃん

今日はオセロを3回もしちゃいました。1回目は私が大差で勝ち♡　しみ（じろちょう）が私に降りてきました。自分でもおにだぁーって思いました。2回目はびみょうだったけどたぶん私の勝ち。そして3回目…おにが充子さんに移りました…途中からすでに勝利の笑みを浮かべてる充子さん…。しみよりも私よりも、おにでした！ くやしー!!　3回目で負けるなんてー。次は全勝しますよ。では。

2004.7.9

久々の登場〝栃介〟石川奈々恵です。ずいぶん来てない間に宇大生が増えててビックリです!!　いいなぁ～ ´ ▽ ` 栃介生も頑張って増やさねば。充子さんにも「男の子連れて来て♡」と言われてて…あぁ～どうしようって感じです。ホント久々で充子さんにお会いしました。嬉しさのあまり、引き寄せられ、抱かれてしまいました *^_^* ポッて感じです♡♡　箱石家の空気って良いです。落ち着きます。実習の疲れも癒されます。又しばらく実習もないのでおじゃまさせて頂きます。

皆さん、夏がやって来ました!!　勉強も大切ですが遊ぶ時は、おもいっきり遊びましょ。来たれ夏休み！

奈々恵

2004.7.20

はじめて来ました。上野です。桐村に連行されました。数人知ってる人もいるカモ。さて「なんか書け!」と桐村にいわれたのでなんか書きます。なんてぇか…いいね、バリアフリー？　つまづく心配がないってイイ!!　一般家庭もバリアフリーにするとイイナとか思うのだが…私だけか？　話は変わりますが（脈絡がないので注意だ）、今日外でお子ちゃまたちが花火をやっていました。いいなぁ。今度ヒマがあったらどっかでやろうかなとか思いました。でわ、そろそろ桐村にかわります。

いや、電話のようにかわられてしまったキリです。前回同様、今回もミツコさん他、とっても多くのみなさんに公演に来てもらいました。感シャです。ハイ。次も頑張ります。観に来て下さいませ。さて、今日は上野にいさんをつれてきました。あまりにハラいっぱいになってビックリしているようです。ただ今、斎藤さん、ミツコさん、中島さんの首脳会議中です。ヒラは大人しくヨーグルトを楽しみに待っているとしましょう。

もしもしー。はいはいー。山城ですー。はい。はい。上野さんと桐村さんまで。はい。存じております（笑）。今日のあきこはゴマっぺと一緒にきまして、充子さんは良き男性とお話し中です。これまで箱石家に来た方は500人をこえるようで…。て、ことは、何。私、500分の1ですか。それだけちっぽけな存在ですか。イヤー!! せかいにひとつだけの花ですね…

ポテト娘。あきこ。

2004.7.21

先週はドタキャンしてすいませんでした。というわけで久々に箱石家にやって参りました。本日のmenuは焼魚、ポテトサラダ、ナス・わかめ・とうふのみそ汁、ごはんです。私はポテトサラダ大好きなんです!! ナスも大好きです!! 今日もおなかいっぱいです。ホントにズボンが苦しいわぁ〜。只今、充子さんはステキな男性とtalking中。すっごい盛り上がってます。やっぱりココは居ごこちがいいですね。テストやらレポートやらに追われる毎日で精神的にまいってたのに、ここに来たのでまた明日から頑張れそうです。
P.S.今日のオセロも大接戦でした。

ポテト娘。に加入希望のゴマより ^_^

2004.7.22

ポテト娘。の暁子です。今、充子さんは暁子の新携帯α中のiモーションだか何だかのブンブン（犬?）に夢中。超話しかけてます。「なに？ おなかすいたの？ でもね、あなたはケータイの中に住んでるから…」って充子さん…なんて現実的な…（笑）またブンブンと遊んでくださいね。

FOMAにしたぜ　暁子

2004.7.25

荒川

久しぶりに書きます。今日は皆様にお知らせがひとつ…。実はヘルパーとして充子さん宅に伺うのは今日が最後です…。今日いっぱいで…。これからは呼んで頂いたときや、何かの用事や、会いたくなったときに飛んできます。あとは宇都宮に遊びに来たときに来ます!! そのときはこの日記に何らかのメッセージを残そうかと…。

橋本さん＞CIL入ってから今まで本当にありがとうございました!! これからもよろしくです。酒飲み行こうネ!! ぜったい!!
あいちゃん＞読んでるかわからないけど…。結婚パーティー楽しみにしてるよ♡ ぜひ呼んでね♡
キリちゃん＞にっきん、やきん、たくさんけいけんしてがんばって下さーい!! 機会があったら充子さんと共に公演行かせて頂きます。
あっこちゃんを筆頭とする宇大の方々＞これからもお勉強etcがんばって下さい。あっこちゃんいつまでもパワフルでいてね♡
ななえちゃん＞ 有子は看護学校だったけど、やっぱり実習がキツかった!! でも、机上よりも学ぶことがたくさんあって面白いよね。またどっかで会ったら声かけてねー。
新入生の皆様＞これから、たくさんのことを身につけて社会へはばたいてくれ!!

私は看護師をやめて充子さんのところに来るようになって、派遣会社でも働きつつ…と悪く言えば定職につかないフリーターなんですが、その分、自分の将来のことや世の中のことなど多くのことを考える機会が持て、さらにものすごく視野が広がりました。病院で働いていたころの私は組織のいちいんでいつも何かに拘束されている気分でした。そこから開放されてもうすぐ1年。いろんなところに目をむけてたくさんの人と係わっている今の自分は結構好きだったりします。病院にいたころのことを考えると恐くて「定職に就きたいけど就きたくないような」感じです。皆さんもじぶんの本当にやりたいこと探してみて下さい。とりあえず私は福祉住環境コーディネーターの資格をとったら、たくさんのチェアウォーカーの方々を世に送り出したいと考えています。そのときはまた充子さんところに!! 「ユニバーサルデザイン推進!!」誰もが住みやすい家、幸せになれる環境をつくっていきたいです!! 以上。長くそしてちょっと重い文章になってしまいスミマセン。でも、みんなには若いからこそそのときしか出来ないこと、そのときしか思いつかないことをじぶんじしんでとことん考えてみて欲しいと思ってマス。ではまた☆会う日まで(^_-)

荒川有子、22才夏の叫びでした…

2004.7.28

お久しぶりです♡ 碇です。今日はな・ん・と?! 充子さんと一緒に夜のデート♡♡をしてしまいました。とっても楽しかったです。充子さんも「は・じ・め・て♡」と言って下さって…ムフフ 橋本さんともお友達になれてとってもうれしい1日でした。では、また遊びに来ます。よろしくね。

ま～ちゃん

2004.8.4

お嬢です!!

本日の対戦結果→充子さん：お嬢＝40：24 まだまだかないません…。でもっいつか必ず勝ちますねっ!! それまで気長に相手して下さい。おみやげのお好み焼き、大事に食べますね♪今日は久々に来たのですが、やっぱりココはおちつく…。第2の我が家です☆またそのうち来まーす!! とりあえずはアキコ姉さんとボランティア頑張ってきます。今日の服も似合っててステキでしたよ、充子さん♡

2004.8.5

今日はともみと前半後半でバトンタッチしました。ともみごちそうさまー。おいしかったよー^o^ 今日は充子さんに知恵をかりました。充子さんに「男の子が着るTシャツのデザインてどんなですかね?」ときいたところ、でてくるわでてくるわネタの宝庫からすばらしいアイデアが。さすがです。充子さん。これで暁子の首がつながる&子どもたちがよろこびます。ありがとうですー

暁子

2004.8.30

ユージロー（石原優）

今日初めて充子さん宅にやってきました!! あだ名をつけられ とても嬉しかったです。残念ながらオセロしょせんは黒星です。次は勝てるよう修行してきます!! ご飯おいしくできました!! 自宅生のわりに…次もがんばります。ではではまた…。

フーちゃん

1日ぶりです。土曜日のバーベキューすごく楽しかったです。今日は3人で夕ごはんをつくりました。米の洗い方から笑われて、どうなることかと思ったけれどおいし

くできました。これからもっと料理がんばります。ご指導よろしくおねがいします。

2004.9.7

近藤勇（笑）

今日は初めて充子さんの家へ来ました。〝近藤 勇〟と命名されました遠藤 彩華です。会津出身、新撰組大好きの私にとっては光栄です♡　充子さんはとてもおもしろい方で、オセロがとてもお強いです。もちろん私はボロ敗け…。修行してきます。今日は飯村さんが途中までやってくださっていました。とてもおいしくできたと思います。ぜひぜひまた来たいです。

田名辺製薬会社です。主に薬剤の調合を担当しております。今日は初参加のため、とても便りになる同じような名前の先輩と、あともう1人とやって参りました。俺、調子のってたみたいです。オセロくらいなら勝ってみせましょうとか思ってたのですが、まるで歯が立ちませんでした。愚かな考えでした。ごめんなさい。料理のほうは3人だったのに加え、飯村さんの助力もありスムーズにできました。ていうか実は私料理好きです。ということで次はもっと頑張りますのでお楽しみに!!

2004.9.10

フーちゃん

今日はホッケ焼と、ジャガイモとねぎのみそ汁と野菜いためを作りました。野菜いためはにんにくを使っていためたので、自分んちのとはちがう味で、またおいしいかんじでした。充子さんが楽しそうにケータイで話してる（しかも足を組んで）のをみて、裕次郎と「ギャルだね!!」と言ってました。

ユージロー

今日はフーちゃんと2人でやって参りました。今日は充子さんは、娘さん、息子さん達に電話をかけてとても楽しそうでした。そして充子さんはフーちゃんと宇宙人の話をし、ブラックホールの話になり、地球全体!? や宇宙の作り!? みたいな話になっており、私はもうついていけてません。2人はとても壮大な世界へと旅立ってしまいました（困）そんなこんなで今日もお腹が一杯です。ごちそうさまでした。

2004.9.21

火曜日の女、キリ復活！　…いや、もっと前から来てたけど、書くのを忘れてました。I'm sorry… ところで、充子さんは明日、小学校で講演（?）するそうで、下じゅんびが大変そうです。「あれを言って、これを話して、そしたらこれ質問して…」。実は、充子さん本人よりも飯村さん（明日の同行するらしい）の方がキンチョーしてるように見えマス。2人ともがんばって！

2004.9.27

こんばんわ。今日も充子さんはモテモテで2件くらいLOVE CALL♡♡ の電話が…本気でしっとしてしまいそうです。本日のメニューは焼き魚、ナスとピーマンの油いため、大根とネギのみそ汁です。作り始めが遅かったので超スピードでつくりました。なんと完成まで25分!!　最短記録です☆　私も腕をあげたなぁ^_^　次回も頑張るぞっ!!　只今充子さんはBSの映画に夢中です。笑い声なんて聞こえてきたりして…(笑)

食欲の秋…箱石家に来ると本当にその通りになってしまいます。充子さんは「秋だから太って」と意味のわからないことを（焦）ホントに太っちゃいそぉ～～今日もおなかいっっっぱいです。

ゴマ

2004.9.28

たなべ製薬会社です。はい…今日も負けました。前よりひさんな負け方をしました。なんかもうさんざんですよ…。やはり俺はオセロではなく料理に生きます。今日はナベでした。別にたなべだからナベというワケではありませんのであしからず。なんていうかホントお腹いっぱいです。もう入りません。そういえば話はとびますが今日は十五夜です。ということで充子さんと家を抜け出しお月見デートをしてきました。俺ってば幸せ者ですね。

2004.10.2

おととい来たばかりなのですが、また来ました。来たら、充子さんは会議中で、となりの部屋に何十分かいました。食事を終えてじかんをみたら9:00でした。ビックリ!! そしてまたオセロをしました。充子さん強くて参りました。今度来るのは11月になってしまうので充子さんに会えなくて悲しいワ。また会う日を楽しみにしてます。デハ、また!!

飯野圭子

2004.10.3

急に寒くなって、やっぱり秋なんだなぁ…と実感した1日でした。雨だと気分はどんより…。といいたいところですが、充子さんの所に来たらそんなことはありえませんｰ!! とりあえずテンション上がりっぱなしです（笑）本日はめずらしく家にいるなぁと思いつつ中に入ると会議中…やっぱり充子さんは多忙です。そして明日からは仙台へ研修とのこと。本当にじっとしている時がありません。今も明日の準備に忙しそうです。会話を聞いてる私はとっても楽しいです☆☆

2004.10.7

お久しぶりです。すみかです。わたしも無事実習を終え、生還しました!!（実はこっそり楽しかったり^_^）充子さんが元気でなによりですね！ 久しぶりなので色々はなしたいと思います。あと、オセロもね!! 今日はまったく勝つ気がしないなぁ…結果、2回やって2回ともボロ負けでした…。しょんぼりしょんぼり。次こそは勝つぞー!! 2回ともまけるなんて久しぶりな気がします…いつもせっせんで1勝1敗が多いのになぁ…。 腕がなまったのか、充子さんが強くなったのか…（たぶん両方）

さすが、1年生相手にきたえてるだけあります。viva! 充子！ またそのうち暁子とともにあらわれたいです。急に寒くなってきたからみなさん身体に気をつけて！

すみか

2004.10.8

こんばんわ。今夜も充子さんの冗談さく裂です（笑）今日は学科で実習おつかれさまでした会があるので、おそらく充子ファミリーも大集合が予想されます。そして予想的中!! あっこさんにTelをしている充子さん、製薬会社さん、とうちゃん…〝ゴマちゃんは??〟って充子さん、私はココにいるんですけどぉ(T．T)ってなかんじです。

←どんなかんじだよっ!! 只今最大級の台風が接近中です。だから私は明日はひきこもり（笑）これは冗談ぬきでヤバそうな天気です。今夜は雨が止みそうにありません。風邪ひかないようにね充子さん。皆さんも。それでは、お休みなさい。

2004.10.13

こんばんは。製薬です。今日はおいしいおいしいしょうが焼きをつくりました。フライパンを熱しすぎたせいか、油たちが躍り狂い、わたくしの手を襲いました。テフロン加工が裏目に出たのでしょうか。しかしわたくしはめげずに通常サイズの箸で悪戦苦闘しながらなんとか任務を遂行することができました。ステキなテイストのしょうが焼きは苦労の先にのみ存在するのだと身をもってたいけんしたサムイヨルでした。

お久しぶりです。久びさユージローです。今日はしょうが焼きという事で、キャベツをた〜〜〜くさん切りました。でもせん切りとはほど遠く、修行が再び始まりそうです。充子さんの旅話を聞き、とてもどこかに行きたくなりました。ユージローはしばらく旅に出ます……（笑）今日、充子さんはドリフのダジャレを言ったりと、とてもゴキゲンでした。やはり製薬の力でしょうか…（悲）いつの日か製薬から充子さんをとり返してみせますゾ。。ファイト〜〜!!

2004.10.17

今、充子さんは、どうぶつ奇想天外を見ています。実は私、きのうもここにやって来ております。自治医大の看護科に通っている高校の同級生が遊びに来たので、夜ちょっとだけ一緒に顔を出しました。実家から〝充子さんへ〟というGiftが届いたのでそれを持って参りました。今日は単品です。しかも30分遅刻…。ゴメンナサイ。でも予告しての遅刻なので許して下さい。充子さんは久々の休日をenjoyしたようです。MOVIXへ行って来たらしいです。うらやましい♡♡♡ 今度は充子さんにデートにさそってもらいたいとひそかに思っております。何だか今日は寝不足で頭が回りません。ボーっとしています。そのため誤字も多く、乱字です。今日はダメダメです。お許し下さい。本当にねてしまいそうなのでこのへんで…。

ゴマ

2004.10.21

「でんこ」初登場!!（柴田陽子）

今日初めて充子さんのおうちに来ました。あっこさんの作ってくれた〝すいとん〟とってもおいしかったです。温まりますねぇ…。充子さんはとっても笑顔の似合う人ですね♡ とりあえず今日は「男のおとしかた」を充子さんに伝授してもらって帰ろうと思います（笑）。また来ますよ〜

でんこ。

充子さんお久しぶりです☆ちくわです。なんと4ヵ月ぶりに充子さん家に来ました。今日は「すいとん」いただいたんですけど、すごくおいしかった!! 初めてすいとんの作り方知りました（笑）学祭にゆうくんとデートするそうですね♡ うらやましいなぁ♡ ぜひぜひ学科の出店に遊びに来て下さいね。おまちしています♡♡ でわまた。

2004.11.3

今日はほうとうです。「今日はほうとう息子を食べますよー」とは充子さんの弁ですが、ダジャレです。ダジャレですよね。充子さんがなんとなーくニヤニヤしているのでおかしいな、と思っていたら「今日はね、斎藤さんが来るの♡」…はーい。ほあーい。私は言いました。「あっこは邪魔者なんでしょ!! そうなんでしょ!!」充子さんは言いました。「そうね。でもあっこちゃんだけじゃないから、邪魔者は。」…くまちゃんさん、お気の毒。しかもオセロを今やっていらっしゃいます。さぁーてどうなることやらやら。

明日も来ますよ。暁子ッツ。

P.S. 進路で悩んでいます。

2004.11.4

すみかです。今日は充子さんのダーリンさいとうさんとヘルパーさんと暁子と充子姫とおこのみやきです!! ながいもすりました。あんまりかゆくならなくて安心^_^ 目の前でおいしいにおいがぷんぷんと♪ わー、おいしいおこのみやきができあがりました!! いただきまーす♡♡ 今ド、いいむらさんと4人でカラオケいきます…! たーのーしーみーだー♡♡♡ 話があちこちにとんでおかしいすみかでした☆
(付けたし) 今日のヨーグルトの具が決まりません…暁子はおこっています。エイキチ（犬）にあたっています。動物虐待反対!! そのあと落ち込みました。充子さんは白黒ゲームが圧勝でほくそえんでいます。女王の笑みです!! 姫なんてかわいいもんじゃなかった…!!

2004.11.5

こんばんわ。充子さんは只今愛するダーリン（??）今村さんとLove×2電話でございます。何とも幸せそうな笑顔の充子さんです。はぁ…うらやましい。人肌の恋しい季節になってきたのに私の心は極寒。Love×2ぶりを見せつけられてしまいました。そして、充子さんのNew friend　エイキチにも会いました。カワユイ♡♡♡　名前の由来も知ってしまった。…さすが充子さん。ちなみに今日の夕ごはんは麻婆豆腐、じゃがいも＆わかめのみそ汁、大根サラダです。超～～お腹いっっっぱい。今日も食べすぎてしまった。そしておいしかった。ごちそうさまでした。

ゴマ

2004.11.10

充子さんこんばんわ!!　今日はちくわとでん子ちゃんの2人きりで来ました。料理ができるかすごい不安だったんだけど、充子さんのお母さんの手料理、すごくおいしかったです。実家の母の味を思い出しました。今度充子さん家に来たときは腕をふるわせてもらいますね（笑）それと、充子さんのお母さん、お誕生日おめでとうございます!!

ちくわ♡

2004.11.11

本当に!!　久しぶりに充子さん宅にお邪魔しました。どのくらい久しぶりかと言うと、この日記帳を初めて見たってくらいです。でも充子さんに会えて嬉しかった～♡♡　そして忘れられてなくて良かった…(笑)。私は宇大障害児教育3ねんの佐野仁美です。知らない人がほとんどだと思いますが…。これからまた充子さん宅にちょくちょくお邪魔したいなーと考えているのでどうぞよろしくお願いします☆☆　あっこさんまた一緒に入ろうね！　澄香とも来たい！　今日充子さんと映画の話をしてすっごい映画見に行きたくなりました！　特に「いま、会いにゆきます」今度充子さんとも行きたいですね。

仁美

2004.11.18

昨日はちょっとじかんがなくて日記かけなかったので、今日かきます。今日はMr.ナベを引っぱってきました。充子さんは鼻の下をふだんの1.5倍くらい伸ばしてうれしそう。デートの約束をしやがっているので暁子はすね気味。プンスカ。あと、充子さんの男たらしっぷりにバタバタしながら耐えています。暁子、頑張ってます。はい。

進路で悩み中　暁子

love time for you
今日は充子さんと愛について語りました…

たなべ製薬会社

2004.11.24

はじめまして。安生です。あっこちゃんと料理を作っていたら私のあまりの不器用さかげんに充子さんが「これじゃあお嫁に行けないわよ。」と言いました。もっと修行します。

あんじょう

2004.11.27

こんばんわ、すみかです。お久しぶりです。今日は暁子にくっついて無理矢理きました。おおお、お邪魔虫か…!?　むしろ、暁子と充子さんの間に割って入る！　くらいの勢いで。うへへ。今日はコロッケとおでんとカブをいただきました…！　色々な方の愛にささえられている!!　とってもおいしかったです。ありがとうございました…!!　もうすぐクリスマス会ですね！　今年もちゃっかり参加しようと思っています。充子さんに、〝準備も料理もできなくても食べれるものね?〟と言われました（笑）あぁ、食うぜ!! (^_－)－☆

さて、明日は県知事、市長選挙です。誰に投票していいかわかんないの…。ちなみに今日のオセロは充子さんの圧勝でした。てか、わたし、もう勝てる気がしない…。頭パーだもの…。

澄香

2004.11.28

いたいいたい腰痛が…。ボラの後っていつも腰痛…。涙。今日はたらこを焼きました。暁子は、パセリやじゃがいもだけではなく、たらこやにんにくもすきです。でもたらこは高価なのでめったにたべれません。なので非常にうれしかったです。製薬会社と充子さんのラヴラヴ♡なメールのやりとりにも、たらこのおかげで目をつぶることができました。笑。さーて、暁子フェスティバルも今日で終わりです。週3回暁子ちゃんという過酷な状況、充子さんおつかれさまでした。また水曜に来ます。

水曜のいも娘　暁子
P.S. 進路がみえてきました。

2004.11.30

今日はマジ話。

おひさしぶりです。キリです。今日で12月に入るわけです。早いですねぇ。早すぎですねぇ。みなさま、わが演劇を見にきて下さってありがとうございます。アッコ、音信不通状態で1ヵ月…ごめんな。私の言いたいことをつめ込んだ芝居でした。充子さんにもあっこにも、絶対に観てほしいと思ってました。私があの芝居をつくろうと思ったのも、そもそもココにいられることも充子さんやアッコのおかげだからです。だから今回かいだんが急だったり、準備もじゅうぶんでなかったのに充子さんに来て頂けたこと、アンケートにメッセージがもらえたことは本当にうれしかったし、やって良かったと思えました。それだけで2ヵ月頑張った意味があると思っています。これからも充子さん、アッコをはじめ、みなさんにお世話になると思います。どうか、よろしくお願いします。

芝居で言いたかったこと、それは、みんなに「ありがとう」と感謝していることです。伝わっていると本当にうれしい。

2004.12.9

こんばんわ。碇です。卵とじのお味噌汁は大変勉強になりました。いいかげんな主婦なので充子さんに教えてもらってお料理上手になれればいいな♡

いかり

2004.12.14

キリでやす。12日のクリスマスかい、楽しかったでやす。充子さん朝から夜までキリとずっと一緒…さぞかしハラハラしたでしょう。フフフ…ごめんなさい。すごく楽しい1日でした。製薬さん、アッコちゃんの手品、宇大生の歌、あくつさん、スミカちゃん、アッコのハンドベル、そして充子さんの○○○（ヒミツのびっくり）。どれも面白かったでやす！　充子ママのまぜごはんもとてもおいしかったです。ありがとうございました。今日は充子さんは、馬頭にママを送っていったそうです。6時20分に帰ってきました。そして明日は東京に行くそうです。すごぅく忙しい毎日。なんだかノンストップ。体こわさないで下さいね。東京で厚労省の前で抗議行動。大変だわ。

2004.12.15

先日のX'mas会ではイロモノということをアピールしすぎました。あきこです。あせってました。見苦しくてごめんなさい。今日は充子さん、東京から帰ってきてお疲れ様モード。で、あんじょうさんと話していらっしゃいます。うーん。明日、だれもいないよー…。あたし明日のみかいやし。うーん。私一応くるけどさぁ…。人不足、大いに問題視したい暁子でした。

暁子

後）高橋さんが明日入って下さるそう。申し訳ないです。本当すいません（涙）

2004.12.17

なんだか私近頃充子さんがいないとやっていけません。週に1回は来てるんですが、先週は1回も来られなかったんです。その1週間、何か物足りなかったです。久々（私にとっては）に充子さんに会えてやっぱりココの居ごこちのよさを確認してしまいました(*^_^*)♪年末年始実家（山形）に戻るので、またしばらく充子さんに会えなくなっちゃいます。なので、実家に帰る前にいっぱい会いに来ようとひそかにたくらんでいるところです（笑）とはいうものの…部活、レポート、等々、日々何かしらに追い詰められております（泣）もっと充子さんに会いに来たいと常に思っているゴマでした。

ゴマ

2004.12.21

今日もキリです。どうも。今日は充子さんとマジ話してます。ヘルパーとしての自分、利用者の立場からみたヘルパー、家族との関係。本当に難しいです。でも、分かり合えるように頑張ります！ ありがとうございます。

2004.12.26

本日の充子さんは風邪気味の様子です。めずらしく元気がありません。今年の風邪は手強いらしいのでゆっくり休んで早く治して下さいね。忙しい充子さん、こんな時くらいしかゆっくりできないですから（笑）それではみなさん良いお年を～～

2004.12.31

最近まったく書いていなかったけど、年末。今日で今年も終わりなので久しぶりに書いてみました。ただ今、充子さん紅白歌合戦観（鑑?）賞中。カゼひいた様子で咳してます。今、美川憲一のど派手衣装登場でテンション上がったけど…今日は雪も降り寒いしみなさんもカゼひかないようにね。健康第一ですから…今年振り返るといろんなことあったなー。仕事もプライベートも山あり谷ありで、その都度充子さんに励まされ、助けられっぱなしでした。本当は充子さんを支えられるくらいにならなきゃいけないのになぁ。来年はそんな自分になれるようにガンバリます！（こんなこと書こうと思ってたんじゃないんだよな。暗くなるから）…ということで紅白の鑑賞を続けてる充子さんは、氣志團やオレンジレンジ見て「全部一緒に見えるよね?」と。充子さんはそれはけして風邪のせいじゃありませんからー!! 残念！（ギター侍風）そんなこんなで格闘技の結果を気にしつつ帰ります。みなさん良い年を

中村

〝きしだん〟を漢字で書く中村さんはすごいと思う。橋本です。2004年のトリを飾らせて頂きます。ラッキー。今年はいろいろな事があったけどごはんいっぱい食べて飲んだくれられて幸せでした。充子さんと冗談言ったりケンカしたり充実したおつきあいをさせて頂いたと思います。話によると充子さんは「気品」のある人にそばにいてほしいと思っているそうです。1に優しい人、2に楽しい人、3に充子さんを全部まるごと愛してくれる人、そして最後に気品のある人ってな感じです。なんで、来年のテーマは「気品」に決まりです。マツケンサンバIIで踊り疲れたのでこの辺にしておきます。ごきげんよう。皆さん良いお年を！ 充子さんが早く風邪を治して素敵な年を迎えられますように!!

2005.1.5

あ～や

明けましておめでとうございます。あだ名と顔が一致しないということで、新しいニックネームで新年スタートを切ることになりました。旧近藤勇です。今日は初めて1人で訪問させていただきました。…ということで充子さんが用意してくださったおそうざいを食べる予定だったのですが、きゅうきょ野菜炒めを作りました。充子さ

ん特製のにんにく醤油で味つけをしました。とってもおいしかったです♡
今日もお腹いっぱいで幸せな気分です。充子さん、今日はオセロしないんでしょうか。TVの動脈硬化特集に夢中です（笑）実家で弟とオセロ特訓してきたんですが1回もかてませんでした。なので今年の目標は「オセロ極める」充子さん、それからみなさん、今年もよろしくお願いします☆

2005.1.6
あけましておめでとうございます。本日はとってもおいしい煮込みうどんでした。大盛り食べてしまいました。久しぶりの箱石家のお食事に大満足の碇でした♡

明けましておめでとうございます。今日は夕ごはんを食べた後、碇サンVS充子サンのオセロ対決!!　を見ていました。見ているだけでもすごく楽しいオセロでした。

圭子

2005.1.12
今日のメニューはシチューでした。家のシチューの具にはない、白菜やキノコが入っていて勉強になりました。味つけに牛乳とお塩を使うことも覚えました。おいしくできたと思います。料理のあいまに、とっても大きなカブを見せてもらいました。思わず「大きなかぶ」の話を思い出してしまい、笑ってしまいました。笑ったと言えば、充子さん宛に「箱石光子様」宛の手紙が来たらしいんですよ。「いやぁ～失礼しちゃいますね」とか話してたら、充子さんが「私ってば光ってるからぁ～」と大爆笑。はい、とっても輝いております。また料理教えてくださいね～。それでは…ゴマちゃんに負けす劣らずこれからデートです。なんちゃって。

あ～やでした☆

2005.1.13
あけましておめでとうございます。あっこちゃんです。そういえば、今日は昨日あ～やが作ったシチューと、充子さんの母上が作ったつけものを食べたので、あたし何も作ってないや。ありゃー。ごちそうさまでした。ところで。さっき、ヨーグルトにはちみつをかける時、調子にのって顔を書いたら、容赦なく崩されました。充子さんに。それはヒドイ!!　と充子さんに抗議する暁子。「充子さん!!　せめておせじでも可愛いって言ってから崩してよ!!」充子さんは言った。「だっておせじにも可愛くないんだもん。もっと上手に書いてよ!!」…皆様、どう思います？（笑）確かにゆがんでたけど!!　次はウサギちゃんでも書こうかしら。では、今年もよろしくお願い致します。（強引なシメ）
1度でいいから先輩達の様に「デート行ってきます♡」と言ってみたい

暁子。

2005.1.18
今日は私、魚を焼きました。あとは…冷蔵庫の中の宝の山をいただきました。ヒジキの煮物やら豆の甘煮やらコンブ煮、ポテトサラダetc…。ああ腹いっぱいだわ…いいのかしら…？　こんなに働かなくて…。そんな私に充子さんは「あれも食べて。こっちも食べてネ。これもあげるわ…」「じゃあ、充子さんこれどうですか？」「私はお腹パンパン」いーやぁー！　私だけ肥えさせようってゆーのね！　なんてヒトなの充子さん、あなたって人は!!　来週こそは何かつくろうとと反省したキリでした。

2005.1.20

こんばんわ～～!!　今日の夕飯に、私の大好きな〝くり〟が出ました♡　あ～うまかった。生きててよかった。充子さんありがとう♡♡♡　　この後、飲み会に行ってきます♪　負け犬にはならないわよ!!
…この前、飲み会に行くときに、うす着で行ったのを、充子さんがかなり心配していてくれてなんかうれしかったです。やっぱ冬は冬らしいカッコしていかないとね^_^　みなさんも気をつけて下さいね。いつまでも若くはないのですよ～～

なんだか、充子さんは新聞に夢中なのでもっと書きたいと思います。くり入りのドラヤキもいただきました！　本当にありがとう充子さん!!

あんず

2005.1.21

今日はお隣の中島さん宅で充子ママの帰りを待ってました。ピンポ～ン!!　あっ帰ってきたぁ(*^_^*)　遅くなっちゃったので、お雑煮をちゃちゃっと作って食べました。おもちをあなどっていた私…食べすぎて苦しい…しかし、充子さんに「ようかん食べない??」と甘～いお誘い。私、和菓子大好きなの知ってたのかなぁ？　もちろんいただいちゃいました(＞＜)　あぁ～デブっちゃう～（泣）けどおいしかった♡♡♡　幸せです。ごちそうさまでした。

ゴマ

2005.1.27

今日はあんじょうさんのピンチヒッターで来ました。暁子です。本日のメニューは、みそ汁と、さつまあげの煮物ざんす。それはいい。それは問題ないんです。問題はこの先です。ごはん作りが暁子の時に、米をたくと、米をラップに包む時に絵をかかれてしまうのですね（他人事）。で、自分的に大ヒットなのは「ヌリカベ」。某製薬会社の元ネタなのですが、先輩の権限により使わせて頂いております。げへ。暁子はぬりかべを毎回書くのですが、充子さんには不評でして、「ぬりかべは嫌ぁ～」と言われております。「ヌリカベなんかよりシロをかいてよ！　シロかいて!!」「あぁ、かきますとも。でもヌリカベもかくよ。」と言い、シロをかき、ヌリカベもかき、充子さんの前においた所、充子さんにヌリカベだけ顔がみえないようひっくりかえされました。「充子さん!!　ヌリカベもかわいいじゃないの!!」と言いヌリカベだけ充子さんの前に残し、他をよせた所、またひっくりかえされました。そんなに嫌なのね!!（涙）…でも暁子はめげません。充子さんがヌリカベを「かわいい♡」と言う日まで…!!

明日提出の卒論レポート？しりません、そんなの。

暁子。

2005.1.30

本日は大根の煮物とじゃがいもとわかめのみそ汁とほっけでした。はい。さっき充子さんが「あっこちゃんはいいな」と言っていたのでそれにあわせて「できたらいいな♪」とか歌ってたのですが、だんだん内容が物騒になってきました。「あっこちゃんはいいな♪（卒業）できなきゃいいな♪」と歌う充子さんに、「いや、それ、困るし!!」とつっこんでた暁子ですが、時々「あっこちゃんはいいな♪幸せになってね♪」と歌っていたので怒るに怒れず…。卒業…っていうかその前にテストですよ（涙）ううう…単位ほしいです…はい。とくに物理学…ううう。

暁子。

2005.2.1

キリ

今日から2月。キサラギ。（←これは着たものの上にさむくなったから「さらに着た」というところからきたという説があるとか。）本日はいろいろあって遅くなってしまいました。ので、手早くしようとして充子さんに聞かずにうどんの汁をつくったら、とんでもなく濃いものになってしまいました。ナベに山ほど残っています。ああ…ごめんよ…次ガンバルよ。そうそう、今日の充子さんは、テレビに向かって（演歌歌手さん）「～♪お前を離さぁ～ない～♫」と歌っているのに向かって「本当!?」と問いつめていらっしゃいました。「私も逢いたかったワ♡」と、嗚呼、熱い語らいでした。てなワケで、ヨーグルトにとりかかります。就職なんかくそっくらえ!! のキリでした!!

2005.2.17

夕食に2時間煮込んだという、大根をいただきました。めっちゃうまかった!!　夕食前に、充子さんに電話があって、なんか充子さんが興奮ぎみになっていたので心配でした。食った後、充子さんとコイバナしました。やっぱり充子さんは人生の先輩だと思いました。まだ19才だけど^_^

あんじょう

2005.2.21

ちくわ♡

充子さんお久しぶりです。というか今頃になってしまいどうもスイマセン。明けましておめでとうございます!!　今日はゴマちゃんがあいにくのカゼで急遽私達がやって参りました。しかも遅刻してしまってほんとすいません。でも充子さんが元気そうで何よりです。今インフルエンザ流行ってるらしいですからお互い気をつけましょうね♡今日は花のコトいろいろ聞かせてもらいました。「花キリン」とてもカワイイですね!!　トゲトゲして痛そうだけど、やっぱりキリンっぽいです。ハートのさぼてんもいけてます。

でんこ。

今日は突然の訪問です（笑）。本日のメニューは、焼き肉（にんにく風味）、レタスのみそ汁、煮もの、ご飯でした。みつこさんのおうちに来ると、いつも体にいいものをお腹いっぱい食べさせてもらえるので幸せです。今からクッキーもごちそうになります♡♡　何だか食べ物の話ばかりしてますが…。また遊びに来ますね～～。

2005.2.23

ゴマ

充子さんとは風邪Talkで盛り上がりました（笑）2人そろって鼻水ズルズルの風邪っぴきなもんで。ステキな熱の下げ方、聞いちゃいました♪ 知りたい方は充子さんまで～～。かなり効くみたいですよ。

2005.2.25

こんばんわ。1日あけて再びごまちゃんです。今日はポチたまの日♡♡　充子さんと一緒にテレビにしがみついて（!?）見てました。その中で盲導犬候補の子犬のお話で2人は号泣。なんともいい話でした。久々に感動して泣いた気が…。動物っていいなと思ふ今日この頃。お腹も心もいっぱいで満足です。

ゴマ

2005.3.4

只今〝I am Sam〟を見ています。何度見てもいい映画です。感動して涙が…ウルウル。そうそう、今日は充子さんとマジメtalkもしました。ヘルパーの勉強を始めようと考えたりして。いろんな制約があったり、きまりがあったり…複雑です。でも、勉強のしがいはありそうな…。もう少し考えてみようと思います。今年はたくさん勉強しようと決意する今日この頃なゴマちゃんでした。

2005.3.5

（ポーズつきで）ジャーカジャーカジャーカジャーン。（橋本さんもごいっしょに）今、実習中の暁子です。アイアイ!!　いやー充子さん、お久しぶりです。皆様、お久しぶりです。充子さんに「太ったわねぇ～」と言われましたが、めげずに食べたいと思います。アイアイ!!　実習中ってその場所によって、使う言語がちがうじゃないですか。暁子の場合、中学実習の時は1人称が「先生」になったりするのです（ex.「先生（私）はね、ペヨンジュンは嫌いよ」など）で、今。就学前の子どもの、知障施設に行っています。となると、言語はどうなるか…擬音が多くなります。例として「はい充子さん、これ、ポイしますね～」…「捨てる」が使えなくなっています…。あと、「はい、充子さん、そこにゴローンして下さい」…それは「寝転がる」です。ダメだなぁ…感化されやすいのかな、あたし。今日の充子さんはお疲れモ～ド。暁子も子どもにカゼをうつされ、だっるだる。中島さん、シチューありがたくいただきます♡　今日はシチューとグリーンサラダ。では実習がんばりまーす。

夢は大きく態度も大きい、暁子

2005.3.7

こんばんわ。ものすっごくお久しぶりです。ホント久しぶり…。日記を読みかえしてみたらなんと最後に来たのが8月ということで…。サボりすぎたかなみたいな(￣▽￣;)　まぁそこはおいといて。私！　就職、卒業共に決定いたしました!! ちょっと遠いけど、頑張りたいと思います。で、充子さんにはいつものことながら、「そこが嫌になったらここへおいで」と言われてしまいました。バックが付いててとても心強いです！　ありがとうございまっす^_^

アッコちゃん、キリちゃん、すみかちゃん、そして大先輩の橋本さん、また、ボランティアの皆様、ヘルパーの皆様、充子さんをこの先もあたたかく守って下さいね☆　またちょこちょこと遊びに来ます！　そのときは、やさしく迎えて下さい。おねがいしますm(_ _)m　では、今日はみんなと一緒におこのみ焼きを食べます。久しぶりの充子邸でくつろぎたいと思います。

久しブリですこんばんみ♡　みなこです！　かれこれずーーっと来てなくて、充子さんに会って超ハッピー♡♡♡です!!　もう卒業なんて……あぁせつない。ななえチャンといっしょについてくる金魚のフン（泣）みたいな私ですが、就職決まっております。また、来られるときにおぢゃましますね！　けっきょくあっこちゃんに会えなかったのがココロ残り…とななえチャンと話しとりました。さてはて、ほんとに楽しかった学校生活もオワリです…青春バンザイ♡　またきますよ×3000

みなこ!!

2005.3.13

今日はけんちん汁を作ったのですが、めちゃ時間がかかりもう9:30。キャー。まあ明日もあたしだからなぁ。ごめんなさい充子さん。

実習楽しかったよ。暁子

私の作品はヌリカベだよ…（笑）
暁子「あたしも可愛いのかいた方がいい?」
充子「あたりまえよう!!」
…そうか…でも私、かき続けます。

ヌリカベ。

2005.3.29

キリ

今日は私はギョウザを焼いただけで、みそしると煮物はもう出来ていました。なのにギョウザをコガしてしまい…。ごめんよ…でもコゲてもおいしいギョウザ。あなたはエライ!!（←オイ!）みつこさん、今日も少しおつかれのようで、ねむそうであります。が、和田アキコが「あっのっころっはァ～♪」と歌い出すと「ハァッ!」と「あいのて」。元気そうで良かったワ。連続でゴマちゃん、おつかれさまでした。就活でこれからは不定期にしか来られなくなってしまい、みんなに迷惑をおかけしますが、週1回は来ようと思いますんで、充子さん、みなさん、よろしくお願いします。P.S.ドラえもん、声変わるのね、知らんかった…。

2005.3.30

今日は、充子さんは本棚などを買いに行ったそうです。てなわけで、今日はおそうざいを買って食べました、なんかすごいですね、今時のおそうざいって。ステキ。さて、今日の充子さんの話。トイレにて、「おしりが水にはねた。おしりがびしょびしょ」と言い出した充子さん。「お…おしりが水に?何だそりゃ?」と暁子。うーん、日本語ってむずかしい!! と思いました。充子さんは自分のネタに大笑いしてましたけどね（笑）。げっへへ。さーてさて、あたしはこんなアホなことばっかり言っててい いのかしら（笑）充子さんは普通なのにあたしがすべてをネタにしてしまったりとかしてないかしら、もしかして。いや!!　ちがう！充子さんの「天然ボケ」も入っているはず!!（笑）

暁子

この日記を充子さんに見せたらふきだされました。

2005.4.6

キリ

日記もだいぶ少なくなり、ついに最高学年となりました。何だかちょっとサビしい気分。今日はロールキャベツ、トマト、ニラの玉子とじでした。私が作ったのはニラの玉子とじだけでしたが、「久しぶりだ！料理がんばるぞ!!」と思っていたのですがまたもうまくいかず…でも、味は良かったです！　家で練習して玉子とじうまくなるので充子さん待っててね。そして、充子博士によると「ニラはお腹に良いのヨ～」とのこと。みんなたっぷり食べましょう!!

そしてもうひとつ「白菜でも玉子とじつくれるのヨ～」とのこと。よし、また試して見ます!

2005.4.7

こんばんは☆前回はアポなしにひょっこりやって来て、阿久津とのディナータイムの仲間に入れていただきありがとうございましたー!! 今日は2人でしたが色々失敗してしまってすみません…￣_￣ 特に炒り豆腐とみそ汁を作って、炒り豆腐に使うはずだったしいたけをみそ汁に入れてしまったことです。そしてみそ汁が変な味に…でも充子さんの一言で豆腐を入れたらみそ汁になってホッ。私も4年生になってしまいました。本当に、何だかちょっと寂しい気分だよね to キリちゃん。でも残り1年悔いの残らないように過ごしたいと思います!! 大学生活楽しむぞー♪ 卒論その他頑張ろう。

仁美

2005.4.10

今日はとつぜん来た暁子です。トモミも誘って一緒にきました。ごはんを作ってたら、な、なんと! 久しぶりにスミレさんが来ておいしいもの♡をおいてさわやかに去っていきました。てか充子さん!! うちらが来た時とスミレが来た時のテンションがちがいすぎるよ!! くやしい! キイーッ!!（女のジェラシー）スミレが帰ったとたん、静かになってしまった充子さん。ああ…さみしい…（笑）さーて、明日は新歓ですよ。新1年、充子さんところに来い来い。

暁子

2005.4.12

桜の花も満開な今日この頃。外はあいにくの雨…今年は夜桜充子の舞いは見れないのかぁ～。残念だねぇ。宇都宮に来てもう5年目だなんて早いな。充子さんのところにきて「料理がマズイ!」と怒られ泣かされてから約4年もたつんだよ。(今もだけど…)まあこれからもよろしくってことで! 今日の充子さんは17日の勉強会のことで頭がいっぱいらしく、挨拶の書文を作っています。当日いっぱい来てくれるといいですね。ぜひ伺いますよ! それでは寒いので風邪ひかないように気をつけて下さい。次くる時は新しい日記に変わっているんだろうか? 最後のページと次の初めのページが気になる。

中村

2005.4.13

今日はとろろを食べました。そしてなぜか食事中にクイズ大会になりました。皆さん、充子さんにいくつかいじわるクイズを教えておいたので、ぜひ充子さんに挑んでみて下さい。ニヤリ。

暁子

2005.4.17

久しぶりに充子邸へ、急用があってご無沙汰してました。充子さんは勉強会とやらで本日は忙しかったようです。お疲れさまでした☆ 大成功だったみたいです。今日は17日、ハーゲンダッツがHappy 7（セブン）の日でした。アイス、いっぱい食べちゃいました。幸せ～～♡♡ 昨日、ノートの字がでかい!! とつっ込まれました。迫力があるらしい…。ちょっと気を付けようかしら。

ゴマ

2005.4.21

今日は晴れたり雨降ったりまた晴れたり…いそがしい模様。暖かい日が待ちどうしい。そんな中、髪切って来たら、充子さん、飯村さんと「髪型一緒の3兄弟だね」だって。(素直に喜べ…ますよ！ モチロン！)沈黙の女王になって夕食を召し上がっている充子女王。今日は豪華に(?)竹の子煮を作り食べております。あまりの勢いに踊りくるう竹の子族(死語)、逃げられる充子女王。残念！ 食後は真面目にお仕事の話。いろいろためになるアドバイス頂きました。いつもいつもありがとうございます。最後に勧められたマシュマロを丁寧にお断りして帰ります。和久さん、後片付けしてもらってスミマセン。最後のページをまんまとgetして気分良く帰ります。ではまた

中村

2005年4月21日 木曜日　8冊目終了

2005.4.22

い、1番のりになっちゃいました…。いいのかな〜と思いつつも書きます♪今日は充子さんのお母さんも一緒で3人で食事とお茶できて嬉しかったです！　私が来た時はすでにご飯とおみそ汁ができていて、私は魚を焼いただけでした。すみません。ごちそうさまです。また来週来ます。

仁美

P.S. この日記帳もいいですね。春らしい♡

キリ

夜勤の時は書かないようにしてたけどせっかくなんで「祝!! 1P目!!」これからもどんどんノートが増えますように。

2005.4.24

大変お久しぶりです。こんな可愛らしいノートの最初のページに書かせて頂けて恐縮です。いや、本当に。今時ダイソーではこんな素敵な詩が載っているノートが売っているのですね。ついつい読んでしまいます。今充子さんは飯村さんとお話中。イヤホンを付けてちょっと○○コーディネーター又は電話相談室な感じでちょっとかっこいい。

久々登場！　宇大4年　すみれ

2005.5.2

今日は充子さんと飯村さんと3人でオータニへ買い物に行ってきました。しかもなんと！　宇大のベナー先生が!!!「オゥ！ミッチャン!!」と！　とてもかっこよかったです♡♡ でも、まさか充子さんとベナー先生がお友だちだったなんて！　いろんなつながりがあっておもしろいですね。久々に会った充子を見てお惣菜売り場で会って恥ずかしかったのか、ベナー先生は顔がまっかっかでした☆　かわいらしい…。ベナー先生（宇大で英語を教えてくれるとても優しい先生です）とまさかあんなところで会うなんて!!

次は実習後に来ますね☆

亜衣

2005.5.3

春はウチの住人達（植物）の元気が良いので、すきです。

今、歌謡コンサートを見ながらごはんです。1番手はかやまゆうぞう氏だったのですが、ごはんを食べていた充子さんがとつぜん、充子「幸せだなぁ…!!　僕は君がいるだけで幸せなんだよ…!!」とか言い出したので暁子は思わず、暁子「…充子さん。あのね、ボケてしまうことをね、〝アルツハイマー〟っていうんだけどね。充子さん、わかるかなぁ??」と返したわけです。すると、突然画面の中のかやま氏から先刻の充子さんのセリフが…!!　なるほど、充子さんは歌のセリフを言っていたわけです。知っているのはすごいけど、突然言われたら誤解しますからー!!　残念!!（笑）今日は♡いも♡を使ったポテトサラダです。いもは相変わらず好きです。うぇっへっへ。充子さんと「どちらがより天然ボケか」と論

争する暁子でした。では実習明けにまた♡
高等部の生徒の背の高さにビビリ気味。

暁子。

2005.5.4

今日私が来た時、充子さんは腰が痛くてベッドに横になっていました><　しばらくして起きて、一緒にご飯（中島さんのおみそ汁と、あっこさんのポテトサラダおいしかったです♡　ごちそうさまです!）を食べてテレビを見てお茶を飲んでこれからお風呂に入るようですが心配です…。痛みがなくなればいいのにー。お大事にしてくださいね。

仁美

P.S.私も次は実習後に来ま〜す。

2005.5.5

はぁ…前ページのアッコちゃんのところ見ててちょっとショック。加山雄三の「君といつまでも」知らないの？　今の大学生の年代ってみんなそーなのかいな。軽くジェネレーションギャップ感じてしまいました。今日はちまたではゴールデンウィークの最終日だそうで、充子の日ならぬ子供の日でもあったそうな。ここ数年の社会の流れを感じること少なくなってしまっています。季節をも忘れてしまいそうな今日このごろ、充子邸では、季節感をこれでもかというくらい堪能できるメニューでした。竹の子のまぜご飯、竹の子の煮物、などなどたらふくごちそうになりました。頭の中は竹の子ニョッキが連呼されていたし。しばらく頭から離れないかも…。今日は充子さんと加山雄三を一緒に歌ったし満足して帰ります。

中村

中村さん、私も知ってますよ！　加山雄三。若大将ですよね。〝ボクのっいっくっところへ〜ついて、おいでよォ〜♪〟ですよね。ほら、アッコちゃんは私より10日も早く生まれた早生まれの子だから。まだまだ若いから。ね？（何のこっちゃ…）いつもより充子さんの機嫌が良いのは、竹の子＋中村さんの力だったようですね！

キリ

2005.5.9

こんばんは。製薬会社です。ぼくは元気です。なんと今日は充子さんから少々遅れたバレンタインチョコレートをいただいてしまいました!!　ヤッター!!　今まで生きてきて母親以外からチョコレートをもらったのはこれでやっと3人目です（涙）みなさんもっとわたくしに優しさを下さい。どれだけ遅くてもずっと待ってますんで、いつでもどーぞ。ホント、来年でもいいので下さい……

製薬会社

2005.5.11

加藤美喜（栃介生デス♡）

はじめまして!!　みつ子さん♪　今日は、色々な事が初めてだったので、緊張しています。でも、みつ子サンと色々な事を話してるうちにリラックスできて、よかったです。料理とかも、色々と細かく教えて下さったので上手くできました。とても、勉強になりました。今度、家でつくりたいと思います。ありがとうです。では、今度は1年生と一緒に来たいと思います！

2005.5.15

どうも〜すみれです。実習中だというの

に明後日はもう授業だというのにやって来ました。あはは（笑）今日はいっぱい実習での苦労話を聞いてもらいました。話を聞いてくれる人がいるって幸せだね。スッキリしました。スッキリしたところで明日からの実習もまた頑張るぞぃ。今は動物奇想天外を見ています。まったり、まったり。あっ、携帯につけてた身替り観音がとれた…。私大丈夫かなぁ…。

すみれ

2005.5.16

今日のみつこさんは「きよしとこの夜」に夢中…というか氷川きよしに夢中でした…。わたくしが話かけてもあんまり耳をかたむけてくれない…（涙）まあいいんです…みつこさんがきよし大好きなことは知ってましたから。でも今日は肉じゃがをおいしいと言ってもらえましたから、僕はヘーキです。ホント、ヘーキですから…。

製薬会社

2005.5.19

今日はお魚を焼き、みそ汁をつくり、そしてタラの芽のゴマあえ、わらびの煮物etc…を食べました。お食事中「キリは自衛隊の船に乗ったことがありますよ。」と言ったら、「自慢じゃないけど、アタシも乗ったことあるわョ～」とじまんし返されてしまいました。宮城県の友達のところに遊びに行ったら、全国をまわっていた自衛隊の船に偶然会ったそうです。そこで「外から見るだけじゃつまんなァ～い!!」と隊員さんに熱烈アピール。すると「いいですよ。」との隊員さんの返事。そして若い隊員さんにオンブしてもらったそうです。あ、もちろんカッコイイ〝お兄ちゃん〟良かったですね。顔がニヤけてますョ、充子さん!しかもさり気なく1番のりだったようです、さすが、充子さんは運が良いです。

キリ

2005.5.20

今日は夕食前に外出用の車イスが改造されて帰ってきました。充子さんが家にいることがまた少なくなりそうな予感…。私のことは忘れないで下さいね☆　だけど、ステキな車イスになって帰ってきて私までうれしくなっちゃいました。充子さんも大喜びの様子でした。明日はめいっ子の結婚式らしく、朝早く出発されるそうです。いいですね～結婚式。ひびきだけでも幸せになれそう♪私の周りも誰か結婚しないかなあ…と思ったりして（笑）

ゴマ

2005.5.24

今日は家に着いた時から忙しそうな充子さんでした。お隣さん家に行ったり、telしたり…今日の夕飯は、前回入れ忘れたあさりを使って作るそうです。奈津子が休みだけど、しっかり食べちゃいます。ご飯美味しかったぁ。今日のメニューはあさりと野菜の炒めものとおみそ汁、まぜご飯、弟さんが作ったふきでした。あさり、おいしかった♡♡　玄関にお花が飾ってあり、いい香りがすると話していたら赤いバラの話の時に、「まるで私のようでしょ?」と一言。その後、「優しくて美しい所はやっぱりユリかな。」だそうです。その後、昔の女の人へのほめ言葉で「たてばしゃくやく、座ればボタン、歩く姿はユリの花」というのがある事を聞きました。充子さんに、しゃくやくだったり、ボタンだったり、ユリの花だったりと、言ってもらえるような人を目指します。

友美

2005.5.28

今夜もゴマちゃんです。再びお邪魔しております。今夜は橋本さんが作ってくれた里いも&イカの煮もの、私の力作（!?）みそ汁、野菜いためでした。また楽して食べちゃいました。橋本さんありがとうございます。おいしかったです。さてさて今日は充子さんとじっくり語り合いました。障害者福祉法についてです。かなり勉強になりました。そして考えさせられました。私たちももっともっと勉強が必要だなぁ…と実感。

ゴマ

2005.5.30

こんばんは。本日は、イカと里芋の煮物（上に同じ?）とゴーヤチャンプル（昨日の…）そしてサラダとみそ汁!! って今日はほとんどタダ食いですね…。前回は寝すごして遅刻もしました。ゴメンナサイ。いや〜こんなこともあるんですね（2回目ですけど）。橋本さんには寝グセ君というハイセンスなアダ名を頂く始末。アリガタヤ、アリガタヤ…話し戻りまして今日は食事後「きよしとこの夜」をご鑑賞かと思いきや、TBSにて三浦友和を発見!! 「きよしはいいの?充子さん」→「私は殺しの方が好きだから」と満面の笑み。いやいや、サスペンスドラマでしょ？ あんまり表現がストレートすぎますよ！ その後充子さんは「楊枝に用事があります」と言ったとか言わないとか。真実を煙に巻いたそうな。来週再び参上します。それでは。ドロン。

中村

[充子さん大企画]

☆いろはでことわざ☆

「い」犬も歩けば棒にあたる
「ろ」論より証拠
「は」花より団子
「に」逃げるが勝ち
「ほ」
「へ」へたのよこずき
「と」灯台もとくらし
「ち」ちりも積もれば山となる
「り」良薬口に苦し
「ぬ」ぬかに釘
「る」るりもはりも磨けば光る
「を」
「わ」笑う門には福来たる
「か」かえるの子はかえる
「よ」寄らば大樹のかげ
「た」旅は道づれ
「れ」
「そ」損して得とれ
「つ」月とすっぽん
「ね」（寝る子は育つ）
「な」泣きっ面にはち
「ら」楽あれば苦あり
「ん」
「う」嘘から出た誠
「へ」へたのよこずき
「の」のれんにうでおし
「お」鬼に金棒
「く」くさいものにはフタをする
「や」焼け石に水
「ま」まかぬ種ははえぬ
「け」ケンカ両成敗
「ふ」筆も弘法の誤り
「こ」紺屋の白ばかま
「え」えんはいなもの
「て」

☆あいうでことわざ☆
「あ」頭かくして尻かくさず
「い」犬も歩けば棒にあたる
「う」馬の耳に念仏
「え」縁はいなもの
「お」鬼に金棒
「か」かべに耳ありしょうじに目あり
「き」今日の夢は大きな夢
「く」くさいものにはフタをする
「け」ケンカ両成敗
「こ」紺屋の白ばかま
「さ」猿も木から落ちる
「し」知らぬが仏
「す」好きこそ物の上手なれ
「せ」背に腹はかえられぬ
「そ」損して得とれ
「た」旅は道づれ
「ち」ちりも積もれば山となる／忠言耳にさからう
「つ」月とすっぽん
「て」鉄は熱いうちに打て
「と」灯台もと暗らし／捕らぬタヌキの皮談議
「な」成せば成る／泣き面にはち
「に」逃げるが勝ち／二兎を追うもの一兎をも得ず
「ぬ」盗人の昼寝
「ね」猫に小判
「の」のれんにうでおし
「は」花より団子
「ひ」火に油をそそぐ／人のふり見て我がふり直せ
「ふ」筆も弘法の誤り
「へ」へたのよこずき
「ほ」仏の顔も三度まで／骨折り損のくたびれ儲け
「ま」まかぬ種ははえぬ
「み」身から出たさび
「む」無理が通れば道理引っ込む
「め」目の上のコブ
「も」本木に勝る末木なし
「や」焼け石に水
「よ」寄らば大樹のかげ／よしのずいから天井をのぞく
「ら」楽あれば苦あり
「り」良薬口に苦し／律儀者の子だくさん
「る」るりもはりも磨けば光る
「れ」礼も過ぎれば無礼になる
「ろ」論より証拠
「わ」笑う門には福来たる／われ鍋にとじブタ

2005.6.1

今日は充子さんと幼少期の思い出について語った後、何故かことわざ大会がスタート!! うーん、あと少しなのに分からないよー。充子さん。2人で頭を悩ますのでした。誰かお助け～!! …あ、結局12時近くまで考えてしまった～。全部埋まった～（泣)。というか埋めた～（喜）やった～!!

すみれ

2005.6.3

すみれさん、すごいですね!! ご苦労様でした。そして私もことわざクイズに挑戦!! 3問くらいしか正解できませんでした。日頃使ってないのがバレバレです。お恥ずかしい…今日はたくさん頭を使いました。久々です（笑)。学校もこんな授業だったら楽しいのに…。ちなみに今日の夕食は卵焼き・ポテトサラダ・ふきの煮もの・大根とかぶのみそ汁でした。私、充子さんちのポテトサラダ大好きなんです。なので今日はいつもにましてHappy♪です。

2005.6.6

1ヵ月ぶりに来ました暁子です。皆様、ごきげんうるわしゅう。若者達よ、4年生の穴をよくぞ埋めて下さった。これからも是非是非、4年の出る幕を奪ってくれたまえ。今日は充子さんはTokyoから帰ってきました。お疲れ様です充子さん。ゆっくり休んで下さいね。

しきぶとんにしょうゆをこぼした　暁子

2005.6.14

今日は、おなかが痛い…と言って、さんざんみつ子さんを心配させ…でもお酒の力(?)で治ってしまいました、あいです。今日の充子さんは腰痛でだいぶお疲れのご様子。今、北島三郎の演歌をきぶんよさげにうたっております。今日はゴーヤ料理でした。初めてゴーヤをいただきました。苦さがなんとも。大人の味ですね。今日は、みつ子さんにかなりご迷惑をかけてしまい、ほんとに申し訳なかったと思います…。アロエ酒、効きました。

あい♡

2005.6.19

今日は、充子さんがサッパリしていました。どうやら馬頭に帰ってリフレッシュしたもよう。ステキカットです、充子さん!! 今日、暁子は充子さんにお歌を教えて頂きました。内容は…充子さんから教えてもらって下さい♡えへへ。あと、充子さんがダジャレを言って他ので書いておこうと思ったのですが、何て言ったか忘れてしまったので、思い出ししだいかこうと思います。残念!

こげこげ　暁子

2005.6.20

今日は、充子さんちで初体験しました。初めてそのままのイカから内臓(?)をとり、目をとり、口をとり…目をとるのがほんとにこわかったぁ～。まん丸の目に見つめられると…夢にでてきそうです。ほんと充子さん助けてぇ～ってかんじでした。でも、これができれば何でもできると言うことなので少し自信もちました。これを平気でやっている主婦の方、ちょっと尊敬します☆　たっぷり作ったんで、明日の人(暁子かな!?)いっぱい食べて下さい。自分なりにはなかなか上出来かと…じぶんで作ったからかもね。これでイカ料理はおまかせ…カナ!?　でもイカの中にはあんなにもいろいろなものがつめられているなんて…さすがの私も冷静に見ることができませんでした。目が…頭から離れません…。充子さんに「目も食べられるのよ」と言われた時は〝えっ………〟と固まってしまいましたが、「でも今日は入れない」でホッと一息。暁子はこういうのは解部で慣れてるかな!? すごいはつたいけんをした今日でした。これからもたくさんレパートリーを増やしていきたいナ♡♡料理の腕、磨きます。

あい

2005.6.21

＊今日は美空ひばりさんの特番をやっています。ひばりさんの歌うジャズは最高でしたぞ!…で、思わず歌い出してしまう充子さんと暁子でした。
＊むせる充子さんの背中をさする時、暁子が「おかあさん!!　しっかりして!　遺産と男は私に…!!」と言った所、「遺産はあげる。男は連れてく」と言い放ちました。な、なんてこと!!(笑)怖いよ充子さん!!　人口

減っちゃうよ!! 私の取り分はいずこ!?
＊「あ、炎症がひいてきた」と、イカを口に入れた充子さんに言いました。すると、充子さんは30秒程そしゃくしてから「よかったね」の5文字を言って下さいました。その5文字のために充子さんは30秒くちゃくちゃしてたのです。ちょっと感動しました。そしたら、連続でやってくれました。ステキ。
＊皆さん、あせもをバカにしてはいけません。不潔だからなるのではないのだよ!! というか、ひどくなると全身に行ってしまいます! 本当に気をつけて! ぜんしんかゆいって本当イライラするし!! 充子さんも「私もあったよ～」と言って下さいました。ううう。ありがとう同士様（涙）

かゆいの 暁子

2005.6.22

＊昨日の続報です。今日はむせた充子さんに「お母さん!! 遺産と男と女は私に…!!」と言ってみました。すると、充子さんは「じゃあ、女だけあげる」と。…。「充子さん、人口の半分（の男）を連れてったらマズいよ」と言ったら、「じゃあじいさまだけおいてってあげる♡」…み、充子さん!! なんじゃそりゃ!! 更に、「かわいがってもらえるわよぉ～」とか。そ、そりゃそうかもしれないが…。今日も充子節は絶好調。イイ感じです。
＊今日は昨日とおとといの作りおきがあるので、みそスープだけ作りました。お早い夕飯です。で、具を聞く時、充子「みそスープ…そうね…とうふと、アレで」暁子「はい、充子さん。わかめと、アレですね」充子「そうそう、とうふと、ソレで」…皆さん。「あれ」「これ」「それ」で会話が成立してしまうのはオバサンの会話らしいです。充子さん、18才なのにこれは危険です!! ワオ! 皆さんも気をつけて下さいね。私も気をつけねば…。充子さんは、「(オバサンなんて) どうしよう!」と言ってます。どうやら本人の知らない所でオバサンが進行しているもよう…。怖い怖い。でも、充子さんは、えいえんの18才です。ここ、テストに出るよー。

肌のうるおいが足りない 暁子っぺ

2005.6.25

暁子宅のサボテンの花が咲きました。暑さで夕方にゃしおれてました。たった10時間足らずでしおれていく美しさ…。なんて儚いんでせう。そう、美しいものは命が短い…いのち短し、恋せよ乙女。そして例外として、命が長く色あせず美しいものが存在します。そう、我等が充子姫。只今、姫はまさしくスリーピングビューティー。お疲れのようで寝ておられます。おつかれ様です、充子さん。＊今日のダジャレコーナー 暁子「このネックレス、サンゴですか?」充子「タンゴじゃないよ」暁子「…」充子「食べ物でもないからね」暁子「ダンゴ…ですか…」終
男友達に「ポジティブになれ」と言われたので、ポジティブにいきます。

ベリープリチー 暁子

2005.7.8

昨日は七夕でしたね。旧暦だと8月7日が7月7日なので本来なら来月ですね。充子さんは何もお願いをしなかったそうですが、私は充子さんの体の健康を切に願います。今日は血圧がいつもより30近くも高くてふらふらするとかで出先から引き返して1日寝てらしたそうで。無理しちゃダメ

だよ…大丈夫かなと思うのが落とし穴で、後でガクンと負荷が来るんだから。今はお風呂に入れるかどうか橋本さん自前の血圧計で血圧を測っております。水銀がふらないと落ちてこない…平気かなぁ。そしてもうひとつ問題は宇大障害児教育が4年教採、他学科キャンプで明日の夕食に入れる人が誰もいないということ。どこを訪ねてもこういう時に限って誰もいない。あー。結局明日は充子さんは中島さん宅で夕食を頂き、用を終えた私が8:30ごろ充子さんをお迎えに行く寸法になりました。あ、結果が出まして60／120だそうです。大分落ち着いたようです。よかった。よかった。

すみれ

2005.7.11

ギリギリまでレポート課題をやってたら遅くなってしまいました。スイマセン。でも完成しましたよ充子さん!! これであとはテストをむかえるのみとなりました。今日はホントに暑い日でしたね。充子さんのノースリーブ姿かなりかわいいです♡ってかその姿見たらなんだか涼し気でこっちも脱ぎたくなって来ました（笑）。先週充子さんと近くのレストランへ行って食べてきました!! オムライスかなりおいしかったぁ。おまけにアマチュアシンガーの演奏もあったし、ラッキーづくめでした☆ 充子さんの歌も聞くことができたし♡ 今度またデートしてください。そして今日こそはきちんと夕ごはん作らせていただきます!! 腕を震わせてもらいますね！ 目標は1時間以内に作り上げる!! がんばります…。と思ったら今日のばんごはんはなんと焼き魚!! 焼くだけじゃーん!! またまた手抜きで申しわけありません。おみそしるはバッチリ作りましたので…。すみれさん作のきんぴらいためもおいしくいただきました。いつか私も作りたいと思います。

ちくわ

2005.7.14

こんばんは。橋本です。皆さん暑さと忙しさでやられているようね、充子さんもお仕事にやられちゃってるみたい…。特に4年生の皆様、本当心も身体も穏やかでいられるといいですね。人生なるようにしかなりません。んで、どうにもなない事もあります。あれ？ 励ましになっていないかも…。でも、夜げんかんの外に立った時、充子さんと学生さんの笑い声が聞こえてくるとなんだかホッとします。夕方から夜にかけての時間は、充子さんにとってもみんなにとっても日常とはちょっとちがう、ひと息つけるような時間なのかなあと想像したりします。みんな気楽にねー。

2005.7.21

ゴキがでたー!!!!!

充子さんの寿命が5年縮まったそうです。みんなでまた5年、いやそれ以上寿命を伸ばす料理を作りましょう！（しかしハプニングって本当におもしろいものですね。）

あくつ

2005.7.23

おひさしぶりです（…はじめましてかな？）2年ほど前に〝水曜日の女〟をしていた小高と申します。ひさしぶりに来てみたら、充子さんはまだ「18才よ♡」とか言ってました。…たしか2年前も「18才よ♪」とか言ってた気がするんだけどなあ。本日はなにやらなりゆきで夕食を作る事になり

〝サラダそうめん〟を作ってみました。充子さんは「おいしいわ」と言ってくれたけどそれはたぶん、めんつゆのおかげかと思われます。それではそろそろ帰らせていただきます。次回は今年中に来れるといいなぁと思っております。

小高

2005.7.24

今月初登場です。今日は充子邸にて懐かしい（?）人と会えました。モチロン充子さんは満面の笑み。カワイイ赤ちゃんも一緒だったのでなおさら。昨日と今日とイイこと続きのようで…明日は飯村さんの息子さんが甲子園出場を決めたら最高ですね!…さて夕食へと取りかかりましたが今日は久々の大失敗をしました。「なすの煮つけ」のしょっぱいことしょっぱいこと。水量が少なすぎでした。最近のなまけっぷりがバレバレでした。次回頑張ります。（最近ヤル気出ないんだよね〜いけないとは思いつつ　ついつい楽な方へ流されてる…）来月こそは少し気合い入れて来ます。

中村

2005.7.25

明日の夜、台風が直撃するそうです。戸じまりしっかりしないとね!!　今日充子さん家に来る時台風のせいなのか、いきなりのドシャブリでおかげでビショぬれでした。でも充子さん家来たらなんだかお客さんがたくさんいてビックリでした。充子さんがマッサージされていて、とても気持ちよさそうでした♡何よりです。というかじゃがいも3つでなべに入りきれないほどのポテトサラダ作っちゃいましたたね（笑）流石にウケました。かくし味のおしょうゆ。初体験だったけどおいしかったなぁ。

ちくわ

2005.8.5

昨日にひき続きやって参りました。今日は昨日作った煮物＋魚etc.だったので、食事の支度は30分くらいで終わりました!今日もおなかいっぱい…。そして気が付いたら10時20分(今)!　時間の流れがはやいです…。今日の充子さんの服装はワンピ〜ス♡♡　とっても涼しげでした。午後からFKDとか色々買い物に行ってきたんだそうです。エアコンが壊れてしまってヤマダにも行き、大〜きなお買い物も…!　次回来る時を楽しみにしてます^_^　次回はお盆明けに来ま〜す。

仁美

2005.8.21

日よう日に来たのは初めてでした…というのもいつもだったらバイトなのですが今日は集中講義の帰りです。8:50 〜 16:00の4日間のうち今日は3日目。明日でやっとこの地獄から解放されるんですよ!!はやく私の夏休み戻ってこい(T_T)!!　今日の充子サンのファッションチェック!!　花柄のアジアンチックな、そして露出の多い肩出しワンピース♡♡　メチャカワイイですよ!!　充子さんいわく私を悩殺する（したい?）らしいです（笑）もぉやられてますから。とっても似合ってますよ♡ではまた来週おじゃまします。

ちくわ

2005.8.27

今日も雨。そしてこの前も雨…なんだかいつもズブぬれのちくわです。今日は着てきたTシャツがビショビショになってしまったので、充子さんのピンクのタンクトップをお借りしました。ありがとうございます♡　来てみて…何だか充子さんがとてもお疲れのご様子です。話によればバーベキューだったとか。なぁんだぁヘルパーさんもそおいえばまっかに焼けてましたわ（笑）…ということで夕ごはんメニューは焼きそば!!　またまたお味噌汁しか作っていません。スイマセン…。充子さんオリジナルのナスの煮ものヤバイおいしいですね!!　かなりハマりました。でも充子さんが「かんたんだからぁ〜♪」と言うので私も今度おうちでチャレンジしてみます。いためて、お水入れて、砂糖、みりん、だし、おしょうゆ…でしたっけ??　アレッ…?はい。もう一度充子さんに教えてもらいたいと思います。

ちくわ

2005.8.30

今夜はいつもに増して笑いが止まりません。苦しいです(＞＜)　しかも充子さんの笑いはとってもHighレベルです。昨日までの集中講義で習った手話を少し充子さんに披露しました。楽しんでもらえたみたいでよかったです。何か昨日までの3日間で、身ぶり手ぶりが今までより増えたような…。何かと手を使って表現するようになりました。これっていいことですよね??でも手話とかこれからも勉強していきたいなって思います。続けられるかなぁ…

ゴマ

2005.9.4

今日はここに来るまで何も予定なかったから、おうちでひたすらゴロゴロしていました。今、充子さんからとてもありがたいお言葉を頂きました。「学生さんといるとほっとする♡」って♡　こちらこそリラックスしすぎて逆にご迷惑をおかけしているような…（笑）でも充子さんにだまされたぁ!!「これ京都のみやげ♡　ひがえりで行ってきたの」って。「うそだよーん」って。もぉ。充子さん大爆笑してるし。このへんでかえります。

ちくわ

2005.9.5

こんばんは〜。交換日記にお邪魔しまーす。ヘルパーはしもとです。皆さん実習や遊びでへろへろみたいね。夏の疲れをお肌に残さないよう気をつけて下さい。充子さんは「地球・ふしぎ大自然」をくい入るように見ています。1人立ちして飛びたとうとするヒナ（オジロワシ）に「さあ飛んでごらん!」と呼びかけたりして熱中のご様子。

皆さんにとっておきの情報を。熱い物を冷ます時〝フーフー〟するでしょ？　充子さんがフーフーする時の口の形がとってもcuteです。さいきんは恥ずかしがって、なかなかやってくれませんが、たまに「熱いですよー」と料理をさし出すとやってくれるはず。かわいいです。ほんと。ちくわちゃんが「学生さんといるとほっとする」と言われたよ〜書いてたけど、ほんとその通りだと思うな。平日は仕事で忙しそうだけど、お休みの日などに学生さんと遊ぶ機会があるといいかもなぁ。日曜はいつも橋本が日中いるので、ランチとかカラオケとか映画とか、時には飲みにいったりとかどうでしょうか？　いつもヘルパーさんと2人っきりじゃあ休日も物足りないと思うのよねぇ。提案してみました。んじゃ。

橋本

2005.9.12

今日はおNEWのチャリで来ました。真っ赤なチャリです。原チャ買ってから全く運動しなくなってしまい、ブヨブヨになってきたからコレカラは運動します。わたくし、ちくわは、ここ（充子宅）ではもぉ「なお」ではなく「ちくわ」で浸透しちゃってるみたいですね（笑）充子さんが私の子供の名前もつけてくださいました!! 女の子だったら「ささかま」男の子だったら「ささだんご」だそうです~_~; いつかここに帰ってきたらぜひそう呼んで下さい（笑）じゃあゴマちゃんの子供は？ なんかじかんがないのでかえりま〜す☆また明日に来ます。

2005.9.13

再びちくわです。充子さんは火曜（歌謡）（笑）曲にムチューというか熱唱中です。知らない曲ばかりなんですが、とてもいい曲ですね。今日は9:00〜バイトでそれがおわってそのまま来ましたぁ。とてもねむいです。zzz 明日は午後に友達と遊ぶ予定なので午前中ぐっすり寝たいと思いま〜す。日曜日のお外でデート、いい案だと思います!! …が、土・日はバイトが…T_T でもいつか行きたいですね。

ちくわ

2005.9.15

こんばんは☆ 1ヵ月ぶりに来ました。私も交換日記にお邪魔しま〜す。今日は油あげの中に野菜←卵とじを入れて煮たものを作りました。前々からこーゆーのを作ろうと家で本見て思っていたのですが、その日がやってくるとは…! また家で作りたいと思います。そしてひやむぎ。手際が悪く、充子さんごめんなさいm(_ _)m 充子さんは明日から2泊3日で福島へ行ってくるそうです（研修）。今日はゆっくり寝て、気を付けて行って来て下さい。それでは、充子さんとやいたさんがすの準備をしている中すみませんがお先に失礼します。おやすみなさい…☆わ、いつのまにか11時。

仁美

2005.9.18

こんばんは。もう充子さん宅にお邪魔する時間は真っ暗になりかけです。もう秋なんですね。今日は充子さん2泊3日の旅から帰還し、かなりお疲れモード。そういう私もお疲れモードなので2人でグデグデです。なんと私夕飯を作りに来てるはずが、充子さんが郡山でお弁当を買ってきたので充子さんとそれを食べました。とっても美味しかったです。どうもごちそう様でした。2泊3日の疲れを早くとって下さいね。

すみれ

2005.9.20

きのうはなんと! 今村さん♂から電話がありました!! 元宇大農学部の方です。今村さんがいる時は充子さんやけに女の子全開でしたよ♡♡ 充子LOVE今村です!! 今は名古屋にいるとか…立派な社会人さんです。久しぶりの電話だったらしく、充子さんだいぶうれしそうでした♡ 今村さん、独特の雰囲気があってとてもステキな方ですよ!! 冷蔵庫に貼ってある宇大相模研究会のシールも確か今村さんが持ってきていたはず…。今日も飯村さんと3人で買物へ行った時、うれしそうに話していました。もう、充子さんへ今村さんの話になるといつも以上にテンション上がっちゃうんだから♡　わかりやす〜!!

あい

2005.9.26

5か月ぶりに来ました。久しぶりすぎてあたふたしちゃいました…すごく久しぶりなのにばしばしときたえられました。今日はいろんな話をできて、勉強になりました。

ともみ

2005.9.29

＊充子さんのとこに来る時間はとうとう真っ暗ですよ。いやぁ、秋に向かってまっしぐらですね。なんか秋ってちょっと切なくていいですよねぇ。
＊今日はマーボー豆腐を教えて頂きましたよ。でもにんにくしょう油が不可欠で…やっぱり私も作ろうかなあ。
＊先日の充子さんの記事、なかなか感慨深かったです。充子さんは人として女として私の先輩です。今後とも御指導宜しくお願いします。そういえば「すみれちゃん、載ってたねぇ。」と声をかけられました。ふふふ。ってあいちゃんにですが。充子さんと一緒に映れて光栄です。後ろ姿美人ということで（笑）
＊さてさて食卓も終わり片づけをしますのでこの辺で。

すみれ

2005.10.3

お久しぶりです充子さん。今日来たとたん、「あれ、どちらサマ〜?」って…もぉ充子さんってば（笑）確かに久しぶりですけどね♡♡ なんと、今日からとうとう学校がstartしてしまいました!!　ヤバイです。英語のレジメ作り＆テスト＆要約…私は死にそうです。今も充子さん家で予習してます。頑張ります。…でもTVでNHKドラマ「ハルとナツ」ですか?　チラチラ横から映像が見えてきて。ハマリそうです（笑）けっこーおもしろいドラマでした。グレープフルーツ＆ハチミツのカスピ海ヨーグルトイケる。ではまた♪

ちくわ

2005.10.5

こんばんは、ナゾの人物Mr.Xです。ウソです。たなべ製薬会社（株）です。でも今日久しぶりに来てみたところ、なぜかフツーに「ゆうくん」って呼ばれました。最初は逆に違和感バリバリでしたが、実名であることに気づき、受け入れることができました。「製薬」は呼びづらいため、変更したそうです。最近はめっきり寒くなり、秋も深まってきましたが、我が家の近くでハチさんが元気に活動していてとてもコワいです。とてもこわいです。洗濯物をほそうとすると足なが系のハチさんがブンブンブンです。そのうち家の中に入ってきて、1対1の死闘をしなくてはならなくなるかもしれないと思うと洗濯もまともにできません。ハチさんのDNAの中に<たなべゆうを刺してはならない>ときざみこみたいものです。ニュースでもハチさん特集とかしてますけど、実際のところ、ただあおられてるだけな気がしてなりません。学校で見かけなくなったら刺されて命を落としたと思って下さい。EVERY ONEもBeeには気をつけて下さい。ホント怖いです。

たなべゆう

2005.10.8

今日は充子さんが福田屋の店員さんに駐車場についてお話をしてきたそうで、色々考えさせられました。障害者用駐車場は障害者だけでなく、たまたまケガしてしまう私たちも使うかもしれないと言われ、これから、どうしたらいいか考えさせられました。今日の献立はだいこんとイカの煮物、きんぴら、にらと卵のみそ汁、肉だんごです!!肉だんご以外は作ったため、食べるのが遅れてしまいました。てぎわが悪いとズバっと言われてしまいました。ごめんなさい…イカの煮物はおいしくできたので、今度家でやってみたいと思います。煮物は落ち着きますねぇ。わさび・からしなど鼻につ〜んとくるものを食べる時は、口を開けて息をはきながら食べるとつ〜んとしないそうです。口を開けるのでちょっとマナーがなってませんが試してみてください。

友美

2005.10.10

＊本日充子さんは幼馴染みの方と久々にのんびり買い物したりお茶したりしてくつろげたそうです。毎日忙しい充子さん、こんな日がもっと過ごせると良いのに。

＊そんな訳でごきげんな充子さんとの本日の会話。充子「用事が有るんだけど」すみれ「なあに?」充子「つまり! 用事!」すみれ「!???」充子「つま ようじ とって!!」すみれ「☆※!!＋!!」(大爆笑) 今日はこんなテンションです。

＊夜はハリーポッターに出てくるヘドウィックと同じ種のフクロウの生態についての番組を見ました。かっこよかったね。充子さん!!

☆すみれ☆

2005.10.13

今日は充子さんと2人きりでBirthDayパーティーをしました♡ しかもケーキ&コーヒーにろうそくまで準備してもらっちゃいました。しかもしかもプレゼントまで…充子さん本当にありがとうございます♡私はとても幸せです♡ 20歳の思い出がさっそくできました☆☆ 今度はX'masパーティーの時期ですね。今年はぜひ参加したいと思います。日程が決まったら教えてくださいね。でわ明日。

ちくわ

2005.10.18

今日のメニューはさんまでした!! すごーく美味しかったです。充子さん家に来ると、料理を自分家でもやらねばっっと思ってたくさん食材買いこんでしまう様になりました…もう秋なので、きのこご飯やくりご飯でも今度作ってみようと思います。充子さんは今、細川たかしと一緒に熱唱中です♪ 来た時にはお疲れで寝ている様だったので心配でしたが、元気みたいなので安心しました。たださんまの骨がのどにささってむせてしまった時は驚きました。

友美

2005.10.23

今日は2日連続の2日目。充子さんは昨日はお疲れのご様子で、来た時には布団にて入眠中。とても気持ちよさそうに眠ってました。今日は今日で朝からばんまでお出かけしていた模様で帰宅時にはたくさんの手荷物を持っていました。食事は「動物奇想天外」を見ながら食べ、盲導犬の話では涙、涙。食後には久々にあっこちゃんからのTELにとても嬉しそうでした。大学生もいろいろたいへんそうだ…。（なったことないんで知らないのだけれど）そういえば今日は男体山に初冠雪が降ったそうで…どうりで朝晩寒いわけだね。みなさんも風邪などには十分に気をつけましょう。

中村

2005.10.25

今日はとっても久しぶりに充子さんの家に来たら、「どちらさま?」って…ガーン。やっぱり（?）忘れられてたぁ。と思ったら、寝起きの1発目のギャグでした。充子さん厳しい＞＜　そして今夜は飯村さんがおいし〜い夕食をつくっていて下さったので、私はゴハンをチンッってしただけ…。ごちそうさまです。とってもおいしかったです♪　そしてついつい食べ過ぎちゃいました。充子さんは歌謡ショーをみています。そして熱唱中…その間に私はお片付けしちゃいます。おっ!!　今日はまだじかんがあるぞぉ〜♪　と思いきや、火曜日だっということは21:00からは火サスのじかん。これ、つい見ちゃうけど帰り道が恐くなっちゃうんですよね￣_￣;　どおしよう〜でも見ちゃお。

ゴマ

2005.10.29

20日ぶりに来ました。何だか20日前に来たのが昔のことのようです。すごーく久しぶりに感じました。充子さんは今日、飯村さんと「チャーリーとチョコレート工場」を見てきたそうです。うらやましい。私も見たい見たいと思いつつ、まだ行ってないんですよね↓

ところで、今日はヤーコン＆小松菜のきんぴらを作りました。私、ヤーコンて（多分）初めて食べたんです!!　生でサラダとしても食べれるそうですし、おいしいですね♡　それから今日は、教育テレビの「どんな介護者が必要か?」というようなテーマの番組を見ました。介護を受ける方や介護をする方の色々な意見を聞いたり、生活の様子を見たりして「なるほどな…」と思ったり「すごいな…」と思ったり…考えさせられたりもして良い番組だったと思います。それでは、また2日（もう11月ですね!）に来ま〜す!

仁美

2005.11.4

またまた金曜日♪　今日は30分くらい遅れてきたはずなのですが…充子さんの帰宅と同じタイミングでお家に。よかった（?）のかなぁ。昨日は充子さんとベルモールでたまたまお会いして♪　ビックリでしたぁ〜☆　映画を見に行ったようで、これで2人で同じ映画見てたらもっとビックリだったけど、そこまでは一緒になりませんでした。残念。

ゴマ

2005.11.9

2日ぶりのちくわです^_^　今日充子さん家に着いた時、ちょうど充子さんと矢板さん（八板さんか!?）も外にいて同時に家へ入ったのに、先に入った充子さんが「おかえり〜♪」と言って出迎えてくれました（笑）今日の充子さんはとてもおもしろいです。ヤマダ電器へ行ってこられたみたいで、私も行ってみたいと言ったら「ぜひお越し下さいませ♡」って…ちなみにポスト社長らしいですよ…そして冷凍のお肉を解凍するためレンヂでチンをしたら、「解凍ルパーン!!　ルパンルパン〜♪」って…充子さん…（泣）話は変わりまして、今晩のおかずは「肉じゃが♪」少しばかり味は薄いですが…じゃがいもはホクホクなはずなので…。でもなかなか美味しかったと思いマス。食欲の秋ですね〜ホント困っちゃいます…。

2005.11.15

お久しぶりです。3週間ぶりくらいですかね…。今日はとても寒くて、充子さんちに来たら飯村さんと充子さんの笑顔。そしてあったかいお部屋が出迎えてくれて…もう身も心もポカポカです。最近の私は実習もあり、卒論もあり、いろいろあり…充子さんちにしばらく来ていなかったもあり…ストレス!? 癒される機会がなかったのです。でも、今日、充子さんにいやされて帰ります。

亜衣

2005.11.18

いものクリーム煮おいしかったよー。いも娘のあきこにはメロメロな1品でした♡ ごちそうさま。今日の充子さんは超多忙…でんわやら来客やらあわわわわわーな感じでした。りんご狩りが近いからなぁ。暁子は行けないけど、充子さん、行く皆様方、がんばってりんごを狩ってきて下さい。激しくエレガントに!!

充子さん、体こわさんでね。暁子

2005.11.19

箱石家へ寒天製品を持ってきました。みつ子さんは大切にしまいこむ傾向が見受けられますので、皆様積極的に持ちかえりましょう。

今村

2005.11.20

今日は充子さん、りんご狩りに行ってきたそうで…来たらりんごだらけでした。とってもいいにおい♡　そしてそして、今日初めてごぼうのようなにんじんを見ました。突然変異!?　と思いきや…みつ子さんに聞いたところはすべて長いにんじんだったそうです。売るのが大変で短いものにしたんだとか…本来のにんじんは長いのですね。いいこと教えてもらいました。それからそれから、みつ子の豆知識（!?）パート2。りんごは下の方が黄色くなっているとミツが入ってるそうです。赤いとおいしそうに見えますが、実は黄色い方がおいしいんですね!!　今後からりんご買う時はよく見て買うようにしま〜す☆

亜衣

2005.11.27

こんばんは。今日は、ひじきを作りました。充子さん曰く、矢板さんは海そうを食べて髪が急に伸びたとか…。一目見てエクステってわかりましたけどね。だから充子さんも海そうを食べて髪を伸ばそうとひじきにしたとか…なんと単純な…きっと明日の朝起きたらビックリですね☆　などと…。こういうくだらない話せる時ってなんとも幸せだなぁと感じました♪

あい

2005.12.10

今日充子さんがめでたく退院しました☆元気そうで本当によかったです。おめでとうございます。でも、無理はしないで下さいね。と言っても充子さんは今日から仕事〜とか言ってます。心配です（泣）。でも、今日こんな日に私入れてうれしいです。本当にごぶさただったので♡♡　明日は雪が降るなんて予報で言ってました。いやあ、寒いですよね、毎日毎日。私は毎日1コマなんですが朝なかなか布団から出られなくて寒さとたたかっています。ギリギリまで寝ていたい毎日。あとちょっとで冬休み!!それまでがんばるぞー!!

ゴマちゃんでした。

2005.12.19

充子さん、退院オメデトーございます☆　久しぶりに充子さん家に来れて、ホノボノできて幸せです。今日はいつもよりも10分近く早く充子宅に着いて、ドアを開けてみたらなんとお風呂あがりのハレンチな充子さんが…♡♡♡　充子さんスミマセン（笑）ピンクのパジャマにピンクのくつ下、ピンクのカーディガン…全身ピンクの充子さん、とてもカワイイです。

ちくわ

2005.12.21

こんばんは。今日は充子さん宅へお邪魔したらパジャマ姿のさっぱりした充子さんがむかえてくれました。夕方にお風呂に入ってしまうと、あとはご飯を食べて眠るだけなのでとってもラクチンですね☆

今年初めて霜やけになったあいでした。工場バイトで…。みなさんも気を付けてくださいね☆　1度なると、クセになってしまうみたいなので…ちなみに霜やけになったら…5分くらい熱いお湯と冷たい水を交互にかける、マッサージをするなど血行をよくするといいみたいです。充子さんに教わりました。今日から早速やってみます。指がもうパンパンです。では、また月曜日に♡♡

あい

2005.12.22

充子さん、たいいんおめでとうございます!!　いや～よかったよかった。今日は充子さんのオ○ラを初めて聞きました（笑)。しかも2回!…おめでたいこと続きで、来年はいいことありそうです。久しぶりに日記を書いたらだんだん恥ずかしくなってきたので、もう終わりにします。ではまた☆☆

あくつ

2005.12.23

1昨年も昨年も…あ、まちがえた。去年も今年も初夢の内容はボランティアでした。暁子です。今日はクリスマスイヴイヴですよ。充子さんは「クリアスマスイボイボ～♪」と言っておりました。ヘルパーさんは「充子さん、あっこちゃんに〝イボで入院した〟と思われますよ」と言ってました。充子さん、イボ、でしたっけ??　あと、「充子さん、犬の〝ワン〟だけで作られたX'masソングがあるんですよ」と言ったら、「OH!　ワンダホ～」と言った充子さん。今日、ダジャレが絶好調です。X'masイボイボも、X'masイボも、X'masもぜひ楽しんで下さいね。

あい、シモヤケには毎年苦しまされているよ。おゆにつけるとよかとよ。

限界？　暁子

2005.12.25

Happy X'mas!!　ゴマちゃんサンタが充子さんのお家へ幸せを持ってきました（笑）そんな私のクリスマスと言えば…忙しすぎてそれどころじゃなかったです。昨日の夕方にクリスマスっぽいことをしたくらいです。充子さんのおうちで今日は2人で鍋PARTY♪　ついつい食べすぎちゃうんですよね〜。いつもごちそうさまです。おじやまで食べちゃいました。そしてそして今日は（も?）充子さんはダジャレの連発です!!とってもステキなX'masになりました。

ゴマ

2006.1.7

2006年になってしまいました。みなさま今年もどうぞよろしく、京都のぞうに（実家は京都の山奥）を食べつづけてきた正月。今日は「キリちゃん流のおぞうに作って〜」といわれ、しょうゆじたてのものを作ってみました。京都は白みそにカツオブシをのせて食べる甘めのぞうに。土地柄の違いは面白いね。今日はアッコちゃんがミツコさんにインタビュ〜。熱いトーク!! 熱くノートをとるアッコ!! 熱く喰いつづける私!!(←をい!) 私もまたうかがいます。そのときはまた私にもインタビューさせて下さいまし。

キリ

2006.1.9

こんばんは。きのうに続き2日連続です。今日はすみれちゃんが来てケーキをもってきてくれました♡♡ なんとイイ時に。甘いものはほんとに幸せですね♪ でもでも、卒業旅行に向けてダイエッターになりますよ!! 今日のみつ子さんは、すみれちゃんが来てとってもうれしそうでした。あいかわらずすみれちゃんはナイスバディでうらやましい…。ほんと、私と正反対ってかんじですよね。きのう、みつ子さんがナゼ、いつも18才だと言うのか…教えてくれました。ちゃんと理由があったんですね☆やっぱり充子さんてかっこいいです。そんな充子宅におじゃますするのもあと少し…寂しいけどそれまでにたくさんおじゃましますね。

亜衣

2006.1.11

きょうは「1」でフィーバー♪ 今日はそつろんを充子さんに見て頂いてます。「多分つまらん卒論だけど…」と暁子が言ったら、充子さんに「つまるかつまらないかは、私が読まなきゃわからないじゃない!」と言われちまいました。た、たしかに…。でも、書いてる方にしたら「んうう」と言ってしまいます。アンケートをかいて下さった方々の意見のすばらしさに「んうう」と言ってしまい、暁子のしょぼくれた意見のところがかなしくなります。書いてくれたヘルパーさん、ボラさん、ありがとうございました。箱石宅に置かせて頂きますので、もし興味があったら是非見てみて下さい。皆さんのいけん、ありがたく書かせて頂きましたよ…!! でも暁子ぶぶんはつまらんとです…。

チャームポイントは太い指　あきこ。

2006.1.14

今日は土曜日です充子さんに成人祝いをしてもらいました。久々にすごく笑ってすごく幸せでした。人がいっぱいいるって楽しいんですねー♪ 今日は充子ママに学ぶことがたくさんありました。一緒にお酒を飲めるという貴重な体験もできました。お好みやきとケーキおいしかったです。ごちそうさまでした。

えんちゃん

今日は充子さんにせいじん祝いを誘っていただきました!! めちゃくちゃ久しぶり

の登場です。なんと…1年ぶりです。充子ファミリーみんなでお酒を飲み合ったのがすごく新鮮でした。お好み焼きうまかった。肉が…肉が…肉が…めちゃくちゃやわらかくて最高でした。充子さんどうもありがとう（涙）ずっと来てませんでしたが（家庭の都合により）3月には1人暮らし頑張りたいので待ってて下さい!! 再び私は戻ってまいります…!!

ゆうじろう

成人しました。成人式はでてないケド、けっこういろいろ成人祝いはしていただいています。感謝です。で、今日は充子さんにお祝いをしていただいていただきました。ありがとうございます！ まわりの人みんなお酒強そうでとてもコワかったです。みつこさんもお酒つよくてステキでした。お酒つよい人間になるためにはやはりたくさん飲むしかないのでしょうか…。僕もがんばってお酒つよいにんげんになります!! みつこさん、本当にありがとうございました!!

ゆう・たなべ

きのうはすいませんでした…。そして今日はありがとうございます。すっごい楽しかったです。なんか、充子さんと2人っきりももちろん楽しいんですけど、こんなにたくさんの人とワイワイするのも楽しいですね♪ ケーキまでごちそうなってしまって…感激です☆The☆成人!! もっと大人になりますね。

ゴマ

2006.1.19

ふと気づけば充子さんとは4年の付き合いです。途中来れない時も沢山あったけど。久しぶりでも充子さんはいつも温かく迎えてくれるので本当に有り難かったです。充子さん宅に来るととても心が和みます。たとえこれから先卒業してなかなか会えなくなってもきっと家族のように「元気?」なんて行き来が続くんだろうなぁ。12/28に私の入っている宇都宮大学混声合唱団の定演が有りました。私にとっては大学生活最後の定演…充子さんは入院もあって体調が優れないかと考えてお誘いしていなかったのですが。随分前に私が話していた日にちを覚えていて下さって。前日に充子さんがお電話を下さりました。「何が何でも行くから!!」そして次の日さっそうと充子さん総文に聴きに来て下さいました。1人で!! 行きは送って頂いて、演奏中は1人、帰りは介護タクシーでさっそうと帰って行きました。そこまでして来て下さった充子さんの心に感動!!そして1人で演奏会を聴く充子さん…かっこいい！ 私は演奏会1人でいくのはちょっと不安。まして充子さんは車椅子であることを考えればもっとふあんだったと思います。歌っていて充子さんが前の席に1人で座っているのを見つけた時の気もちといったら…。本当に嬉しかったです。充子さんのために歌いました。ここまでして下さる方はそうはいません。本当に充子さんに出会えて良かったなぁと思います。長くなりましたが書かずにはいられませんでした。これからも長いお付き合いをお願いします。♡♡
P.S.今夜は充子さんは飯村さんととても大切なお話をしています難しい問題です。ふにゃふにゃ(＞＜)(＞＜)(＞＜) END

すみれ

2006.1.21

今日の充子さんはちょっぴり痛そう。暁

子の位置がわからないのではないかと、鈴でも体につけようかと思っています。リンリン。早く良くなることを願いつつ、食事の時にいちゃつけるのはちょっと嬉な、とか、不謹しんなことを言ってみたり。複雑です…。でも、充子さんがよく寝れているようで…その辺は良かったのかな…。「休んでよー!」という神様からのおことばなのかしら。ところで、皆様「スーダラ節」をごぞんじですか? 私はサビしか知らなかったのですが、充子さんにその他の部分を聞いてビックリしました。え!? そんな歌!? みたいな。皆様、ぜひ1度充子さんの「スーダラ節」を聴いて見てみて下さい。豊かな気持ちになれるような、男性心理を表しているような、なんともいえないきもちになります。みんな「どこから来たの?」ときかれたら、出身地をこたえましょう。国籍をきかれているのではありません。もしくは「宇宙」とでも言っておきましょう。大真面目に国籍を答えた暁子でした。チャームポイントは4つのつむじ(増)。

暁子。

2006.1.24

あいぽん　シチューごちそうさま。多分充子さんの方があいぽんに頻繁に会っているんだろうなぁ…。今、箱石家はプチ・カラオケ大会になっております。「〝やしろあき〟と〝やましろあきこ〟って似てるよねー!!」と暁子がアピールしたのにも関わらず、すぷーんをマイクにして大熱唱する充子さん…。マユ毛が立派なテノール歌手にうっとりしながらほおづえををつく乙女・充子さん…。♪おんなは無口な～人がいい～♪と、自分のことを棚にあげて「舟歌」を熱唱する暁子。そう、今日は歌謡コンサート!!港特集です。暁子は着物にばっかり目が行きます。やっぱり無地に近い方が粋ですな!! じゃわじゃわと派手な着物もいいけど。うーん。どっちも良いねぇ。

しみじみ～飲めば～しじみじと～おお～

口が回らない　暁子

2006.1.27

こんばんは。なんと充子さんは明日がBirthday、18歳の誕生日です。明日はお祝いにこれないので今日1日はやめに♡♡♡いつまでも元気な充子さんでいてほしいと思います☆　すみれさんのページ(1月19日)を読んでウルウル(泣)やっぱり充子さんの存在って大きいなぁと…。私も充子さんとステキな4年間にしたいなぁって思います。もう2年生も終わっちゃって学生でいられる時が少なくなってきてさびしいけど、あと2年enjoyします。

ゴマ

今日の一句
春光や　乙女散歩か　車イスに　充子
今日の日中の出来事を句にした充子さんでした。←充子サン、お若いです♡

2006.1.30

1月28日(土)充子さんお誕生日だったということで…Happy Birth Day♡　今日はささやかですが、ケーキ持ってきました♡　おなかいっぱいだけど、ケーキは別腹ですよね充子さん?? 別腹といえば、女の人のお腹って、どんなにお腹いっぱい食べても甘いものを出されると、お腹の中の胃がキュキュキュ～って横に動いて、スペースを作るらしいですよ!! TVでやってました。おそろしいですねー。だから太っちゃうんですよね。そろそろテストも始まることだし、ゴマちゃんのようにステキな4年間（で卒業できるように…）送るために勉強がんばります。

佐野

2006.2.6

充子さん、誕生日おめでとう。18才ですね。暁子が充子さんと知り合ってから4回目の18才の誕生日です。おめでとう。おそらく来年も18才ですな。来年も暁が18才の誕生日を祝えますように。今日はかぶのみそ汁、しょうが焼と生野菜でございます。肉を食するのは暁子、久しぶりなので、栄養とらせて頂きました。ありがとうございました。動物性タンパクが…そういえば、3ヵ月たってやっと仮免とれました。卒論やら何やらで行けなかったんですよ、教習所。暁子が路上でちゃいますよ。危険なイモ娘が道路に出ちゃいます。みんな「仮免」のマークをつけた暁子カーを見たら、まず逃げて下さい。よろしく♡

アクセルとブレーキをたまにまちがう暁子

2006.2.10

お久しぶりです。次にいつ来ようかなぁと思ってカレンダーを見たらもうほとんどうまっちゃってました。さすが充子さん、人気高いです。さてさてテスト期間なのに私は春休み気分♪　残るテストはあと2つ。がんばりま～す!!　最近充子さんのように脳性マヒの女性が30年間1人暮らしをしていて、その方が書いた本を読みました。充子さんのような方がたくさんいるんだなぁって素直に感心したり、まだまだ勉強不足だなぁと…。勉強になりました。

ゴマ

2006.2.14

バレンタインですね♡　充子さんはたくさんばらまいてきたそうで…全部本命みたいです。恋多き乙女はちがいますね!!　今日は久々にハンバーグをいただきました。充子さんオリジナルの味付けでした☆　充子さんも初めて作った味付けだそうで。でも、さすが充子さん。とおーっても美味でした♡　次は26日（日）かな!?　妹つれて来ますね。

あい

2006.2.19

今日は充子さんとこの団体（CILとちぎね）が主催する学習会がありました。参加者もたくさん来て大盛況!　それだけ新しい法律で生活がどう変わってしまうのか、皆さん不安に思っているということよね…。4年生'Sも新生活が始まるのかあ。変わらずに、でも変わり続けていくのね。なんか楽しみ。フィギュアスケート男子の高橋選手だけど、充子さん、好みだと思うなぁ。前にワイルドな野性味あふれる人が好きみたいなこと言ってたし。私はガリガリで、狂った科学者タイプのいっちゃってる目をしたジャンキー顔が好きだわ。おほほほ～。そうそう、食器洗剤の濃度が変わった（濃くなった）よ。手荒れしやすい人は気をつけてね。ではまた。

橋本

2006.2.20

今日は雨です。ちくわです。充子さん宅に来るようになって早2年。初めてスパゲッティ作りました。（レトルトソースですが）なんだかとても新鮮でした♡　おいしかったです♡　昨日の講演会、大成功だったそうですね!!　入れない人がいたとか…やっぱりそれだけ関心があるってコトですよね。私も参加すればよかったと後悔中です…というのも昨日は高校の友達と久しぶりに会って♨行ってきました。いやされてきたけど寝不足ですzzz…

2006.2.26

こんばんは☆　今日は妹を連れてやってきました。母も挨拶に来ました。お騒がせいたしました…。母は充子さんちに入った途端に橋本さんのことを「充子さんですか!?」と間違え…私はあさって引越すので、最後の充子さんちですよ…と思いきや!! 来月16日、お泊まりでお邪魔することになりました♡♡　充子さんち初お泊まりでうれしいです♡　ということで、また来月おじゃましますね。妹がお世話になり、ありがとうございました!!

あい

2006.3.3

今日はひなまつり。充子さんと2人でひなまつりPARTYでした☆　ちらしずしです♪　とってもおいしくいただきました。ごちそうさまです。充子さん家の花たちが咲き始めました。今日も寒かったけど少しずつ春が近づいてきているみたいですね。早く外に出るのが楽しみな気候になってほしいなぁと思う今日この頃…。

ゴマ

2006.3.5

なんだか1人でだまされたとなるとくやしいので、今日は充子さんの過去のイタズラを暴露しようと思います。
充子「あっこちゃん、これ、おいしいから飲んでみて♡」暁子「ええー充子さん、いいですよお、そんなぁ」充子「あっこちゃん苦いの好きでしょ?」暁子「まぁ…はい…コーヒー党ですから…」充子「はい♡（満面の笑み）どうぞ♡」暁子「…は…いただきます」（間）暁子「充子さん、これ、薬じゃなくて…!?」充子「あっはははははは♡（かわいく）」暁子「…なんですかコレ? リアクションとりづらい苦さなんですけど」充子「センブリ♡」…そのセンブリをおいしそ〜うにのむ充子さん。今日もそのコップにはそれっぽいものが入っていて、勧められたのに、「またセンブリでしょ」と疑った私を許して下さい。中身はコーヒーでした。他にだまされた仲間、いませんか…。笑。

暁子

2006.3.10

あっこさん、私もだまされましたぁ〜。全く同じ手ですっ!!!　さすが充子さんですねー。でも、みなさん気をつけた方がいいと思います。本当ににがいです。〝せんぶり〟、はんぱじゃない…ですよね、あっこさん??　話が急に変わりますが…今さらですが、やっぱり充子さん家に来るとホッとします。さいきん、自分的に↓↓な感じなんですけどここに来ると↑↑になります☆本当に充子さんのPOWERはスゴイっ!!! しっかりパワー充電して帰ります♪

ゴマ

2006.3.14

みんな、あばよ!!　また会おうぜ!　アディオス!　おせわになりました。

暁子

2006.3.16

こんばんは。お久しぶりです。きのうから宇都宮に遊びに来ました☆　宇都宮は買物に困らないしほんとに便利な所ですね♡　実家に帰ってつくづく思いました。あっ!!　そうそう。おかげ様で4月からの仕事が決まりました。地元の小学校で1年契約で先生やります。とりあえず一安心です。働いても、時間つくって充子さんちに遊びに来ますね♪　今日は初、充子さんちお泊まりで、なんだか初めて友だちの家に泊まるような緊張です…。もっともっと勉強しなくちゃダメだなぁと思う今日この頃です。2年生のみんな！　ファイトッ!!　学ぶべきことはしっかり学んで、今のうちにやりたいことやっておこうね☆☆　あの苦いのは「センブリ」だったのか…胃にいいと言われのんだらビックリ。確かに効き目ありそうだけど。

2006.4.5

お久しぶりです。ご無沙汰しておりました↓↓　前回来たのが3/17なんですね。約半月ぶりです（焦）。やっぱりココは居心地がいいです。そろそろ新学期も始まるのでCuteな新入生をたぁ～くさん充子さんちに連れてきたいと思いますっ!!

ゴマ

2006.4.8

はじめまして!!　充子さんに「クル」というニックネームをつけてもらった吉成孝介です!!　今年障害児教育科に入学しました。これからよろしくお願いします。おれは、ここに来るのははじめてなのに、充子さんに、とても仲よくしてもらえて、すごくうれしかったです。夕食に、肉じゃがとかいただきました。1人ぐらししてたんで、ひさびさのおいしい料理でうれしかったです!!　とりあえず男なんで、力仕事とか、何でも言いつけて下さい。みなさんよろしくです!!

クル

今日はしんかんで知り合った1年生を連れて来ました。久々の男の子です☆　充子さんは私なんて無視して夢中になってマス（笑）…というのは冗談ですけど…充子さんはうれしそうでした。また新人さんを連れてきますね。

ゴマ

2006.4.11

最近やたらに登場回数の多いゴマちゃんです。今日は午後から充子さんと一緒に宇大でビラ配りをしてきました。雨が降らなくて本当に良かった。ちょっと寒かったですけどね。天気予報ではかなりの大雨だったけど日中はなんとか、夜もそんなに降らずに…。さてさて今日の夕食を…カニクリームコロッケ、サラダ、ほうれん草のおひたし、わかめ・豆腐・ねぎのみそ汁、ごはん、でした。おひたしはレンジが作ってくれたので、私はサラダの野菜を切って、みそ汁を作っただけ。いつもいつも充子さんすいません､私、何もせずに…。今日もおいしかったです。ごちそうさまでした。明日から新学期が始まってしまいます。私、3年生になってしまいました。どおしよお～～。あっという間に3年目を迎えてしまうのね～。今年もほどほどにがんばります。

ゴマ

2006.4.23

1週間ぶりなだけなのになんだかとっても久しぶりな気がします。(←春休みはウザイくらい来てたからだと思われる…)きっと充子さんはうんざりだったことでしょう(笑)最近はいろんな人が夕方来てるようで、きっと充子さんのご機嫌もいいことでしょう…なんてね。でもきっと充子さんはいろんな人といろんな話ができた方が楽しいんだろうなって。私が勝手に1人で思っております。そして、今日の充子さん、久しぶりにお家でゆ〜〜っくりしていたみたいです。珍しく休日なのにお出かけもせず(笑)。近頃ずっと忙しかったようなので、いい休養になったのかな?? たまには〝のんびり〟いいですよね、私もかなぁり久しぶりに昨日の午前中はお家でゆっくりしてました。洗たく、そうじ、ふだんはあんまりやらないこともじかんがあるとできちゃうんですね。いやぁ、どうでもいいことだけど充実してました。

ゴマ　またあしたぁ〜

2006.4.29…30

充子さんのケータイがFomaになっています。カワイイです。でも電波悪いみたいですね…。ケータイについている「ドコモだけ」がなんともかわいらしい…。今日は赤ちゃんの玉ねぎのみそいため作りました。でも、見た目はほぼ長ねぎ…でも下の方には玉ねぎらしき形…ふしぎなものです。とてもおいしゅうございました。明日も私、ちくわが参ります♡でわ♡

ちくわ

2006.5.2

久々に書きます。GABAごちそうさまです。充子さん。やっぱりウマイ! ストレス社会で働いているから? もう5月になっている。宇大の4年生が3月に卒業して食事のボランティア来てくれる人が少なくなって充子さんの狩猟魂もうずき始めてる…。宇大生のみなさん、充子さんを宇大のキャンパスで思うぞんぶん狩りをさせてあげて下さい。

中村

2006.5.10

今日も外はくもり空。そして明日は雨が降るそうデス。早く天気よくならないかなぁ。今日原チャで充子さん家に着いた時、充子さんと矢板さんが外に出ていて花の草むしりをしていました。とてもきれいなお花デスネ♡　充子さんのケータイまちうけも素敵ですよ♡　また明日。

ちくわ

2006.5.11

3日連続のちくわです。今日は充子さん家に到着して部屋におジャマすると充子さんから「おかえりなさい、あなた〜」と一言。「今日は遅かったわね」って…私は妻ではないんですネ…(笑)〝夫〟として通わせていただきマス♡　3日間お世話になりました。また来週来ま〜す♡　あっ、さらいしゅうかな??

ちくわ

2006.5.12

今夜はちくわちゃんが作ったシチューです♪　わぁい、たっぷりいただいちゃいました。Good Tasteでした。ごちそうさまです。今日も充子さんとたくさん話ができました。くだらない話から始まり、まじめ〜

な話まで。いつも話を聞いてくれる充子さんに感謝感謝でいっぱいです。どうもありがとうございます。私って、本当にたくさんの人に支えられてるなぁと最近よく思います。私も周りの人の力になれるようになりたいんですが…もっと成長が必要みたいですね。がんばります。

ところで、みなさん、自分のこと好きですか?? 好きな人は自分の嫌なところ、ダメなところも含めて好きですか?? 自分のことを大切に、大事に思える人、できる人は周りの人にもやさしくできる。らしいです。いいこと書いたっぽいけど、充子さんにいただいたお言葉です。私だけにではもったいないので皆さんにもぜひと思ったので…。ではおやすみなさい。zzz

ゴマちゃん

2006.5.18

初です!! 初めまして〜。今日はいっぱいいろんな話を聞きました。ロールキャベツの作り方までおそわっちゃいました(笑)。さっそく材料をそろえて作ってみようと思います♪

たった今!! 充子さんが重大発表をしてくれて、みんな興味津々です（笑）では、私もそのお話を聞こうと思います。

エミ

2006.5.19

こんにちは。今日は初めて1人でやってきました。いろいろと不安でしたが、充子さんの笑顔を見てホッとしました。でも…料理中はとてもヒドイものでした。充子さん、すみません（涙）何度も何度も失敗してどうしようもない私に、優しく「いいんだよ。あやまることないよ。」と声かけして下さる充子さんに、情けなくて涙がでそうでした(T_T)ゔう…。ゴマちゃん作ポテトサラダも頂きました。美味です♪ ごちそうさまでした。そして、重大発表も聞きましたよ〜♡ ムフフ。ではっっ、また来週〜。

お嬢

2006.5.29

3夜連続ゴマちゃんです。昨日と今日の2日間はなんともステキな方と充子さんの3人で過ごしました。とってもとってもCuteな方が昨日からお泊まりしています。初めてお会いしたんですが、すぐにうち解けちゃいました。シヅエさんです!! 充子さんのお母さんです。とっても若くてビックリです☆ また機会があったらぜひお会いしたいです。

3日間おさわがせしました ゴマ

2006.6.5

雅（みやび）デス♪

今日、初めて充子san宅にお邪魔させて頂きました、太田雅美こと雅（みやび）です。ちなみに最初は「パート②」と呼ばれておりました（笑）。ちなみに、今日はゴマちゃんこと麻衣sanに通れて来て頂きました。麻衣sanの今日は補助みたいな形で今日は色々と学ばせて頂きました。次回からはもっと積極的に料理等challengeしたいと思います。次回もイルカのように可愛らしい充子さんの元へ来たいと思いマス。ではでは失礼しま〜す。

2006.6.9

ちなみに今日はロックの日♪だそうで…最近この日記がいろんな人によってにぎやかになっててうれしいです。いつの頃やら、ちくわchanとの交換日記みたいな時もあったよね（あれはあれでまあ、ありだったけど）やっぱりいろんな人にたくさん登場してもらった方が楽しいかも、ね、ちくわちゃん??

昨日はエミちゃんが充子さんから1人立ちのお許しもらいましたぁってmailが来たし。これからが楽しみです♡　さてさて今日も充子さんはあまり体調がよくないみたい…。食欲もあんまりなかったり、鼻声だった…う〜ん心配。ゆっくり休んで下さいね。今日は1日だいぶゆったりと過ごせたみたいなので、ちょっとは回復した…かな??　いずれにしても、無理はしないでほしいです。いつも頑張りすぎちゃう充子さんなので。みなさんも、充子さんが頑張りすぎそうな時は、STOP!!　かけた方がいいかもですね。

ゴマ

2006.6.13

エミ@1人立ち、オメデトー!!　交換日記のメンバーが増えて、何だかワクワク（笑）雅@1人立ちも、もうすぐだネ♡　でもなんか、名前がみんなカワイらしい…私〝ちくわ〟食べ物だし（笑）しかし!!　充子さんが命名してくれたこのアダ名、マジ気に入ってマス♡　これからもちくわ、頑張ります!!　今日はいっぱい話をしていたら食べ終わったのが9時すぎてしまいあわてて洗って日記書いています。でわ…

ちくわ

2006.6.14

今日も充子さんといろいろなお話をしました。たっぷり2じかんです（笑）私のグチ（?）から始まり、将来の夢、恋愛、友情、きわめつけは、「秋田の小学生殺害」について2人で推理し始めてしまいました。でも、すごくタメになる語り合いでした。〝愛は、2人ではぐくむもの〟〝愛はもらうものではなくて、与えるもの〟とのお言葉を頂きました。納得デス。それは恋愛だけでなく、友情関係にもあてはまることで、自分の働きかけ次第で相手もそれに答えてくれるんです。前にゴマchanの日記にも、充子さんからのお言葉が載せられていました。ここに通うようになり2ねんがたち、その間で本当にいろ〜んなことを学んでいます。いつもいつもありがとうございます。…明日また来ますネ♡　エミchanと一緒かな??

ちくわ

2006.6.29

充子さん、お帰りなさい♡　ピアカンお疲れサマです。あんまムリしないで下さいネ〜明日も小学校へ行かなくちゃならないみたいだし…。ということで小学5年生の〝若さ〟をいっぱいすいとってきて「元気」をもらってきて下さい☆☆

でも、充子さんを見ていると、本当すごいなぁって思うんですよね…〝行動力〟ってゆうんでしょうか…とてもアクティビティ（?）でうらやましい限りです。「やらないで悔やんでも仕方ないじゃん?」←充子さん　その通りですネ充子さん♡　私もこれから、何でもチャレンジしようと思いま〜す!!

ちくわ

2006.6.30

今日はサラダそうめんです。夏!?って思うくらい暑い日にはもってこいのメニューです♪　午前中に行ってきた「町の先生」

の話を聞かせて頂きました。充子さん、とっても生き生き話してました。どうやら〝若いPower〟吸いとってきたみたい（笑）私も今日は若さをおすそわけしてもらいました。それではまた明日…

ゴマ

2006.7.20

すっごーく久しぶりに充子さんちに来ました。はじめ充子さんい忘れられてたー。「ふうちゃんです」ってじぶんで切り出すの、けっこうはずかしかった…みたいな。でも、充子さんの笑顔を久しぶりに見れてよかったです。料理も思ったよりおいしかったです。今度は動きやすい服きてきてダンスおひろめしますね!! では

ふうちゃん…てか仁美

2006.7.22

今日はなんと、ゴーヤチャンプルーを作りました!! ゴーヤをたべたのも、さわったのも、料理したのも初めてでした。ゴツゴツしててスゴイ～～と心の中で感動してました。ゴーヤには種がありました。いろいろおっちょこちょいなミスもしてしまい…まさか、キャベツとレタスをまちがえたりしてません。まさかみそ汁にわかめを入れ忘れてて、食べる時に気付いたりしてません。これは充子さんと2人だけのヒミツです。ではでは、また明日～。

♡お嬢♡

2006.7.24

お嬢、3日かんありがとう。そしてちゃっかりゴーヤチャンプルー頂きました。おいしかったよ。今日は充子さんお疲れだったみたい…。ごはんを食べ終わってから、車イスでこっくりこっくり…今夜はぐっすり眠れるかしら?? デザートにアイスを2人で食べました。でもあまりの冷たさに頭がキ～～ン。頭をおさえながらたべました（笑）おいしいのになかなか進めず…

ゴマ

2006.7.26

久々に晴れ♪ 太陽がギラギラでした。暑かった。さいきん暑さに慣れてなかったからたいへん。外に出ただけで。最高32℃だったそうです。今日、充子さんと1つ約束しました。まだ先だけど卒業旅行に一緒に行くって♪ で、せっかくだから、2人じゃなくて、みんなでわいわい行こうよっ!! ってことになりました。どおかしら?? ちくわちゃん、お嬢さん。充子さんは男子も欲しい♡って言いそうなのでその時のためにイケMen'sも準備しなきゃ（笑）ということで、希望者募ります!! ゴマちゃんまでお声をかけて下さい。みんな、待ってるぜい。

ゴマ

2006.8.9

ゴマchan、Happy Birth Day♡ 私達も老けたねぇ。初めて充子さん家来てからもう2年すぎたなんて。あっこサンと3人で来たネ♡オセロで敗北しまくったし、充子さんのイロイロなギャグも聞いてきました。いつのまにか私たちは充子worldにドップリはまってしまったよおですネ（笑）これからも頑張って行きましょ～♡♡ さてさて本日は私の大好物「お好み焼」♪♪ホットプレートをテーブルにのせ、本格的に焼きました☆ でも…やっぱり多かった…。明日のお弁当です（笑）充子さん家には本

当に何でもあります。お好み焼用にソースから、青のり、そしてソースをのばすブラシまで…ホットプレードも!! 充子さん、ここでお店開けますヨ!? むしろ料理教室もできちゃいます。私、通います。ってかもう常連さんデス（笑）昨日は煮魚だったし、私のレパートリーは、大学卒業まで果てなく増えていくでしょう。ご指導のほど、よろしくお願い致しマス♡♡

ちくわ

2006.8.16

田子です。久っ私ぶりに充子さんに会いに来ました。かなり長い間会ってなかったけど、充子さんが私のことを覚えててくれたうれしかったです。今日のメニューは、ナスの煮もの、焼魚、みそ汁でした。が!! はちゃめちゃでした（笑）。充子さん、ハラハラさせてごめんなさい。今日はゆっくり休んでください…。でも、ナスの煮もの、すっごくおいしかったです!! 今度家でも作ってみますね。あと、ジャガイモの皮も包丁でむけるように練習しておきます（笑）。まだまだ暑い日も続きそうですが、夏バテしないようにがんばりましょう!!

田子

2006.8.27

お嬢でございます。今日のおかずの数はいつにも増して多く…でも、私はほとんど何もしていません。すみません、ごちそうさまですm(_ _)m♡ 今日は、部活のあと献血に行って参りました。充子さんちで栄養をつけて帰ります。今は充子さんは新聞を読み、まったりしてます。こんな時間が幸せ♡ では、又来ます。おじゃましました☆

お嬢

2006.8.29

ただいまぁっ!! ゴマちゃん復活です。充子さんのあたたかいお出迎えで〝帰ってきたぁ〟と、ホッとしました。ちくわちゃん、ひと足お先に戻ってきちゃったよん♪ 待ってるからね。私、何だかんだで2ヵ月ぶりなんです。この夏は実習も含めて、本当にいろいろありました。何か、自分的に成長できたような気がします。そして、充子さんにはとってもご心配かけてしまって…ごめんなさい。 元気に戻ってくることができました。これからもよろしくお願いします。今日は2ヵ月ぶんのいろんな話を2人でしております。あっという間に感じたはずなのに、案外2ヵ月って長いですね。その間に、充子さんにも私にもいろんなことが起こってて…でも、ココは変わらずなカンジなので、久々に来ても安心できちゃうんですよね～。〝VIVA 箱石家!!〟いつも支えてもらっている充子さんに感謝です。本当に本当にありがとうございます。ではでは再びこの日記帳がにぎやかになりますように…ちくわちゃんもお嬢も待ってるゼィ!!

ゴマ

2006.10.2

ただいま!! ちくわも復活しました!! 充子さんも元気そうだし。部屋も変わっていないし、とても安心しました♡ ただし変わったものと言えば…充子さんの通勤のBag!! まっ赤な、とってもカワイらしい、ポケットがたくさんの大きなカバンに変わっていました。すごくカワイイ!! みなさん、大注目です!! さて、今日は「肉じゃが～♪」和食のおかずと言えばコレですよネ。今日はじゃがいももホックホク♡ 味もバッチリ♡　充子さんのおかげで大成功しました!!　いつもおウチで作ると、何だか味がウスイので、今日は分量を覚えて帰ります〜♪
　今、他の3年生もとても忙しいみたいで、ナカナカカレンダーがうまりません!!　ゴマchan !!　お嬢!!　そろそろ後見人を見つけておかないとネ!!　早く充子さんの魅力にメロメロになる子が現れマスよ〜に。また明日、オジャマいたします☆

ちくわ

2006.10.12

　こんにちは。みんなのアイドルたなべゆうです。今日は晴れてて、気温も高めです。とうふとキュウリとあげ玉を油でいためるとどうなるでしょう。それが何と、本日のメインディッシュになりました。あらふしぎ。みなさんおためしあれ。

たなべゆう

2006.10.16

　今日は充子さんは、早々入浴です。イスに座ってまっていると、和久さんと2人で浴室で何やらお話中…。「たこは軟体動物だったかな?」「いかは何だっけ〜?」…って。一体どうして、たことイカの話になったのでしょう??　とてもナゾです。さてさて本日の夕ごはんは野菜たっぷりのシチューでございます。ホクホウじゃがいも、とってもおいしかったぁ♡♡…でも、コショーを入れ忘れてしまいました!!　ので、パンチがありません。2人で、あとでお皿にコショー入れて食べました。おいしかったです♡　ごちそーサマでした。

ちくわ

2006.10.17

　チラシが仕上がったので、500枚印刷もしたしあとは配るのみ!!　まずは学科の1〜2年生にプリント（チラシ）配ろうと思います!!　ゴマちゃんも手伝ってくだされ〜♡♡♡

ちくわ

2006.10.19

　今日は充子さんと2人きりでBirthDayPartyデス♡…というのも、10月11日に私ちくわは21歳になりました!!　みなさん、ありがとうございま〜す。あっ、誰も祝ってないって?（笑）…今日のケーキは、充子さん家から自転車で5分くらいの所にある「コム・デ・デュ…」?　だったかな?ってゆうケーキ屋さん♪　すっごくカワイらしいお店&かんじの良いお店です☆　閉店5分前に買いに行って見るとお店の中にはまだ3〜4人ほどお客さんが!超人気らしい!!　その中で〝紫いもプリン〟と〝カボチャプリン〟マグカップ付!!　を購入♡　2人で仲良く分け合いながらおいしくいただきました♡　ごちそうサマです♡　ありがとうございました♡

2006.10.20

　あ゛っ!!　ちくわちゃんHappy Birthday!!今年もまた過ぎてから気付いた。ごめん…。とうとう21歳の仲間入りだね〜。今日の充子さんはとっても忙しそう。私がココに来た時からすでに、やることたくさんだったみたいで、いろいろなところにTelかけてました。ホントに毎日忙しそうで、体が心配。しっかり休んでいるのかなぁ??　最近、めっきり寒くなってきたし、ちまたでは、風邪が流行ってきてるし…。みんなも気を付けましょうっ!!

ゴマ

2006.10.31

ハロウィンです!!

充子さん、お帰りなさいませ☆　今日はデモのため朝早くから夜遅くまで、本当におつかれサマでした!!　夕方のNEWSでその様子が放送されてましたよー!!　充子さんがいないか必死に目を凝らしていたのですが…私の努力不足です。見つけられませんでした。

たしか6チャンネルで6:30前後かなぁ。7:00前のNEWSだったと思うんですケド、誰か見ませんでしたか～??

2006.11.2

充子さん家に来る30分前のことです。私の携帯に充子さんからTELが…。何だろうと思って出てみると「だいこん」と一言。んんん???　と思ってよくきいてみると、今日の献立はおでんとのこと。だいこんがないので買い物してきてとのことでした。いきなりだったので、思わず笑ってしまいましたよ（笑）ビックリしました（笑）今日は、あんまり時間がなかったため、煮込めず、少し味は薄いですが…おいしくいただきました♡♡　まんぞくまんぞく。そして私もやってしまいました。「今日のお味噌汁の具、どうしますか?」「わかめと…とうふと、ねぎ!」「は～い。」完成してみると、何かが足りない!!　とうふです!!　私、ききのがしてしまいましたぁ。3年目にして、この失敗。充子さん、スミマセン。次からは耳の穴大きくして、充子さんの言葉ききのがさないようにします!!　今日もごちそうサマでした☆　明日の飯村さんとのミステリーツアー楽しんできて下さいネ。

ちくわ

2006.11.6

なんだか毎ページ書いているような気がします…。たぶん私、この日記帳見尽くしました!!　サイキンは、ゴマちゃんとちくわの2人の交換日記状態…ちょっぴりさみしいネ。新人さんも、どんどん増えるといいなぁ。さてさて、ただ今充子さんは今村さん?だったかな?　とTEL中です。相手が誰だかわかったしゅんかん、充子さんの顔色が一変しました!!　私はその瞬間を見逃しはしませんでしたよ。TEL中もずっと笑顔で、話し声もなんだか若返ったようで、少女に戻っていました（笑）かわいらしい充子さんです♡♡　充子さんが楽しそうにTEL中なので、このへんで。

2006.11.10

今日、充子さん家に行ったら、お風呂を済ませてて、パジャマ姿の充子さんが。あまり体調がよくないようで、めずらしく!!　1日のんびり過ごしたようでした。たまには、そんな日があってもいいですよね。特に充子さんのような多忙の方には…今村さん&キリさんに続いて、今日は、あっこさんからのTelで充子さんは、一瞬にして笑顔になり、テンション↑↑な具合です。社会に出るようになったら。今みたいに（おそらく）しょっちゅう来られなくなっちゃうけど、あっこさんみたいに、Telだったり、突撃訪問したり、ずっとずっとつながっていられるような関係でいたいなって、なんか、あっこさんのTelであらためて思いました。今は、電話とかMailとか便利なものがたくさんありますからね。では、また明

日～☆☆

ゴマ

2006.11.11

ポッキーの日

ゴマ「充子さん、今日ポッキーの日だよ。」充子「サケの日でもあるみたいだよ、何でかは知らないけど。」ムフフ～、ゴマちゃんはどうしてサケの日か知ってるんですね～♪　サケは漢字で書くと〝鮭〟→ココ（圭）を分解すると十・一・十・一!!　だから、サケの日、らしいですよ。ゴマちゃんの豆知識でした。ごはんを食べていると外から季節外れな花火の音が…　充子「どうして？花火だよね??」ゴマ「今日何の日だっけ？　あっ!!　サケの日!!」充子「いや、ポッキーの日だからじゃない??」爆笑。今日もずっと笑ってばっかりでした。何か話すたびに2人で大爆笑。ここに来ると気分がとっても明るくなるんですよね。この幸せな時間に感謝。充子さんに感謝です。

ゴマ

2006.11.13

はじめまして皆さん!!　1〇年前の大学生、はいじです。4年ぶり（かな!?）に宇都宮にやってきましたー。今やこの土地にも知る人が減り、第2の故郷への道のりもずい分遠くなってしまいました（物理的にも…）。自称みつこさんの〝5女〟くらいのはずなんだけど、どうも拝見するに限りなく年長に近いようなそんなお年頃です。でも、帰って来る場所があるって嬉しいですね。箱石家のルール（!?）も来る面々もみっちゃんをとりまく環境もずい分当時と変ったけど、今も変らないみっちゃんSmile、温かさ…ほんといやされます。ここを離れて各地を転々とする中でなんとなーく私が落としてきてしまったものや隠してしまったものを、もう1回思い出させてもらった気がします。みっちゃん、そして今日お会いした飯村さん、橋本さん、ちくわちゃん、でんこちゃん、どうもありがとうございました。次に帰って来られるのはいつになるのかなぁ…。みっちゃんの夢が叶うことを、みっちゃんの輪がもっともっと広がることを祈りつつ、私も今日のこの気持ちを大切に持って「珍獣」の待つ福岡へ帰ります。では、また会う日まで!!

はいじ

2006.11.14

ちくわです。

はいじさん、とってもきゃしゃでカワイらしい方でした!!　福岡からいらしたということで…私も九州行きたい～!!　昨日はでんこちゃんと2人で来て、何だかとってもにぎやかだからおかしいなと思ったら、はいじさんがお泊まりするということだったのですネ☆　なので今日じゃなかった、昨日は4人で盛大にタラ鍋♪♪　野菜とかお肉とかタラとか…すごい量でした!!　案の定、半分以上残っりました（笑）…ということで、本日も鍋でございます☆　私は、毎日鍋でも全然うれしいです♡♡　野菜たっぷり、おなかいっぱい。でも、残念なのが、充子さん家特製おじやを昨日作れなかったということ。私、このメニューが1番スキです。ホントにおいしいんです。おじや。昨日は残念ながらごはんがなかった…。　うどんもおいしかったけど、やっぱこのおじやを食べてもらいたかった!!　どうしようもないので、充子さんと私、今日は2人でおじやた～っぷりたべちゃいたい

と思います!! 今日も充子さんは歌謡曲に夢中…♪

2006.11.26

1年ぶりにおじゃましました。たのまれてたものを忘れてしまい申し訳なく思います。短時間でしたが、来れてよかったです。斉とうさん他皆様お会いできず残念でしたが、またお会いしましょう。

今村

2007.1.13

あけましておめでとうございます。お久しぶりです。今年もよろしくお願いします。今日は自立センターの新年会だったようで、充子さんは少々お疲れ気味…。私はその新年会に行けなくて残念…。でも私は、充子さんと話しているうちに元気に。 やっぱりココいいっっ♡ 今年は忙しい1年になりそうだけどなるべくたくさん来ようと思います。私の元気はココにあるようなので…。

ゴマちゃん

2007.1.19

マロニエ卒業生のえみちゃんです。今日は超～～ひさびさの充子お母ちゃん家へおジャマ。実に何年振りだ!? なんとヘルパー付き、ベッドも自動。何もかもが新鮮^_^ お母ちゃんも偉くなったの～ おジャマしないうちに、いたる所が変わる変わる。馬の絵付湯のみ茶碗も〝あの世〟行きTДT また次回来る時何が変わってるんだか…。お母ちゃん! またカボチャの煮物持ってくるからネェ

2007.1.30

充子さん、Happy Birthday!!（ちょっと過ぎちゃったけど…）充子さんの誕生日は年を取るらしく今年は17歳になったらしいです。1人だけズルイ!! でも、17歳、ピッチピチで元気に1年を過ごすんだろうなぁ…。負けないようにしよ…。今日はTVで流氷がやって来たと言って他のを聞いて、もうすぐ春だなぁ…なんて思ったり。来年は充子さんと2人で流氷ツアーへ行こうと約束を…。寒いのかなぁ…。でも本物見てみたいっ!! 充子さん、楽しみですね♪♪ ぜひ、実現させましょう!! 本日は火よう日、そうです。歌謡コンサートの日でございます。例によって充子さんは熱唱中♪

ゴマちゃん

2007.2.2

「こんばんわ～!!」と充子さん家に到着したらお風呂から笑い声が。Good Timing!!（笑）充子さんは入浴中でした。なので勝手におじゃましちゃいました。昨日（?）充子さん家に迷子の洗たく物が1枚やってきたらしく、充子さんのお部屋には、見たことのない洋服ががかかってました。手紙と一緒に袋に入れて、みんなの郵便受けが集まっているところに置いてきました。持ち主、現れるといいですね…。充子さんちには迷子の洗たく物がたまにやってくるそうです…。くつ下とか。ここには本当にいろんなお客様が来るんですね～。
近頃、充子さんはいつもに増して多忙のよう…。かなり疲れているみたいです。体、大丈夫かなぁ…心配。そして今日も私はチンしたのみの夕食作りでした。

ゴマ

2007.2.3

今日は節分でした。もう春も近いのか

なぁ。充子宅のテーブルのhair LABOに充子さんが命名されました。その名も「ナカちゃん…」みなさん水やりながら可愛がって下さい。充子さんは、彼のことをオジさんと呼んでいました。…なんか引っかかんだよねぇ。

今日のTVは、テレ朝のドキュメンタリー、小児ガンの子供の話。小さい体で痛みとたたかう姿にはただ涙。人は産まれたからにはいつか必ず死に辿り着くのだろうけど、10歳そこそこで亡くなるなんて短かすぎるよね。今日のゆうはんはせつぶんなので太巻きとギョーザ、サラダ、けんちんでした。電子レンジさまさまでした。そろそろこの日記も終わりが見えてきましたね。最終ページがちょっと気になる。

中村

2007.3.20

本日のメニュー:ゴハン、ミソ汁(トウフ・ネギ・ワカメ入り)、ミートソースグラタン、ひじきの煮物、卵焼き　PM8:00より〝箱石充子's 歌謡ショー〟が開演されました。素晴らしい歌唱力!!　もっと、も〜っとすばらしいコトに…・_・;　……一観客、自分ひとり一淋しいＴДＴ　淋しいよネェ〜〜　淋しさを消すために、自分も熱唱〜!!　中々、充子サンに負けじとデカイ声で歌ってしまった。ドンマイ!!　また数日後…金よう日にお邪魔しますから。

エミチャン。

2007.6.15

金ようの女、復活です。今日もあいかわらず笑ってばっかりいました。きゅうりの新しいレシピを教えてもらいました。みなさまぜひ参考にしてみましょう。

[Mitsuko's レシピ] 材料:きゅうり・豆腐・あげ玉・しょうゆ・ほんだし(お好みで卵でとじてもいいらしい。)つくりか方:これらをいためますっ!!　そして味をととのえて…完成っ!!　その名も「きゅうりとあげ玉の油いため」(笑)名前を考えていても変なの(豆腐ときゅうりの油まみれ、など)しか出て来ず笑ってばっかりです。笑いすぎて涙が…。

2007.7.4

暁子やん@イモ娘

あらあ。久しぶりに来たんですが、鳥ですか。もとい、トリですか。2年位来てませんけど、書いちゃいますよー。書いちゃいますよー。うえっへへ(遠慮せいや)。もう私も「古株」なんですねぇ。はじめて来た時はフレッシュな19才だったのに、いまや何回目かのハタチを迎えてしまいましたよ。今日は充子さんとためしてガッテンをみました。今日は「にぼしダシについて」。充子さんとの話のネタにどうぞ♡　はてさて、充子さん家はいつ来ても変わらないですねぇ。浦島太郎の気分ですよ。また栃木に来たら来ますねぇ〜。中村兄さん!　最終ページは私でしたー。ニヤリ。ゴマつぁん!　元気か!?　誰のゼミになったんだい?　そのうちヒマあったらメール下さいなん。おばちゃん、心配だよ。暁子おばちゃんは提出寸前にデータ消したからな。バックアップはよくとっておくんだよ。涙　ではでは、また会う日まで♡　with love♡

東京←→栃木 ジプシー生活、元教師　求職中

あっこやん

10冊目 2007.8.29-2009.3.29

<u>2007.8.29</u>

パンパカパーン

ワタクシ、マロニエの恵美がこのノート第1号に！ 皆、悪いネェ。なんか嬉しすぎる。でも、外は大雨。ピンポーン。 あ、ヘルパーさんだ^_^ 今夜は、パン食と洋風チック。しかし他を見ると中華の肉だんご。和食のだいこんとイカの煮つけ。ナイスなマッチング!! いや何とも言えないバランス。最高！ さて今夜もおとなしく終わる…はずもなかった。今までにないひどい仕打ちを受けるとは…誰も予想がつく訳もなく…。ナイショ！ にできないのでお母ちゃんが見てない間にかいてしまおう。話をしていて笑いが始まった。こりゃ、ヤバイ。と思ったら即！ 私めがけて1発ぶちかまし、笑いすぎて涙は出るは、鼻水は出て伸びるわで…BEST1に輝くほどのヒドイあり様。充子の顔が、ひどく崩れた訳で…。食べながら笑い出すと、警報ですので皆様とくに気をつけて下さいナ。今夜は女を捨てた充子様でした。

マロニエの恵美ぞ→より。

<u>2007.12.22</u>

セカンドバッター元宇大生あっこちゃんです。今日は久々に栃木だー!! ごはん作るぞー!! と意気込んで来たらすでにおいしそうなお食事が…!! あれま。食うだけ!? 食うだけですか!? で、今、みつこさんはおいしいチーズケーキをぱくつきながらクイズ・ミリオネアをみています。おなかいっぱいです。

あきこ

<u>2008.1.5</u>

皆様、新年あけましておめでとうございます。今年もよろしくお願いします。2008年です。充子さんは今年もげんきです。今日はおせちと汁をつくってたべました。充子さんは今「鹿鳴館」をみていますが、「田村正和の声って聞きとりにくいのよねえ～」と言っております。確かに、なまりを含むとほんとうにききとりにくい…。むー。字幕でもつけてほしいですね。うんうん。また来ますね、充子さん。今年は（も）良い年になりますように。

就職難…暁子

<u>2008.2.4</u>

2月になりました。昨日は雪は降りました。あきこです。やはり学生が少ないと日記がすすまない…寂しい。ちと寂しい。今日は充子さんにお客様。「8時までにごはん、食べ終わらそうね!!」と意気込み、なんとかノルマクリアー。今はソバ茶をぐびぐびのみながら、トークに熱中しております。マダムミツコ。あきこはまったり日記をかきます。ところで最近パン屋にバイトしているあきこですが、粉にやられて鼻がムズムズ…。咳がゴホゴホ…。充子さんも同時にゴホゴホ。2人でゴホゴホ。

あっこでした。

2008.2.26

2月末になりました。あっこです。↑この後、見事に体調をこわし、バイトも行けずゲホゲホ…。今日は久々ですにバイトと充子宅にきました。今日は口の中が痛い充子さんのために、みじん切り料理を作成。野菜のみじん切りたっぷりのたまごやき、おみそしるを作ってたべました。たまごやきくるくる巻くのは久ーしぶりですが喜んでもらえたようで幸い♡

あっこでした。

2008.3.16

こんばんは。今日もギリギリですいませんでした。あきこです。今日はおいしそうなひじきの煮物ができあがっておりました。わくわく♡　おいしそう♡　ちょっくらやせつつあるあっこちゃんですが、皆様お元気でしょうか。最近来る回数が学生時代よりは減っているので会う機会も減り減り…。学生時代相当来ていたはずなのですが、なかなか来れなくて自分ももどかしい感じ。うーむ。皆様、充子さん、カゼにはお気をつけて。ね。

あっこ

2008.5.10

トチ木は寒いですね。久しぶりにあそびに来ました。あいかわらずでよかったです。

今村

2008.11.10

こんばんは。この日記、久々に見たら、あんまり書かれてなくて寂しいなあ…だいぶ来てくれるボランティアさん減ったしなぁ…ところで、今日は充子さんの母上様のBirthdayだったらしい。元気な親子だよねー。いつまでも。おめでとうございます。またお会いしたいな。

充子さんといえば、今日は水戸のご老功様に夢中です。〝年上の男ってステキ…〟なんて言ったとか言わないとか。その中で長い顔が出てて助さんの顔の倍くらいある悪役の奴、〝なすび〟！　電波少年以来？すげー久々に見たけどほんと顔長！　さて、11月にも入ってだいぶ寒くなってきたので、風邪には十分気をつけてみなさんも健康第一で！

中村

2009.1.24

こんばんは。新年になってもう1ヵ月が過ぎようとしています。早いねー。今、充子さんは松本清張の「疑惑」というドラマを見てます。田村正和とか出てます。夕食は玄米100%ご飯でした。玄米って白米と混ぜた方がおいしくないかい？　と思いつつ頂きましたが、案外美味しくてビックリ。ご飯の後、TVを見ていて充子さんが一言ポツリ。充子「ねぇ、生ゴ〇持ってく？　あげるよ!」中村「は？　生ゴ〇なんていらないんすけど…」充子「生ゴ〇じゃないよ！生ごめっていったの!」なんてことで大爆笑したりしました（笑）

話変わりますが、今日は日中、宇都宮で吹雪がありましたねぇ。積らなくて良かった。まだまだ寒いのでみなさん風邪などひかないように。

中村

2009.03.29

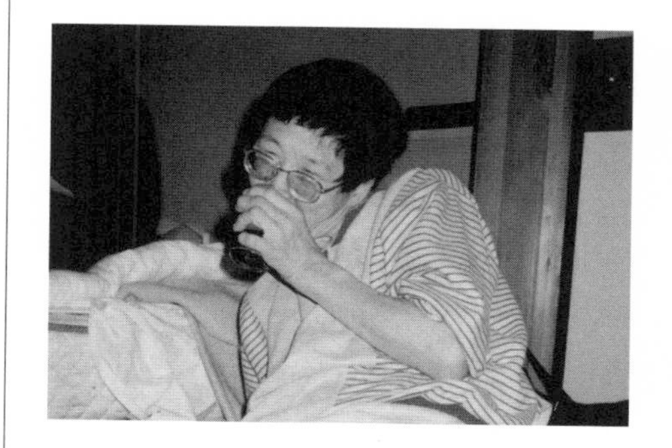

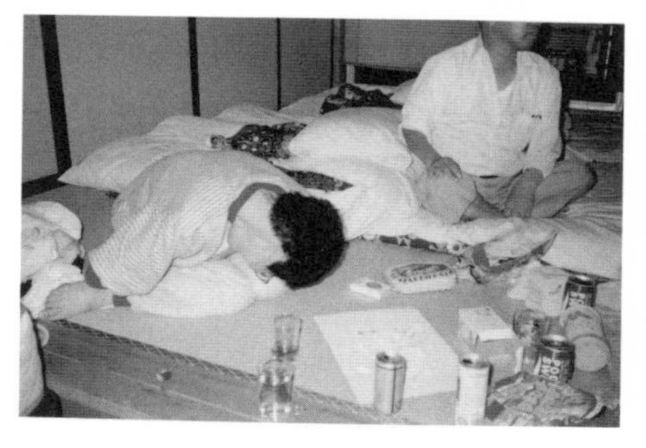

第3章

充子さんの思い

読者に伝えたいこと

まず、この本を読んでみなさんがどう感じたか、何を考えたかを知りたいです。私の生活について知り、「すごいなあ」「私には出来ない」「感動した」など思っていただけるかもしれません。私は、私の生活が当たり前になればいいと思っています。障がい者も「周りに手をわずらわせることになるし、今はヘルパーがいるから…」と諦めず自由な生活ができ、健常者も当たり前に手助けをし合える社会になってほしいです。そのためには「では、どうするか」を一人ひとりが考えてほしい。まず「障がい者」と「健常者」といわれる人達がお友達になって、そこから第1歩踏み出します。わからないことはどうすることも出来ません。みなさん一人ひとりにそれをやっていただきたい。お友達になってください。

失敗は成功のもと、という言葉があります。失敗をしなければ大きくなることはできません。成功ばかりの人生はつまらないものです。失敗をしたら、振り返る時間は必要ですが、必ず次にいかすことができます。毎日進んでいかないとね。

障がい児教育について

「障がい児」としてあらためて接するのではなく、普通の子どもと同じように接すればいいと思います。普通の健常な子どもだっておもらしをする。生きていれば誰でも食べるものを食べたり、出るものを出したり（笑）、おとなしい子もいれば暴れん坊もいる。動かない子もいれば、動き回る子もいる。あらためて障がい児教育を考えるのは、偏見や差別が生まれるので、私はしたくない。普通の子どもとして扱うのが、本当の教育者だと思います。

幼稚園や学校へ行くと、みんなに「わぁー」っと指をさされる。その時初めて周りとの違いに、真実に気付かされる。「おかしい」と気づくのです。

私の姪っ子は、私のことを友人に「充子おばちゃんだよ」と、普通に紹介してくれる。私が食べる時スプーンを使うのも、「障がい者だから手がかかる」とかは思わない。当たり前に用意してくれます。「障がい者だから」とかではなく、普通に過ごすことができる。違いを生み出しているのは、周りの人や環境なのです。

小学校で講演をした時のこと

宇都宮の小学校に呼ばれ、総合の授業の時間に小学生にこんな話をしました。「背が高い人、低い人、メガネをかけている人、いないひとがいる。リンゴにも、赤いもの、青いもの、虫食いのものもある。ラーメンの麺にも、しっかりしたものもあれば、ちぎれて小さくなったものもある。それでも、リンゴはリンゴだし、ラーメンはラーメン。障がいを持っていても、持っていなくても、同じ人間なんだよ。」体が不自由だったり、目が見えなかったり、耳が聞こえなかったり、そういう人がいるけれど、みんな同じなんだよ、ということを伝えました。小学生は最初、硬い表情でつまらなそうにしていました。でも、だんだん話をして、笑いをとったりしていくうちに、笑顔になっていきました。話が終わった後、私の周りにはたくさんの子ども達が集まってきて、質問攻めでした！「何を食べているの？」「旅行はどこに行ったの？」…。話をする前と後で、子ども達の様子は本当に変わりました。「私は子どもが大好き！みんないい子だね～」と言うと、子ども達はもう、はじけちゃいますよ～。

ボランティアのナンパのコツ

①彼氏、彼女と歩いていない人
②あまりおしゃれしていない人（普段着で着飾っていない）
　ボランティアをしてくれそうな人を見つけると、私のアンテナがピピっとなるのです。「あっ」と思った人に向かって、スーッと直撃！「すみませーん！」と声を掛けます。「今、時間ありますか？」「今は○時○分です」「いやいや、そうではなくて…」そんな感じで、誰にでも声を掛けました。たくさんの人に声を掛けましたが、私を頭からつま先の先までじっと見つめてくる人には、その視線がちょっと苦手で、声を掛けられないこともありました。

箱Clubとは？

　私を囲んで、話をしたり、飲んだり食べたりする会です。あとは、みんなで案を出し合って遊びに行く計画を立てたり、練ったりしました。一番の目的は「ボランティアのシフトを埋める」こと！私は人が家に来てくれないと死んじゃうので、会の時にみんなにカレンダーを埋めてもらいました。
　最初は私が「皆にお世話になっているから」と思って、ずいぶん費用を出していたんだけど、「充子さんばかりに出してもらうのは、私達も食べたり飲んだりするんだから、会費制にしよう」と言ってくれました。最初は300円くらいだったんだけど、足りないので500円になりました。「残ったら来月の繰越金にしよう」ということにしました。
　ただ、飲み物代だけは私が出していました。どんな食べ物が出ていたかは忘れたけど、アルコールは必ず出ていましたね。今はお酒は飲まないですが、そんなことを言ったら絶対に、皆に「うそだぁ！」と言われちゃいます（笑）

「学生といると、ほっとするわ～」について

　学生というか、若い人は頭が柔らかくて純粋でしょ。物事に対してそのまま受け止められ

る。大人だといろんな邪気が入ってくるからね。若い人と話していると、息抜きになります。素直でやさしい子が多かったです。私は年齢をめったに言いませんでした。ずっと18歳で貫いてきました。けど、ハタチくらいの子とは、親子ほど離れているでしょう？それでも、私から誘っていろいろなところに連れまわして、それが実に楽しかった！あと、学生はみーんな、「食べに行こう」「飲みに行こう」と私を誘って外に連れ出してくれた。

それから私、インフルエンザで40度熱が出たことがあって、その時学生さんが泊まってくれて、看病してくれたことがありがたかった。今でも忘れない。

学生はカレンダーに、「この日はいれるよ」「この日来ます」とか予定を書き込んでいってくれました。誰も書かれていない日は、自分から電話をかけて「この日来れない？」とお願いをしました。

なぜ18歳なのか？

18歳はいろんな意味で華の18歳。親から離れてひとりぐらしをする。結婚するにしてもそうでしょ。人間としても、女としても、赤ちゃんを産んで育てられる歳になる。つややかに美しい女性になる歳だから、毎年18歳になるんです。

あとがき

16年間の学生ボランティアさんの日記帳を本にしようとずっと考えていました。今年やっと10冊の日記帳をまとめて1冊にすることが実現しました。

なぜ今年かというと、今までお金がなくて出版できなかったことと、今年は新型コロナウイルスの流行もあって、私の年齢が80歳なので、コロナにかかったら天国へ行くことになるかもしれない。そういうことで大切にしてきた宝物をそのままにしておけないということで出版に踏み切りました。

それを私のところに来ている学生さんが「わたしにもお手伝いさせてください」ということでクラウドファンディングをやってくれて、資金集めを手伝ってくれました。それを知って、報道関係の方が呼びかけをしてくれたおかげで、あっという間に寄付が集まりました。多くの優しさと温かい心をいただいたことに本当に感謝しています。

私は障害を持ったということに感謝しています。障害者として誇りを持っています。私が一人暮らしをしてきたのですから、皆さんもできるはずです。ぜひやってみてもらいたい。できないところは、自立生活センターというところがあって、お手伝いをしていただけることができますのでがんばりましょう。

人の心のバリアは一番やっかいなものです。健常者と呼ばれる方々には、心のバリアをなくしてほしいです。段差のないフラットな駅やエレベーター、点字など、建物のバリアフリーはあとから作られるもの。人の心が変われば環境も変わります。これは、健常者も障害者も暮らす地域において、本当は改めて言わなくてもいいことだと思います。

また、健常者の方々には介護者の意識を持っていただきたい。すぐ「ロボットが代わりになれる」というけれど、ロボットは機械であって、人間ではありません。人の手に触れるとあたたかい。ロボットは、人間が命じたことはやりますが、触れても冷たく、涙もない。喜怒哀楽を共有できること、痛みかゆみを分かるのは人間だからこそ。ですから、健常者は介護者だという意識を持ってほしい。誰もが困ったときは助けてもらえる。それが本当の福祉国家だと思います。ぜひ考えてほしいです。

2020年10月19日

箱石充子

クラウドファンディングにご協力下さったみなさん

敬称略・順不同

宮坂智子
高島俊祐
飯島惠子
谷澤純恵
小林芽依
簑田理香
齋藤康雄
坂本文子
久保田万貴
山藤匡一
高野久美子
鈴木利子
鈴木克弘
川野 詩奈
北村有紗
金井理絵
森裏みな子
佐藤 隆
伊藤康成
藤岡志野
尾又幸子
中村公洋
小川冨美子
根岸裕美
イノウエ美香
土崎雄祐
杉山由美絵
廣津秀恵
小林利之
青木まゆ子
中村洋文
加藤絢子
横山千登勢
五十嵐康子
大場伸之

並木孝夫
松葉友恵
内田恵
田村恵理奈
梅澤博司
土屋菜穂子
安髙真弓
岡田ちふみ
内田安紀
湯山恭子
長正仁
梅澤重子
武井大
清水直美
中山治美
加藤道広
尾崎有紀子
若園雄志郎
松本美樹
高山泰子
羽石洋子
福田容子
小口節代
荒井敬江
大山智子
渡邉賛
上田要
高本直子
宮島真理子
藤井健一
冨田孝峰
高木健
ダースレイダー
齋藤磨衣子
阿部由美子

朝倉康子
チェイス恵美
浜野絵美
岡田綾子
宮崎千夏
野村和志
関洋子
岡村愛
松岡泰典
米井萌子
森昭治
小平 喜美子
和田政憲
永井隆一
山口真州美
伊東由晃
滝口由美子
山本緑
安倍久子
松本瑠里
室井勇人
岡村佐知子
笹沼香里
高橋加奈子
長友岳詩
近藤友太
後藤公太郎
丸毛祐弥
稲葉やす子
iNA
伊藤美結
ゆーべん
渡邉佳奈子
柴洋美
曽根裕弥

その他多くの方々のご支援をいただきました。

ありがとうございます!!

Thank you!

充子さんの雑記帳 永遠の18歳とそれを支えた400人のボランティア記録

2020年12月10日　初版第1刷発行

著　　　者　箱石 充子
発　行　者　金井 一弘
発　行　所　株式会社 星湖舎

〒543-0002 大阪市天王寺区上汐 3-6-14-303
電話 06-6777-3410　FAX 06-6772-2392

カバー写真　森谷 真依
編集協力　田谷 信子
装丁・DTP　藤原 日登美
印刷・製本　株式会社 国際印刷出版研究所

printed in japan　ISBN978-4-86372-117-3